Bad Trips

HERAUSGEGEBEN VON CHRISTIANE LANDGREBE

Bad Trips

MIT BEITRÄGEN VON:

Sabine Brandt
Rolf Dieter Brinkmann
Bruce Chatwin
Umberto Eco
Martha Gellhorn
Claude Lévi-Strauss
Malcolm Lowry
Reinhold Messner
Redmond O'Hanlon
Leonie Ossowsky
Roda Roda
Thomas Rosenlöcher
Paul Theroux

BYBLOS VERLAG BERLIN

Deutsche Erstausgabe 1993

Gesamtgestaltung: Gijs Sierman
Gesamtherstellung: Drukkerij NAUTA BV, Zutphen
ISBN 3-929029-15-4

UMBERTO ECO

Der verlorene Führerschein

Mailand, Anfang 1982. Daß ich diese Zeilen schreibe und der *Espresso* sie bringt, ist die letzte Bestätigung dafür, daß ich ein Privilegierter bin, wie man aus dieser Geschichte ersehen wird. Als gewöhnlicher Bürger hätte ich nicht bloß die Schikanen, von denen ich Zeugnis ablegen werde, sondern noch wesentlich schlimmere zu erdulden gehabt und wäre nicht einmal fähig, darüber zu sprechen. Daß ich hier noch sitze und schreibe, verdanke ich nur der Hilfe vieler Geheimgesellschaften, wie sie bei uns heute üblich sind. Der Leser wird mir daher verzeihen, wenn ich in meinem Bericht die Namen und Funktionen vieler Personen verschweige, um sie nicht in meinen Ruin mit hineinziehen.

Also im Mai letzten Jahres, auf Durchreise durch Amsterdam, verliere ich (oder wird mir in der Trambahn gestohlen – denn Taschendiebe gibt es sogar in Holland) eine Brieftasche, die nur wenig Geld, aber diverse Ausweispapiere und Mitgliedskarten enthielt. Ich merke es erst im Moment der Abreise, beim Check-in am Flughafenschalter, und entdecke sofort, daß meine Kreditkarte fehlt. Dreißig Minuten vor dem Abflug stürze ich mich in die Suche nach einem Ort, wo ich den Verlust anzeigen kann, nach fünf Minuten werde ich von einem Beamten der Flughafenpolizei empfangen, der ein gutes Englisch spricht und mir erklärt, daß die Sache nicht in ihre Zuständigkeit falle, da mir die Brieftasche in der Stadt abhanden gekommen sei; dennoch ist er bereit, eine Anzeige aufzunehmen, versichert mir, daß er um neun, wenn die Schalter öffnen, persönlich bei American Express anrufen werde, und klärt den niederländischen Teil meines Falles in zehn Minuten. Zurück in Mailand, rufe ich bei American Express an, die Nummer meiner Kreditkarte wird in die ganze Welt signalisiert, und tags darauf habe ich die neue Karte. Wie schön ist das Leben in der Zivilisation, sage ich mir.

Dann mache ich eine Aufstellung meiner anderen verlorenen Papiere und erstatte Anzeige beim Präsidium: zehn Minuten. Wie schön, sage ich mir, wir haben eine Polizei wie die niederländische (und dabei hatte sie damals noch nicht einmal den entführten General Dozier befreit). Unter den Ausweisen war eine Mitgliedskarte des Journalistenverbandes, und nach drei Tagen erhalte ich glücklich ein Duplikat. Wie schön. Leider war auch mein Führerschein dabei. Nicht so schlimm, denke ich mir, das betrifft die allmächtige Automobilindustrie, uns blüht bekanntlich ein italienischer Ford, wir sind ein Land voller Autobahnen. Ich rufe beim Automobilclub an und höre, daß es genüge, die Nummer des verlorenen Führerscheins anzugeben. Leider hatte ich sie mir, wie ich nun merke, nie irgendwo notiert – es sei denn genau auf dem Führerschein. Ich frage, ob sie nicht unter meinem Namen nachsehen können, um die Nummer zu finden. Aber das scheint nicht möglich zu sein.

Ich *muß* Auto fahren, koste es, was es wolle, und so beschließe ich, etwas zu tun, was ich normalerweise nicht tue, nämlich abgekürzte und privilegierte Wege zu gehen. Normalerweise vermeide ich das, denn Freunde oder Bekannte zu belästigen ist mir unangenehm, und ich hasse diejenigen, die dasselbe mit mir tun, außerdem lebe ich schließlich in Mailand, wo es, wenn man eine Bescheinigung von der Kommune braucht, nicht nötig ist, mit dem Bürgermeister zu telefonieren, man stellt sich brav vor den Schalter an, wo es eher zügig vorangeht. Aber wie es eben so ist, das Auto macht uns alle ein bißchen nervös, ich rufe also in Rom eine Hohe Persönlichkeit vom Automobilclub an, die mich mit einer Hohen Persönlichkeit vom Automobilclub in Mailand verbindet, die ihrer Sekretärin sagt, sie solle tun, was sie könne. Sie kann leider nur sehr wenig, trotz ihrer Freundlichkeit. Sie lehrt mich einige Tricks, drängt mich, nach einer alten Avis-Quittung zu suchen, auf der meine Führerscheinnummer steht, hilft mir, die vorgeschalteten Formalitäten in einem Tag zu erledigen, und erklärt mir dann, wo ich hingehen müsse, nämlich in das *Officio Patenti*, die Führerscheinabteilung der Präfektur, eine enorme Schalterhalle, gerammelt voll von verzweifelten und übelriechenden Menschen, so etwas wie der Hauptbahnhof von Neu Delhi in Filmen über die Revolte der Cipays, wo die Wartenden, die sich Horrorgeschichten erzählen (›Ich bin hier seit der Zeit des Libyenkrieges‹), mit Thermosflaschen und Brötchen kampieren und am vorderen Ende der Schlange ankommen, wie es mir passiert, wenn der Schalter gerade schließt.

In jedem Falle, muß ich sagen, ist es nur eine Sache von wenigen Tagen des Schlangenstehens, in deren Verlauf man jedesmal, wenn man vorne am Schalter ankommt, erfährt, daß man noch ein weiteres Formular ausfüllen oder noch eine weitere Stempelmarke kaufen und sich dann wieder hinten anstellen muß. Aber das ist bekanntlich normal. Alles in Ordnung, sagt man mir schließlich, kommen sie in zwei Wochen wieder. Bis dahin: Taxi.

Zwei Wochen später, nach Übersteigen einiger Antragsteller, die inzwischen zusammengebrochen sind und im Koma liegen, eröffnet man mir am Schalter, daß die Führerscheinnummer, die ich der alten Avis-Quittung entnommen hatte, sei's wegen eines Abschreibefehlers, sei's wegen mangelnder Qualität der Blaupause, sei's wegen fortgeschrittener Zersetzung des bejahrten Papiers, nicht die richtige sei. Man könne nichts machen, wenn ich die richtige Nummer nicht angebe. »Gut«, sage ich, »sicher können Sie keine Nummer suchen, die ich Ihnen nicht zu nennen weiß, aber Sie können doch unter dem Namen Eco suchen und die Nummer dort finden.« Mitnichten sei's aus Böswilligkeit, sei's aus Arbeitsüberlastung, sei's daß die Führerscheine nur unter den Namen archiviert worden sind, jedenfalls ist das nicht möglich. Versuchen Sie's doch mal da, wo Sie den Führerschein ursprünglich gemacht haben, wird mir geraten, also in Alessandria, vor Jahrzehnten. Dort müßte es möglich sein, Ihre Nummer zu finden.

Ich habe keine Zeit, nach Alessandria zu fahren, auch weil ich ja nicht mit dem Auto hinfahren darf, und so versuche ich es mit der zweiten Abkürzung: Ich telefoniere mit einem alten Schulkameraden, der jetzt eine Hohe Persönlichkeit in besagtem Amt ist, und bitte ihn, mit dem »Inspektor für Motorisierung«, das heißt dem Straßenverkehrsamt zu telefonieren. Er entschließt sich zu einem nicht minder zwielichtigen Schritt und telefoniert direkt mit einer Hohen Persönlichkeit in besagtem Amt, die ihm erwidert, dergleichen Daten könne man niemandem außer den Carabinieri geben. Ich denke, der Leser wird sich darüber im klaren sein, welche Gefahr in der Tat die Behörden liefen, würden sie meine Führerscheinnummer einfach an Hinz und Kunz weitergeben: Ghaddafi und der KGB warten doch nur darauf. Also, top secret.

Ich gehe meine Vergangenheit durch und finde einen anderen Schulkameraden, der jetzt eine Hohe Persönlichkeit in einer Öffentlichen Anstalt ist, aber ich lege ihm nahe, sich möglichst nicht an Hohe Persönlichkeiten im Verkehrsamt zu wenden, da die Sache gefährlich sei und am Ende gar zu einer parlamentarischen Untersuchung führen könnte. Lieber solle er, rege ich an, eine niedere Persönlichkeit ausfindig machen, vielleicht einen Nachtwächter, der sich bestechen läßt und bei Nacht die Nase in die Archive steckt. Die Hohe Persönlichkeit in der Öffentlichen Anstalt hat das Glück, eine mittlere Persönlichkeit im Verkehrsamt zu finden, die nicht einmal bestochen zu werden braucht, da sie gewohnheitsgemäß den *Espresso* liest und aus Liebe zur Kultur sich entschließt, ihrem bevorzugten Kommentator (also mir) diesen gefährlichen Dienst zu erweisen. Ich weiß nicht, was diese kühne Person unternimmt. Tatsache ist jedoch, daß ich am nächsten Tage die Nummer des Führerscheins habe.

Eine Nummer, die der Leser mir erlauben wird, hier nicht zu enthüllen, denn ich habe Familie.

Mit der Nummer (die ich mir jetzt überall notiere und, im Blick auf künftige Diebstähle oder Verluste, in Geheimfächern aufbewahre) überwinde ich weitere Schlangen im Amt für Straßenverkehr zu Mailand und schwenke sie vor den mißtrauischen Augen des Beamten am Schalter. Dieser eröffnet mir mit einem Lächeln, das nichts mehr von Menschlichkeit hat, ich müsse auch die Nummer des Vorgangs angeben, mit welchem seinerzeit in den fünfziger Jahren die Behörden in Alessandria meine Führerscheinnummer den Behörden in Mailand mitgeteilt hatten.

Erneute Telefonate mit Schulkameraden, die unselige mittlere Persönlichkeit, die schon so viel riskiert hat, macht sich ein weiteres Mal auf die Socken, begeht ein paar Dutzend Delikte, entwendet eine Information, nach der, wie es scheint, die Carabinieri lechzen, und läßt mich die Nummer des Vorgangs wissen. Eine Nummer, die ich hier gleichfalls nicht offenbare, denn bekanntlich haben die Wände Ohren.

Ich begebe mich wieder ins Mailänder Amt für Straßenverkehr, brauche nur ein paar Tage Schlange zu stehen und bekomme das Versprechen, in zwei Wochen das magische Dokument zu erhalten. Der Juni geht bereits seinem Ende entgegen, da erhalte ich ein Papier, auf dem mir bestätigt wird, daß ich einen Antrag auf Ausstellung eines Führerscheins gestellt habe. Natürlich gibt es kein Formular für verlorengegangene Führerscheine, das Papier ist ein »provisorischer« Führerschein, wie er bei uns für Anfänger ausgestellt wird, die erst noch üben müssen, bevor sie den richtigen Führerschein kriegen. Ich zeige es einem Schutzmann und frage ihn, ob ich damit fahren dürfe. Sein Blick erstarrt, der brave Beamte gibt mir zu verstehen, falls er mich damit am Steuer erwischen sollte, würde ich es bereuen, jemals geboren zu sein.

Tatsächlich bereue ich und kehre zum Ufficio Patenti zurück, wo ich nach ein paar Tagen erfahre, daß mein Papier sozusagen ein Aperitiv war: Ich müsse warten, bis ich ein anderes Papier bekäme, in dem mir bescheinigt würde, daß ich meinen Führerschein verloren habe und fahren dürfe, bis ich den neuen bekomme, da die Behörden inzwischen geklärt hätten, daß ich den alten besaß. Also genau, was längst alle wissen, von der niederländischen Polizei bis zum Präsidium in Mailand, und was auch die Mailänder Führerschein-ausstellungsbehörde weiß, nur will sie es nicht klar sagen, bevor sie erst noch eine Weile darüber nachgedacht hat. Man beachte, daß die Behörde alles, was sie in Erfahrung zu bringen wünschen könnte, schon weiß, und daß sie nichts weiter erfahren wird, mag sie auch noch so lange darüber nachdenken. Aber Geduld. Gegen Ende Juni erkundige ich mich wiederholt nach dem Schicksal des Papiers Nummer zwei, aber es scheint, daß seine Erstellung viel Arbeit kostet. Eine Zeitlang bin ich sogar versucht, das zu glauben, da ich so viele Unterlagen und Fotos habe beibringen müssen, anscheinend ist dieses Dokument so etwas wie ein Paß mit zahlreichen fälschungssicheren Seiten. Ende Juni, nachdem ich inzwischen schwindelerregende Summen für Taxis aufgewandt habe, versuche ich eine erneute Abkürzung. Ich schreibe schließlich für Zeitungen, Himmelnochmal, da müßte mir doch jemand helfen können und sei's mit der Ausrede, daß ich aus Gründen der Gemeinnützigkeit mobil sein müsse! Mit Hilfe zweier Mailänder Redaktionen (der *Repubblica* und des *Espresso*) gelingt es mir, ins Pressebüro der Präfektur vorzudringen, wo ich eine freundliche Dame finde, die bereit ist, sich um meinen Fall zu kümmern. Die freundliche Dame denkt auch gar nicht daran, etwa bloß zu telefonieren: Sie begibt sich voller Courage persönlich ins Führerschein-Ausstellungsamt und dringt in sakrale Bezirke ein, die profanen Sterblichen streng verschlossen sind, mitten zwischen labyrinthische Reihen von Akten, die dort seit unvordenklichen Zeiten lagern. Was sie dort tut, weiß ich nicht (ich höre erstickte Schreie, Gepolter von stürzenden Aktenbergen, Staubwolken quellen durch die Ritzen der Tür). Schließlich erscheint sie wieder, in der Hand ein gelbliches Formular aus dünnem Papier wie jene, die von Parkwächtern unter die Scheibenwischer geschoben werden. Format neunzehn mal dreizehn Zentimeter. Es hat kein Foto, es ist mit Tinte beschrieben, mit einer dicken klecksigen Feder, die in ein altes Tintenfaß eingetaucht wurde, so eins voller Bodensatz und Schleim, der Fäden auf dem porösen Papier zieht. Es enthält meinen Namen mitsamt der Nummer des verlorenen Führerscheins, und der gedruckte Text besagt, vorliegendes Blatt ersetze den »oben angegebenen« Führerschein, und es verfalle am 29. Dezember (das Datum ist offensichtlich gewählt, um das Opfer zu überraschen, während es ahnungslos die Kehren zu einer alpinen Ortschaft hinauffährt, womöglich im Schneegestöber, fern von zu Hause, so daß es von der Straßenpolizei verhaftet und gefoltert werden kann).

Das Blatt ermächtigt mich, in Italien zu fahren, aber ich fürchte, es bringt mich in ernsthafte Schwierigkeiten, wenn ich es einem Polizisten im Ausland zeige. Aber Geduld, jetzt fahre ich erstmal wieder. Um es kurz zu machen, im Dezember ist mein Führerschein immer noch nicht angekommen, ich stoße auf Widerstände, als ich um Verlängerung der provisorischen Fahrerlaubnis ersuche, ich gehe erneut ins Pressebüro der Präfektur, und am Ende habe ich wieder dasselbe Blatt, auf das eine ungelenke Hand geschrieben hat, was ich selbst hätte schreiben können, nämlich daß es bis zum 28. Juni verlängert worden ist (wieder so ein Datum, das mich wehrlos überraschen soll, während ich eine sommerliche Küstenstraße entlangfahre). Immerhin wird mir mitgeteilt, man werde, wenn jenes Datum ereicht sei, für eine erneute Verlängerung sorgen, denn mit dem Führerschein würde es noch etwas dauern. Mit gebrochener Stimme erzählen mir Leidensgenossen beim Schlangestehen, es gebe Leute, die seit zwei bis drei Jahren auf ihren Führerschein warten.

Vorgestern habe ich nun die neue Jahresmarke auf das Papier geklebt. Der Tabakhändler hat mir geraten, sie nicht zu entwerten,[1] denn falls mein Führerschein endlich kommen sollte, müßte ich

sonst eine neue kaufen. Aber ich fürchte, mit der Nichtentwertung habe ich ein Delikt begangen.
An diesem Punkt drei Bemerkungen. Erstens: Daß ich die provisorische Fahrerlaubnis nach zwei Monaten hatte, liegt allein daran, daß es mir dank einer Reihe von Privilegien, die ich qua Herkunft und Erziehung genieße, gelungen ist, eine Reihe von Hohen Persönlichkeiten in drei Städten zu mobilisieren, Funktionsträger in sechs öffentlichen oder privaten Anstalten plus einer Tageszeitung und einem Wochenmagazin von nationaler Verbreitung. Wäre ich Angestellter oder Drogist, müßte ich mir jetzt ein Fahrrad kaufen. Um mit einem Führerschein zu fahren, muß man Licio Gelli[2] sein.
Zweitens: Das Blatt, das ich eifersüchtig in meiner Brieftasche hüte, ist ein Dokument ohne jeden Wert, kinderleicht zu fälschen, mithin ist Italien ein Land voller Autofahrer, die sich in schwer identifizierbaren Situationen bewegen. Massenhafte Illegalität oder Legalitätsfiktion.
Die dritte Bemerkung verlangt, daß der Leser seine Vorstellungskraft bemüht, um sich einen Führerschein bildlich vor Augen zu halten: ein Büchlein von zwei bis drei Seiten, mit Foto, aus schlechtem Papier. Diese Büchlein werden nicht bei Fabriano hergestellt wie die bibliophilen Drucke von Franco Maria Ricci, sie werden nicht handgepreßt von erlesenen Spezialisten, sie können in jeder beliebigen Klitsche gedruckt werden, und seit Gutenbergs Zeiten ist die westliche Zivilisation in der Lage, zigtausende davon in wenigen Stunden zu produzieren.
Was also hindert uns, sie in genügender Menge verfügbar zu halten, das Foto des Opfers einzukleben und sie, warum nicht, in Münzautomaten zu verteilen? Was geschieht in den labyrinthischen Gängen der zuständigen Behörde?
Wir alle wissen, daß ein Rotbrigadist imstande ist, in wenigen Stunden Dutzende von falschen Führerscheinen zu fabrizieren, und man beachte, daß es mühsamer ist, einen falschen zu fabrizieren als einen echten. Also: Wenn wir nicht wollen, daß brave

Bürger, denen ihr Führerschein abhanden gekommen ist, übelbeleumdete Bars frequentieren in der Hoffnung, dort Kontakte mit den Roten Brigaden zu knüpfen, gibt es nur eine Lösung: die *reuigen* Rotbrigadisten in den Führerscheinämtern anzustellen. Sie haben das nötige Know-how, sie haben genügend Zeit, Arbeit macht, wie man weiß, frei, auf einen Schlag werden viele Gefängniszellen verfügbar, Personen, die bei erzwungener Untätigkeit in gefährliche Omnipotenzphantasien zurückfallen könnten, leisten gesellschaftlich nützliche Dienste, sowohl dem Bürger mit vier Rädern als auch dem Hund mit sechs Beinen wäre gedient... Aber vielleicht ist das alles zu einfach gedacht. Ich sage, hinter dem mysteriösen Mangel an Führerscheinen steckt mal wieder die finstere Hand einer auswärtigen Macht.

1. In Italien entrichtet man eine besondere Führerscheinsteuer durch den Kauf einer (relativ teuren) jährlichen Wertmarke, die man in Tabakläden erhält und beim Einkleben in den Führerschein wie einen Scheck entwertet. (A.d.Ü)

2. Gründer der berüchtigten Freimaurerloge P2. (A.d.Ü)

RODA RODA

Le Sud-Express

Aus dem Reklameheft:
»Ist es nicht zauberhaft, mein Herr? Sie besteigen um 12 Uhr 20 in Lissabon Ihr luxuriöses, reserviertes Compartiment – nehmen zwei exquisite Soupers, einen Lunch – und befinden sich, mein Herr, um 22 Uhr 25 des nächstes Abends in Paris.«

Für uns wickelte sich die Sache ganz so glatt nicht ab. Zunächst waren wir gar nicht in Lissabon, konnten also das luxuriöse Compartiment da nicht besteigen; sondern waren unterwegs, in Coimbra, drei Stunden nördlich von Lissabon. Ich ging Montag zum Stationschef von Coimbra und sprach zu ihm: »Eure Exzellenz! Kann ich Ende dieser Woche, Freitag, zwei Plätze im Südexpreß nach Paris haben?«
»Gewiß, Exzellenz«, antwortete er. – So höflich redet man einander in Portugal an.
»Und wie hoch ist der Fahrpreis.?«
»Das weiß ich nicht Exzellenz. Ich muß erst nach Lissabon telegraphieren.«
»Ich danke, Exzellenz.«
»Oh, bitte, es wird mir stets ein Vergnügen sein, die Befehle Eurer Exzellenz zu vollziehen.«

Donnerstag:
»Haben Eure Exzellenz geruht, nach Lissabon zu telegraphieren?«
»Jawohl, Exzellenz! Die beiden Plätze sind gesichert.«
»Wieviel beträgt meine Schuldigkeit?«
»Das weiß ich nicht, Exzellenz. Sie werden dem Schaffner im Zug bezahlen.«
»Ich danke, Exzellenz.«
»Bitte. Die Ehre, Eurer Exzellenz gedient haben zu dürfen, wird mir zeitlebens unvergeßlich bleiben.«

Freitag:
»Der Train kommt um 16 Uhr 15, Exzellenz?«
»Sehr wohl, Exzellenz.«
»Und werden meine Frau und ich ihn besteigen können?«
»Ohne Zweifel, Exzellenz – falls zufällig Plätze frei sind.«
»Aber Exzellenz haben doch telegraphiert?«
»Ich wünsche Eurer Exzellenz die angenehmste Reise.«

Der Expreß läuft brausend ein – wir springen das Trittbrett empor – der Express läuft brausend weiter. Zwischen meiner Frau und mir hüben – dem Zugpersonal andrerseits erbittertes Getümmel.
Doch halt – nicht so: der Handstreich auf den Train ist gelungen – wir stehen auf der Krete des Bollwerks, gedeckt durch eine schnell aufgeworfene Brustwehr (unser Gepäck). Die Feinde (Zugführer, Schaffner, Schlafwagenmann) sind dem plötzlichen Überfall gewichen.
Im nächsten Augenblick haben sie sich gefaßt und stürmen vor. In drei Sprachen johlt ihr Kampfgeschrei – portugiesisch, spanisch, französisch:
»Absoluto impossibel! Absolutamente imposible! Absolument impossible! Es ist alles besetzt.«
Ich kann meine Frau nicht von dem Vorwurf reinigen: sie erweist sich als feig; sie erblaßt, ist drauf und dran zu fliehen.

Der Zugführer, spanischer Torero, nimmt die Schwäche meiner Stellung wahr und richtet den Angriff wütend gegen die schwache rechte Flanke.

Doch ich verliere die Besinnung nicht: mit dem roten Mantel – nein, ich habe ja keinen roten Mantel – mit geschwungenem Zehndollarschein lenke ich die Wut des spanischen Stiers auf mich und …

»M'sieur, tout sera arrangé«, brummt der Stier zufrieden. »Es wird alles nach ihrem Wunsch geregelt werden.«

Hierauf verschwindet der Zugführer, um nach einer Weile wiederzukommen:

»So – Ihr Gepäck ist verstaut. Bis Salamanca nehmen M'sieur et Madame mit Stühlen vorlieb. Hierauf werde ich Betten freimachen. – Und hier Ihre Fahrkarten. Ich bitte um 1630 Escudos. – Ah, 1700! Danke sehr!«

Er übergab mir zwei Zettel – Quittungen über 1500 Escudos.

»Na also«, rief meine Frau erleichtert. »Wenn es bloß an der französischen Grenze ebenso rund geht wie hier.«

»Französische Grenze??«

»Weißt du denn nicht??« fuhr sie fort. »Wir haben doch kein Visum.«

»Liebste! Wieso denn nicht?«

»Ganz einfach: als ich auf dem Konsulat war, sagte man mir, wir brauchen kein Visum… vielmehr: wir könnten es nicht kriegen, weil die Amtsstunden vorüber sind.«

Ich wurde der Antwort durch den Schlafwagenmann überhoben, der mir zwei rosa Scheine übergab – »die Bettbillette – 212 Peseten.«

»Habe keine Peseten.«

»Vuesenoria können auch in Dollars zahlen – ein Dollar zu fünf Peseten.«

Schweinebande! Auf der Börse gilt er acht.

Noch hatte ich es nicht gesagt, als ein bisher unbekannter Wür-

denträger auftauchte und um je fünf Escudos bat: »die Ausreisegebühr«.
»Ich habe sie schon auf der Polizei erlegt – hier im Paß die Bestätigung.«
»Das gilt nicht.« Schön, ich gab sie nochmals hin.
»Und auch gleich 14 Escudos 80«, verlangte ein Vollbart und schob mir grünliche Ausweise zu. »Die Sobretaxa de velocidade für das portugiesische Gebiet. Sollten Euer Gnaden gleich auch das Boletin del viajero bis Salamanca einlösen wollen – 18P.30 – so erhalten Sie die gelben Talons.«
»Ist dann endlich alles erledigt?«
»Durchaus nicht, Vossa Senhoria! Auch für die Teilstrecken Salamanca – Medina –, ferner bis Hendaye gibt es Geschwindigkeitszuschläge: allerdings betragen sie nur zweimal 6 und 53, zusammen 131 Peseten.«
»Das ist doch gar nicht durch zwei teilbar?«
»Der kleine Rest ist nicht der Rede wert, Majestät.«
(Er nannte mich nicht wirklich ›Majestät‹. Ich schreibe es nur so hin, weil ich solchen Aufstieg allmählich erwartet hatte; ein Anrecht darauf erkauft zu haben glaubte.)
Doch um es kurz zu machen: auch die Geschwindigkeitszuschläge Hendaye – Bordeaux und von da bis Paris blieben mir nicht erspart; im Gegenteil: und sie kosteten in Franken zweimal 45 = 112. Ich durfte aber in Rubeln zahlen: ein Goldrubel gleich minus zehn Franken.
Der Train ratterte in die Nacht. Bald mußten wir die spanische Zollstation erreichen. Ich lehnte mich in den Stuhl zurück – mit dem Gefühl eines Mannes, der alle Schuldigkeit bis Paris getilgt hatte – alles bis ans Ziel.
Da verbeugte sich ein glattrasierter Herr mit violetter Kappe und sagte: »Mein Herr, ich bringe die dunkelblauen Scheine.«
»Die dunkelblauen? Kreuztafel! Gibt es auch hellblaue?«
»Es gibt auch hellblaue, von ihnen ist aber hier noch nicht die

Rede. Die dunkeln beziehen sich auf die Distanz von Lissabon bis Porto.«

»Da bin ich ja doch gar nicht gewesen?«

»Oh, was hätten Sie da auch zu schaffen? Wir aber mußten zwei Fauteuils für diese Route Ihnen zu Gefallen freihalten – damit Sie eben Plätze finden, wenn Sie und Ihre Frau Gemahlin die Reise unterwegs, von Coimbra anzutreten belieben.«

»Plätze finden? Sie sehen, wir sitzen auf Stühlchen.«

»Allein Sie hätten Plätze finden *sollen* – kraft dieser dunkelblauen Scheine à 15 Escudos 53.«

»Verehrter violetter Herr! Möchten Sie nicht die Gelegenheit benutzen, auch die hellblauen zu präsentieren? Weil ich eben in Gebelaune bin?«

»Gern. Sie beziehen sich auf die Zweiglinie Madrid – Irun. Ich hoffe, Sie verzichten auf die Begründung der Forderung, wiewohl Sie die Zweiglinie nicht benutzt haben, die Berechtigung Ihnen also wohl nicht gleich einleuchten wird; sie gründet sich auf Paragraphen 329 bis 31 des Königlichen Betriebsreglements.«

Ich verzichtete und bezahlte.

Ich hatte nun Fahrkarten für sämtliche iberischen Bahnen, darunter jene von Penaranda nach Avila; sie ist im Bau, man hofft sie in zwei Jahren zu vollenden.

Es trat nur noch der Torero auf, mild lächelnd:

»Durch ein Versehen wurde bisher die Vormerksteuer nicht eingezogen, Eure Heiligkeit. Sie beziffert sich auf je zehn Escudos. Sie werden vielleicht einwenden wollen, daß Sie ja Billette nicht haben vormerken lassen, sondern auf gut Glück zu uns gestiegen sind: das ist eben Ihr Versäumnis, Herr Zebaoth, für das unsre Gesellschaft nicht haftbar ist.«

Wir waren in Salamanca. Mitternacht. Ich hörte Geschrei aus dem Nebenabteil – Baß und Sopran. Das Geschrei verhallte.

Und wir bekamen Betten.

»Ich habe«, sprach der Torero, »zu diesem Zweck zwei Herrschaften in einen andern Wagen rangiert.«

Am Morgen erwachten wir in Irun, an der französischen Grenze. Keine Rede, daß wir das französische Visum »nicht brauchten«. Wir mußten die Fahrt unterbrechen, den Zug verlassen.

»Schade«, sagte uns zum Abschied der Torero. »Unter solchen Umständen hat es eigentlich nicht recht gelohnt, daß ich mitternachts den alten Herrn und die Matrone in den andern Wagen legte... Wie laut haben sie sich gewehrt! Und werden vielleicht bedauern, eben um diese Stunde in Madrid eingetroffen zu sein – wo sie doch eigentlich hatten nach Paris wollen.«

Auf dem französischen Konsulat von Irun gab man mir sogleich das Visum.

Leider nutzte es mir nicht viel. Als ich nächsten Tags am Süd-Expreß erschien, fand ich ihn komplett. Man nahm mich nicht mit.

Ich komme nun jeden Morgen an den Süd-Expreß. Er ist täglich komplett.

Die Schaffner kennen uns schon und winken von weitem ab: »Komplett.«

Jeden fünften Tag begleitet der Torero den Train und spricht uns Trost zu.

Irun ist ganz modern gebaut; liegt reizend, am Meer. Die Kirche Nuestra Senora del Juncal ist zwar nüchtern, habe aber einen pompösen Altar und hübsche alte Grabmäler. Das Rathaus an der Plaza de la Constiucion soll aus dem 17. Jahrhundert stammen; ich glaube es nicht.

Der Alcalde, Bürgermeister, ist ein entzückender Mensch; er war einmal in Madrid – als Kaiser Wilhelm da Busennadeln verteilte. Wir spielen immer Tresillo im Café, spanischen Skat; das hab ich hier erlernt.

Auch den hiesigen Dialekt habe ich erlernt.

Meine arme Frau langweilt sich sehr; Irun ist klein.

Leider liegt der Bahnhof weit außerhalb der Stadt; es ist so umständlich, jeden Morgen um sechs mit dem ganzen schweren Gepäck zum Süd-Expreß zu pilgern.

»Ist es nicht zauberhaft mein Herr? Sie besteigen um 12 Uhr 20 in Lissabon Ihr luxuriöses, reserviertes Compartiment – nehmen zwei exquisite Soupers, einen Lunch – und befinden sich, mein Herr, um 22 Uhr 25 des nächsten Abends in Paris.«
Das Reklameheft

THOMAS ROSENLÖCHER

Der Vereinigungstag

Im Hotel »Zum wilden Jäger« war ich untergekommen. Die alte Bangigkeit, als die Frau im Hotelbuch nachsah. Das automatische Schuldgefühl, als sie meinen Ausweis verlangte. Die jahrelang geübte Bereitschaft, sofort einzusehn, daß schon seit vierzig Jahren leider kein Zimmer frei sei. Um schließlich, schon im Abgehn, mit kleiner, fast piepsiger Stimme, vorsichtig zu bemerken, daß es gewiß auch in zwei bis drei Stunden völlig zwecklos wäre, nach einem Zimmer zu fragen. Denn wann je im Leben hier überhaupt? Ach, einmal Scheißstaat rufen. Wenigstens im Abgehn noch. Scheißstaat aus der Tiefe des Bauchs vorzubellen oder zu flüstern zumindestens. Und dann ab ins Dunkel, bloß fort, daß sie mich hier, in der Nähe der Grenze, nicht noch verhafteten.

»Wollen sie nun ein Zimmer, oder wollen Sie es nicht?«

Das plötzliche Glücksgefühl, daß ausgerechnet ich ohne weiteres ein Zimmer bekam. Die fatale Augenfeuchte, kaschiert durch ein Dankbarkeitsgrinsen, als mir die Rezeption den Holzklotz überreichte, an dem der Schlüssel hing. Treppauf, zwei Schritte in einem. Vorbei am Etagenklo, das wie gewöhnlich rauschte, weil niemals der Klempner kam. Vorbei an Matratzengerümpel und trauernden Bettgestellen. Im Zimmer ein Sauergeruch, daß mir die Brille beschlug. Für eine Weile atmete ich aus dem Fenster ins Dunkel hinaus. Dennoch hielt sich hinter mir dieser Sauergeruch, der wohl vom Menschen her stammte, der hier in Gewerkschaftsform seit über vierzig Jahren seinen Urlaub verbrachte.

Unten in der Halle versuchte das Bedienungsmädchen, die sogenannte Marktwirtschaft gleich auf mich anzuwenden, indem sie, kaum daß ich mich hingesetzt hatte, donnernd auf mich zutrat und ernstlich zu lächeln versuchte. Nur war ihr Gesicht etwas grob und nur mehr von innen her schön, das heißt recht ungeeignet, jenes nun auch von drüben angelieferte Glanzpapierlächeln auf ihrer unreinen Haut auszutragen. Immerhin hatte mich ihr donnernder Auftritt derart verblüfft, daß ich ins Stottern kam und auch noch errötete, was Anlaß zu falschen Gedanken gab, denn nun errötete sie auch. Dennoch begann sie, mir tapfer die neuen Biersorten herzuerzählen, wodurch es uns freilich erst recht nicht gelang, gemeinsam ein Bier zu bestellen.
»Welches?«
»Wie bitte?«
»Was?«
»Ach«, sagte ich, »irgendeins.«
»Ja, das wird auch gern getrunken.«
Ratlos sahn wir uns an.
»Bitte ein Bier«, sagte ich.
»Gern«, sagte sie und trat mit gleichsam befreitem Getrampel in Richtung Theke ab, um nach einer Kehrtwende nochmals nach der gewünschten Sorte zu fragen und schließlich doch noch das falsche zu bringen, das sie mir beinah zärtlich über die Hosen goß. Fast war ich allein in der Halle. Ein paar Tische weiter saß ein finsterer Bursche und starrte in sein leeres Glas. Ansonsten aber schienen selbst die Berufstrinker lieber zu Hause geblieben zu sein, zumal wir offiziell ermahnt worden waren, das neue Geld nicht auszugeben, bevor der Wohlstand kam.
»Was wird aus dem Kohlenhandel?« fragte der finstere Bursche und sah in sein leeres Glas. Im künstlichen Kamin brannte eine Rotlichtlampe. Ein Bodetal-Gemälde mit echten Felsenwacken und schäumender Gischt in Öl stellte mein morgiges Wandervorhaben schon jetzt als heroisch dar. Gegenüber war das obligatorische Honecker-Bild auch hier von der Wand genommen. Nur

noch zwei Efeupflanzen markierten die Symmetrie, aus deren Mitte uns vor blauem Himmelshintergrund unser Generalsekretär mit brilligem Augenaufblitzen zuversichtlich beim Trinken zusah.

»Ein Bier bitte«, sagte ich.

Vorsichtig fragte ich quer durch die Halle nach den Wetteraussichten, aber der Kohlenmann winkte nur ab und starrte ins leere Glas. Ach, was waren das für Zeiten, da Seume bis nach Syrakus ging und manchmal einen Menschen traf, mit dem er reden konnte. Dabei war ein Gespräch übers Wetter so ziemlich das Tiefsinnigste, was der Mensch gesprächsweise zu leisten vermochte. Schon ein Schlechtwetterwort genügte, den Zustand der Welt zu beschreiben. Des Sprechers Geworfensein. Sein heimliches Kältezittern. Seine Durchnäßbarkeit. Ja, noch der dürftigste Wetterbericht tendierte zur Dichtung hin.

Erneut kam das Bedienungsmädchen quer durch die Halle gedonnert. Das Hühnerfrikassee sah leider wie frisch erbrochen aus. Sogar dem Mädchen schien es peinlich, als sie es vor mich hinstellte. »Guten Appetit«, wünschte sie mir mit vor Ekel verzerrtem Gesicht.

»Bitte ein Bier«, sagte ich.

Probeweise ließ ich auch dem Kohlenmann ein Bier hinüberbringen und prostete ihm sogar zu. Doch was tat der Kohlenmann? Ohne auch nur einmal zu mir herüberzuschauen, trank er das Glas einfach aus, wobei er seine Augen derart in sich verdrehte, daß ich das Weiße sah.

»Bitte ein Bier«, sagte ich.

Obwohl wir die einzigen Gäste hier waren, durchquerte das Bedienungsmädchen wieder und wieder die Halle. Wobei sich das arme Kind vor dem beständigen Knarren der Dielen und ihrem eigenen Füßegetrampel immer wieder aufs neue entsetzte, so daß es sowohl das Dielengeknarre als auch die eigenen Trampelgeräusche mit immer wilderem Dielengetrampel und panisch nachrummsenden krachenden Schritten donnernd zu flüchten schien.

»Bitte ein Bier«, sagte ich.

Allmählich gewann ich die Schwere, die der geheime Zweck allen Biertrinkens war. Die Ordnung in das Chaos des Innern brachte. Die mich vor meinem inneren Auge deutlicher dasitzen ließ. Bis ich mich selbst aus der Ferne als nicht mehr wegzudenkenden Punkt in der Stuhllandschaft sah.

Ein jeder Biertrinker trinkt um seine Anwesenheit.

Ein Mann im Sportpullover trat ein. Gern hätte ich ihn nach dem Wetter gefragt, aber der Kohlenhändler behielt die Oberhand. »Was wird aus dem Kohlenhandel?« rief er und sah in sein leeres Glas. »Ja«, sagte der Mann im Pullover, »die Freiheit ist euch noch fremd.«

»Da hast du recht, Karl-Heinz«, sagte der Kohlenmann.

Während der Biersud das Dasein vertiefte, nahm ihm der Biergeist die Last. Ein höheres Kornfeld grüßte aus meiner Tiefe hervor. Lastender auf meinem Stuhl, begann ich mir selbst zu entschweben. Das Wunder der Levitation, gepaart mit den Niedergangskräften.

»Ein Bier bitte«, sagte ich.

Nur was sich rechnete, sei auch okay, erklärte der Mann im Pullover. Allerdings hätte selbst er bei uns hier das Denken verlernt.

»Da hast du recht, Karl-Heinz«, sagte der Kohlenmann.

»Ich heiße doch nicht Karl-Heinz«, sagte der Mann im Pullover.

»Da hast du recht, Karl-Heinz«, sagte der Kohlenmann. Und hatte sich schon das Bier seines Gegenübers gegriffen und trank es in einem Zug, indem er seine Augen derartig in sich selbst verdrehte, daß man das Weiße sah.

»War das nicht mein Bier gewesen?«

Ratlos sah der Mann im Pullover mich an. Tatsächlich hieß er Karl-Heinz. Doch als ich nach dem Wetter fragte, ergriff er auch vor mir die Flucht, und der Glanz seines Freiheitspullovers leuchtete ihm in das Dunkel hinaus.

»Bitte ein Bier«, sagte ich.

Mit zunehmenden Bieren hatte ich das quer durch die Halle trampelnde Mädchen fast lieb. Markierte doch ihr donnernder Schritt die Fußspur der Einfachheit. Indes allein schon die Form ihrer Hüften dem herrschenden Okay widersprach. Und sie mit ihrem Getrampel heimlich die Erde rief und unter den, ach wann endlich splitternden, Dielen hervorzustampfen suchte. Die Geister der Schluchten und Wasser. Die Hexen, befeuchtet mit Lehm. So daß ich die rote Lampe im künstlichen Kamin nun auch schon besser verstand. – Längst hatte sie die Stühle ringsum nach oben gekehrt. In einem Stuhlwald saß ich, und selbst der Kohlenhändler verschwand hinter ragenden Beinen. Nur manchmal hörte ich noch aus der verworrenen Tiefe der Beine die Klage des Kohlenhändlers. Dann aber wurde das Licht in der Halle von einer geheimen Hand ausgelöscht, und schließlich ging auch das Rotlicht in der Kamingrotte aus.

Treppauf – in mein Zimmer, in den Sauergeruch. Rasch unter die Bettdecke – von ferne die Stimme des Wasserklosetts. Da, langsam, doch deutlich sich nähernd, ein zaghaft rummsender Schritt. Ein zwar von Vorsicht geprägtes, doch unüberhörbares Blocksberggewummer, das ausgerechnet vor meiner Tür innehalten mußte. Reglos lag ich da, jeden Moment gewärtig, daß dieses riesige Kind tatsächlich ins Zimmer käme. Doch desto regloser ich lag, desto atemloser schien sie da draußen zu stehen, so daß wir beide gemeinsam unserem Schweigen zuhörten. Das durch unser doppeltes Lauschen immer lauter wurde und kontinentale Ausmaße annahm. Indes das stete Wasser der defekten Wasserspülung schauerlich zu rauschen begann und sich die brausenden Klowasserfälle auf ihrem Weg in die Tiefen der Erde auf meine Bettkante wälzten.

»Was ist denn mit dir los?« sprach meine Frau.

»Ich muß mal aufs Klo«, sagte ich.

»Dann geh doch«, sagte meine Frau.

»Ich kann nicht«, sagte ich. »Weil draußen die Bedienung steht und mit mir schlafen will.«

»Von wegen Bedienung«, sprach meine Frau. »Abholen kommen sie dich. Du hast doch ›Scheißstaat‹ gerufen.«

»Und du bist es gewesen, die mich in den Harz geschickt hat.«

Tatsächlich klopfte es.

Weinend packte mir meine Frau Kamm und Zahnbürste ein.

Dann gab sie mir rasch eine Mark, die immer noch wie früher aus Aluminium war.

»Habe ich nicht geträumt«, frage ich, »daß wir jetzt Westgeld hätten?«

Schon wieder klopfte es.

»Spring aus dem Fenster!« rief meine Frau.

Schon hämmerten sie an der Tür.

»Sie wollten geweckt werden«, rief es, und draußen entfernte sich langsam jener charakteristische blocksbergartige Schritt.

»Ich schlafe doch gar nicht«, entgegnete ich. Und wirklich war mir mein Traum bedeutend wirklicher gewesen als die Wirklichkeit, die ich seit Monaten träumte und aus der ich jederzeit noch erwachen konnte und denken: »Du hast aber lange geträumt.«

SABINE BRANDT

Frühstück unter der Linde

»Wohin reisen wir dieses Jahr?« fragte mein Vater, und meine Mutter sagte: »Weiß ich noch nicht. Die Kleine will nach Thürigen.«
Die Kleine, das war ich, eben zehn geworden in jenem Jahr 1937. Eigentlich wußte ich kaum, wo das lag, Thüringen. Aber in meinen Ohren klingelten Namen wie Eisenach und Wartburg, damit hatte uns vier Grundschuljahre lang das alte Fräulein Friesicke gefüttert, wenn sie in der Religionsstunde vom Leben und Streben Martin Luthers erzählte. Jetzt war ich Sextanerin, aber immer noch hob ich das Blatt auf, das wir hatten malen müssen: in zwanzig Feldern je eine Szene aus Luthers Leben, in chronologischer Reihenfolge, und das wichtigste Bild war das vom großen Tintenfaß, das der Reformator dem Teufel an den Kopf geschleudert und das auf der Wand den Riesenklecks hinterlassen hatte. Den wollte ich sehen, diesen eindrucksvollen Tintenfleck, und mir nach Möglichkeit auch etwas davon herunterkratzen.
Aber meine Mutter konnte sich für meinen Plan nicht erwärmen. »Thüringen – ich weiß nicht«, sagte sie, »ziemlich teure Gegend, nach allem, was ich höre.« Sie hatte mir allenfalls eine bessere geographische Vorstellung voraus, aber sonst war sie in thüringischen Angelegenheiten kaum mehr bewandert als ich. Doch gab es da einen Berlinischen Glaubenssatz, demzufolge eine ordentliche Ferienreise an die Ostsee zu führen hatte. Halb Berlin traf sich im Sommer an den Sandstränden wieder, und wenn man Pech hatte, mußte man seine Urlaubswochen mit Leuten

verbringen, die man schon zu Hause von Herzen verabscheute. Die paar Abenteurer, die aus der Reihe tanzten, bestätigten nur die Regel. Manche setzten sich dem rauhen Nordseeklima aus, andere zog es nach Süden, nach Thüringen eben oder sogar nach Bayern. Ich hatte eine Schulfreundin, die mit Eltern und zwei Brüdern jedes Jahr nach Reit im Winkl reiste, noch dazu im eigenen Auto – ein unerhörter Luxus!

»Na ja«, sagte meine Mutter naserümpfend, »wenn man Ministerialrat im Rust-Ministerium ist... Die Frau gibt ja auch an wie 'ne Tüte Mücken. Wie der Mann das Getue bloß aushält! Reit im Winkl – sind unsere Ferien vielleich nicht schön?«

Natürlich waren sie schön. Ich liebte schon das Gewimmel am Stettiner Bahnhof, wo alle Ostsee-Reisen begannen, und die Atmosphäre im Zugabteil, so voller Versprechen auf Sonne, Wasser und viele Quadratkilometer Buddelsand. Anfang der dreißiger Jahre, als die Weltwirtschaftskrise die Bürger ängstlich machte, hatte ich auch die Bimmelbahn des Berliner Umlandsverkehrs kennengelernt. Zwei-, dreimal schleppte meine Mutter uns in irgendein gottverlassenes brandenburgisches Nest, wo es stinklangweilig, aber unerhört billig war. Davon konnte jetzt natürlich keine Rede mehr sein, denn wir lebten seit vier Jahren in einem neuen Deutschland und unter einem Führer, der Wirtschaftskrise und drohende Armut von uns gewendet hatte.

So sagte mein Vater. Meine Mutter aber vergaß Lehren nicht so schnell, die das Leben ihr erteilt hatte. Sie witterte Bedrohungen, die, wenn nicht heute, so doch morgen oder übermorgen auf uns niederdonnern konnten. Thüringen schien ihr auf geisterhafte Weise mit solchen Bedrohungen verknüpft. Sie wußte das nicht zu erklären, so wenig wie den Umstand, daß ihr vor der Ostsee niemals bange war. Sie äußerte lediglich, nur Schafsköpfe würden freiwillig in einem Groschengrab Urlaub machen, und ich begriff, daß ich mir den Tintenfleck auf der Wartburg aus dem Kopf schlagen mußte. Wenn es nun nicht Thürigen sein durfte, dann hätte es von mir aus wieder an die Ostsee gehen kön-

nen. Doch meine Mutter stand unter dem Eindruck, mir eine Abwechslung schuldig zu sein, und machte sich über die Anzeigenseiten des *Berliner Lokalanzeigers* her. Mein Vater beteiligte sich nicht an der Suche. Ohnehin pflegte er von den vier Wochen, die wir uns gönnten, höchstens eine mit uns zu verbringen. Dann reiste er ab, um seiner, wie es hieß, unaufschiebbaren Berufsarbeit nachzugehen; den restlichen Urlaub nahm er später, lange nach den Kinderferien, ganz allein. Über das, was er an seinem Arbeitsplatz tat, sprach er nie, aber das war nichts Besonderes, die Väter meiner Schulfreundinnen hielten es genau so. Ich wußte nur, daß er als Oberingenieur bei der AEG diente, das genügte mir auch.
Mein Bruder, knappe sechzehn, nahm das Ferienziel dieses Jahres ebenfalls nicht wichtig. Er plante, für drei Wochen in ein Sommerlager der Hitlerjugend zu fahren, ein Unternehmen, das ihn der elterlichen, insbesondere der mütterlichen Aufsicht entziehen würde. Das begeisterte ihn und füllte seinen Kopf mit Träumen von Freiheit und Selbständigkeit. Danach blieb ohnehin nur eine schäbige Restzeit mit Mutter und Schwester, wer scherte sich darum.
Um die Wende vom April zum Mai malte meine Mutter einen dicken roten Kreis um eine der Anzeigen: Ferien auf einem mecklenburgischen Bauernhof, gute, reine Landluft, dazu enorm preisgünstig. Von den fünf, sechs Zeilen Werbetext prägten sich mir zwei Begriffe ein, weil meine Mutter sie ständig im Munde führte: »Veranda am Haus« und «Frühstück unter der Linde«. Das Dorf, das diese Köstlichkeiten bieten sollte, hieß Jabel und lag bei Waren. »An der Müritz«, sagte mein Vater, »eine schöne Gegend. Ich glaube, da hast du gut gewählt.« Das zu hören, stimmte auch mich froh. Als in den letzten Schultagen die Klassenlehrerin nach unseren Ferienplänen fragte, hörte ich gelassen zu, was die anderen zu melden hatten, und gab mit fester Stimme Auskunft. Die Lehrerin schrieb jede einzelne Adresse an die Tafel, und es befriedigte mich sehr, unter den zahlreichen Ostsee-Orten

und dem einen Reit im Winkl nun auch lesen zu können: Jabel bei Waren, Mecklenburg.

An einem sonnigen Tag Mitte Juli schleppte mein Vater die gepackten Koffer hinunter zum Taxi. Zum Taxi? Na klar! Nachdem wir in puncto Ferienort so gespart hatten, würden wir uns diese Extravaganz ja wohl leisten können. Zu dritt – mein Bruder war schon vor einer Woche in sein HJ-Lager abgereist – ließen wir uns von schnaufenden Kleinbahnen durchs Brandenburger und dann durchs Mecklenburger Land schaukeln. In dem Briefwechsel, den meine Mutter mit dem gastgebenden Bauern geführt hatte, war ihr verheißen worden, man werde uns mit dem Pferdefuhrwerk von der Bahn abholen. Sie hatte sich gefreut – eine Kutschfahrt ins ländliche Paradies, wie romantisch! Wirklich wartete vor dem Bahnhof in Waren ein Fuhrwerk – aber keine Kutsche, sondern ein Karren mit einer Schindmähre davor. Der Bauer wuchtete die Koffer hinauf und setzte mich oben drauf.

Das fand ich nun romantisch. Ich war recht vergnügt und wandte keinen Gedanken daran, daß Vater und Mutter, die hinter dem Karren hertrotteten, lange Gesichter zogen.

Der Weg nach Jabel maß knappe zehn Kilometer und wurde vom Bauern als Landstraße bezeichnet. Die Karten jedoch stuften ihn, wie mein Vater nachträglich herausfand, nur als Fahrweg ein. Die Karrenräder wirbelten trockenen Staub auf, während sie sich ratternd über das Kopfsteinpflaster quälten. Daß sie die Stöße aushielten, grenzte fast an ein Wunder. Auf halbem Wege machte meine Mutter schlapp und wurde auch auf den Karren geladen. Mein Vater nahm das zum Anlaß, seinen Gefühlen in ein paar unmutigen Anmerkungen Luft zu machen. In wohlgesetzter Rede, wie es seine Art war, sprach er von »doch wohl nicht ganz richtigen Angaben in der Annonce« und gab der Hoffnung Ausdruck, »daß nicht auch der Rest bloßer Dummenfang ist«. Meine Mutter versuchte, ihn durch Augenzwinkern und abwehrende Gesten zu stoppen und raunte schließlich: »Ach, laß doch, Vati. Wir haben so viel vorausgezahlt, das gibt er uns doch nie wieder.

Da müssen wir das Beste draus machen.«

Die Gesichter der Eltern wurden noch länger, als wir endlich Jabels Dorfstraße erreichten. Es war schon früher Abend, die Kühe kehrten von den Weiden heim. Eine größere Herde trabte vor dem Karren her, die Bewegung setzte ihr Innenleben in Gang, die Schwänze hoben sich, und ein großer Klacks nach dem anderen klatschte auf dem Weg, den wir nehmen mußten. Mein Vater lief im Slalom, und meine Mutter murrte gereizt: »Das ist nun doch wirklich die Höhe!« Aber da bog der Bauer in einen Torweg ein und verkündete: »Do wär's.«

Das Haus, in dem wir wohnen sollten, war von mittlerer Stattlichkeit, desgleichen die Stall-, Scheunen- und Remisenzeile, die sich im rechten Winkel dazu erstreckte. Meine Mutter nahm von all dem keine Notiz. Sie stand wie eine Salzsäule und starrte auf die Linde, die vor dem Haus wuchs, so dicht an der Mauer, daß man ihre Zweige hatte stutzen müssen. Vor dem Baum, in kaum einem Meter Entfernung vom Stamm, trennte ein Zaun das schmale Vorgärtchen von der Dorfstraße.

»Frühstück unter der Linde!«, sagte meine Mutter fassungslos. »Wie stellt der Kerl sich das vor? Das ist ja nicht mal Platz für einen mickrigen Stuhl, geschweige denn für drei Stühle, von einem Tisch gar nicht zu reden. Du muß den Bauch einziehen, wenn du da sitzen willst. Und ja nicht die Beine ausstrecken, sonst bist du schon auf der Dorfstraße, und die Kühe scheißen dir auf die Füße. Frühstück unter der Linde – ha! Und Veranda am Haus! Guck mal da rüber. Ist das eine Veranda? Das ist nichts weiter als ein Schuppen, vollgestopft bis zur Tür mit Feuerholz für den nächsten Winter. Der Kerl ist ein Betrüger!«

Mein Vater schaute betrübt und murmelte etwas von »sofort abreisen«, was mir nicht gefiel. Sommerferien ohne Feriendomizil? Wie stand ich nachher vor meinen Schulkameradinnen da? Aber bevor ich loszetern konnte, protestierte meine Mutter: «Und unsere Anzahlung? Willst du prozessieren, um das Geld wiederzukriegen? Was passiert, wenn wir verlieren? Dann wird die Elle länger als der Kran. Nein, nein, wir bleiben erst mal. Es kann ja auch noch ganz schön werden. Hast du nicht gesagt, die Müritz wäre wunderschön?«

Entweder kannte mein Vater sich nicht genügend aus, oder er war zu niedergeschlagen, jedenfalls korrigierte er den geographischen Schnitzer meiner Mutter nicht. Das besorgte wenig später die Erfahrung: Jabel lag nicht an der wunderschönen Müritz. Waren ja, aber Jabel...

Bevor sie noch den Linden- und den Verandaschock hatte überwinden können, entdeckte meine Mutter ein neues Schrecknis, nämlich den riesigen Misthaufen auf dem Hof. Er stank greulich in das Fenster meines Schlafkämmerchens und auch in die Fenster der Küche gleich daneben. Geschwader von Schmeißfliegen kreisten um die Kochtöpfe auf dem Herd und um die Köpfe der Bäuerin und ihrer Hilfsweiber. Die Bäuerin nahm das nicht tatenlos hin. Von der Küchendecke baumelten zahlreiche Fliegenfänger, an deren Klebmasse ich gleich am zweiten Tag mit den Zöpfen hängenblieb. Meine Mutter hatte lange zu tun, um die klebrigen Fliegenleichen aus meinen Haaren zu kämmen. Es tat weh, ich heulte, sie schimpfte, wir waren beide fürchterlich schlechter Laune. Das Anerbieten der Bäuerin, auch in meinem Kämmerchen Fliegenfänger aufzuhängen, schlug meine Mutter aus. Statt dessen wurde ich mit einer zusammengefalteten Zeitung ausgestattet, und mein Vater unterwies mich in der Kunst, Fliegen zu erschlagen. Ich dachte an das tapfere Schneiderlein und machte mir ein Spiel draus, mit dem Märchenhelden zu konkurrieren. Meine Stimmung hob sich.

Der Gedanke an die Fliegen verdarb den Eltern tagelang den Appetit, sie kauten mit langen Zähnen und ließen die Hälfte der Portionen zurückgehen. Nur dem frischen Fisch, in reiner Butter gebraten, konnten sie nicht widerstehen. Ich mochte keinen Fisch, mochte daher auch nicht den Mann, der zwei-, dreimal die Woche über die Dorfstraße zog und mit langgezogenen Rufen seinen »Bohß, Bohß, Bohß« anpries, was in unserem Deutsch

»Barsch« bedeutete. Abends gab es mit schöner Regelmäßigkeit, wochentags wie sonntags, dicke Scheiben enorm fetten Sauerfleisches, von dem die Bäuerin ganze Tonnen eingelegt haben mußte und das sie stets mit überfetten Bratkartoffeln servierte. Mein Vater, mit einem sensiblen Magen geschlagen, preßte die Hände auf seinen Leib und gab erschütternde Rülpstöne von sich. Meine Mutter jammerte um ihre Figur, die in diesen Ferien zweifellos den Rest bekommen würde. Dennoch war sie entschlossen, aus dem Aufenthalt das Maximum an Ferienlust herauszuholen. In der Anzeige hatte gestanden: »Baden im See, Fahrten im eigenen Kahn.« Ein See war tatsächlich in der Nähe, zwar nicht die wunderschöne Müritz, dafür aber, wie die Bäuerin versicherte, nicht so übervölkert, wir würden den See mehr oder weniger für uns haben. Also marsch, über verschlungene Feldpfade und endlich durch einen Kartoffelacker dem exklusiven Badeparadies entgegen.

Meine Mutter explodierte als erste: »Ein See? Eine Krautpfütze ist das! Ein total verkrauteter Tümpel! Da kann doch keiner drin baden, das ist doch viel zu gefährlich! Mein Gott, mein Gott! Jedes Wort, aber auch jedes Wort eine Lüge!« Tatsächlich wuchsen im See die mannigfaltigsten Pflanzen, dicht an dicht, bis zur Uferkante. Viele blühten und sahen für meine Begriffe prächtig aus, aber Vater und Mutter belehrten mich, daß dies tödliche Fallen seien, der arglose Schwimmer würde sich mit Armen und Beinen verfangen und gnadenlos unter Wasser gezogen werden. Also aus mit dem Badevergnügen? Mein Vater musterte des Bauern eigenen Kahn. »Seelenverkäufer!« fluchte meine Mutter. Der Kahn war fast bis obenhin vollgelaufen. Doch vielleicht, gab mein Vater zu bedenken, konnte man ihn ausschöpfen und wieder seetüchtig machen? Vielleicht fanden wir anderswo, etwa in der Mitte des Sees, weniger verkrautete Stellen?

Am folgenden Tag machten wir uns ans Werk, ausgerüstet mit einem Schöpfgefäß und einer Wäscheleine, welche die Bäuerin bereitwillig hergeliehen hatte. Wir schöpften lange und verbis-

sen und stiegen schließlich in den quatschnassen Kahn. Mein Vater nahm die Ruder und mühte sich redlich. Der Schweiß troff ihm vom Gesicht, denn das Ungetüm reagierte äußerst schwerfällig, obendrein blieb immer wieder eines der Ruder in den Wasserpflanzen hängen. »Ist ja klar«, sagte meine Mutter, »warum wir den See für uns haben. Kraut über Kraut, in der Mitte nicht anders als am Rand. Welcher Idiot will hier schon baden. Vater, kehr um.« Aber mein Vater wies auf die Wäscheleine und sagte: »Damit gehts. Es darf immer nur einer schwimmen, mit der Leine fest um den Bauch. Die beiden anderen halten die Leine und ziehen den Schwimmer raus, wenns gefährlich wird.« Gesagt, getan; doch war manches schwerer getan als gesagt. Aus dem Kahn ins Wasser zu hüpfen, ging noch an, wie aber sollte man nachher in den schwankenden Kahn zurückturnen? Das bereitete vor allem meiner Mutter Mühe, und sie erklärte, als sie keuchend auf der Bank saß, daß sie diesen Unsinn nicht noch einmal mitmachen werde.
Angesichts der düsteren Stimmung seiner Frau verlängerte mein Vater die Frist der Gemeinsamkeit um drei Tage. Auch spürte er den Jabeler Dorflehrer auf und vermittelte eine Schwatzbekanntschaft mit der Frau Lehrer. »Weißt du«, sagte er zu mir, »die Mutti muß jemanden zum Plaudern haben, dann ist sie gleich viel fröhlicher. Besonders, wenn ich später weg bin. Der Lehrer hat auch Bienenstöcke, da gibt's herrlichen Honig. Für so was interessiert die Mutti sich doch so sehr.« »Ja«, sagte ich und wandte keinen Gedanken daran, ob er am Ende ein schlechtes Gewissen hatte, weil er in die geordneten Verhältnisse Berlins zurückfloh und sie in Schlingpflanzen und Sauerfleischbergen allein ließ. Mir gefiel Jabel inzwischen schon ein bißchen, ich hatte den Obstgarten entdeckt, dahinter eine Wiese, wo mir der Hofhund beim Herumtollen half.

Nach meines Vaters Abreise wechselte ich in das von ihm verlassene Bett; das Kämmerchen wurde meinem Bruder reserviert, der wenige Tage danach bei uns eintraf. Er war braun gebrannt, aber hundsmager, was meiner Mutter schlecht gefiel. »Da laß ich

dich nicht wieder hin«, verkündete sie, »wo ihr Jungs euch so abjachtern müßt und wo ihr so schlecht ernährt werdet. Ich dachte, das ist ein Ferienlager? Unerhört, was sie mit den Kindern machen!« Mein Bruder teilte ihr mit, daß er erstens kein Kind mehr sei und daß zweitens ein HJ-Lager zu den Institutionen gehöre, zu denen sie ihn nicht nach Lust und Laune hin- oder nicht hinlassen könne. »Das ist Dienst«, sagte er fest. Meine Mutter murrte: »Man kann dich keinen Augenblick unbeaufsichtigt lassen!«
Mein Bruder übernahm die Rolle meines Vaters, was unsere See-Expedition anbetrag. Er ruderte, hielt mich beim Schwimmen an der Leine und schwamm auch selbst. Meine Mutter blieb bei ihrem Boykott. Sie fuhr zwar mit uns hinaus, schon damit die Kinder eine Aufsicht hatten, aber sie mied die Berührung mit dem schlabbrigen Kraut. Das weckte den Kavalier in meinem Bruder, und eines Tages ging er mit dem Kahn auf Forschungsreisen, um seiner Mutter eine zumutbare Schwimmstelle zu entdecken. Er kehrte hochbefriedigt zurück: »Am Ende vom Krautsee ist ein Kanal, ganz versteckt hinter Büschen und Astwerk, etwa einen Kilometer lang, und dahinter ist ein zweiter See, ganz ohne Kraut und mit flachem Ufer, wo Gras wächst. Da kannst du fein schwimmen, und auf der Wiese können wir liegen.«
Guter Junge! Gleich am nächsten Vormittag, nach dem Frühstück, brachen wir auf. Der Kanal war schwer zu finden, noch schwerer zu befahren, die tief herunterhängenden Äste der Bäume an beiden Seiten ohrfeigten uns und zerkratzten unsere bloßen Arme. Doch das war eine Kleinigkeit, gemessen an den Attacken wütender Bremsen, deren Ruhe wir gestört hatten. Mit drohendem Gebrumm jagten die Geschwader auf uns zu, ich fürchtete mich entsetzlich vor den großen Biestern und begann zu kreischen. Meine Mutter wickelte mich samt Kopf und Füßen in ein großes Badetuch, unter dem ich fürchterlich schwitzte, und benutzte ein zweites Tuch, um den Feind von meinem verbissen rudernden Bruder fortzujagen und natürlich von

sich selbst. Noch nie bisher war uns ein Kilometer so endlos vorgekommen.

Doch das Glück ist mit den Tapferen, wir erreichten den zweiten See, ohne ein einziges Mal gestochen worden zu sein. »Wahrhaftig, kein Kraut«, staunte meine Mutter, richtete dann ihren Blick auf das flache Ufer mit der Liegewiese, und gleich darauf schrie sie laut auf. Von der Wiese her glotzten uns rund zwanzig Kühe entgegen, auch im seichten Uferwasser standen ein paar Rindviecher, und genügend von ihnen, sowohl auf der Wiese wie im Wasser, hoben ihre Schwänze ... »I gitt!«, fistelte meine Mutter, »keine zehn Pferde bringen mich in diesen See!« »Die waren gestern noch nicht hier«, sagte mein Bruder beschämt. »Was für ein Land!« schrie meine Mutter. »Zurück!« Sofort zurück!« Nun schrie ich auch: »Doch nicht wieder durch diesen Kanal! Ich will nicht noch mal durch den Kanal!« »Dumme Ziege!«, knurrte mein Bruder, und meine Mutter bot mir eins ins Genick, wenn ich nicht sofort mein Geschrei einstellte. Es gab sowieso nur diesen einen Weg zurück, und irgenwie brachten wir ihn auch hinter uns, wieder ohne ernsthafte Verletzungen, aber trotzdem als geschlagenes Häuflein.

Das Thema Baden war danach so gut wie erledigt. Wir gingen kaum noch zum See. Mein Bruder trieb einen Altersgenossen auf, mit dem er herumstreunen konnte, ich hatte den Hofhund und den Obstgarten. Meiner Mutter sandte der Himmel eine Feriengästin, die auch auf die Anzeige hereingefallen war und mit der sich die unerhörten Zumutungen ausführlich bekakeln ließen. Auch sonst taugte sie offenbar ausgezeichnet zum Tratschen, viel mehr als die Frau Lehrer, die, so meine Mutter, fraglos eine gute Seele war, »aber doch man ländlich-sittlich, na ja, wo solls herkommen«. Die neue Dame aber, aus Berlin wie wir auch, hatte eben Großstadtschliff.

Mein Bruder scherte sich wenig um das Frauengeschwätz. Ich dafür um so mehr, denn ich war ein neugieriges Kind, und so unbedingt abendfüllend war der Hofhund nun auch wieder nicht. Die neue Dame pflegte in unser Zimmer herüberzukommen, meine Mutter ließ in der Küche Kaffee kochen, und wenn dann die Mäuler liefen, nahmen beide Damen nichts weiter mehr wahr, auch das kleine Mädchen nicht, das in der Ecke hockte und den Befehl »Geh spielen!« gründlich mißachtete.

Es dauerte keine zwei Tage, bis die Kaffeetrinkerinnen zur Allgemeinmedizin vorgestoßen waren. Ich hockte und lauschte und graulte mich, denn das hatte ich nicht gewußt, daß es so viele und so schlimme Krankheiten gab und daß davon, wie es schien, keiner verschont blieb, vor allem nicht die Frauen. Einen Tag später hatten sie die Gynäkologie beim Wickel, sie gaben einander detaillierte Schilderungen dessen, was sich bei der Geburt ihrer Kinder abgespielt hatte, und eine übertrumpfte die andere. Unheimlich war das, aber auch spannend, noch nie hatte ich so viele Informationen bekommen, schon gar nicht, wenn ich direkt fragte. Am interessantesten war die Geschichte meiner eigenen Geburt, die dem Vernehmen nach über Gebühr auf sich hatte warten lassen und dann hopplahopp vonstatten ging. »Kaum daß ich noch ins Taxi kam«, sagte meine Mutter. »Sie können sich wohl vorstellen, wie das nachher ausgesehen hat.« »Ja«, hauchte die andere Dame und machte mir damit deutlich, daß ich wieder mal im Hintertreffen war, denn sie hatte zweifellos begriffen, ich aber nicht. Ich reckte mich aus meiner Ecke und fragte: »Wie hat denn das Taxi nachher ausgesehen?«

»Huch!« schrie meine Mutter. »Was ist denn das? Wieso bist du hier drin? Mach, daß du rauskommst, geh spielen, aber sofort!« Und damit war die Lehrstunde für mich zu Ende, ein für allemal. Aber auch den Damen hatte es den Spaß verdorben. Obwohl sie künftig in jeden Winkel guckten und mich obendrein draußen herumlaufen sahen, fühlten sie sich nicht mehr so sicher wie vorher, und ihre Unbefangenheit litt. Sie saßen jetzt seltener bei Kaffee und Geschwätz.

Wir begannen, in Langeweile zu ertrinken. Eigentlich war es von Anfang an langweilig gewesen, aber in der ersten Zeit hatte die fremde Gegend noch einen gewissen Reiz für mich und nachher für meinen Bruder, und meine Mutter wurde von ihrer Empörung über den falschzüngigen Bauern in Schwung gehalten. Nun aber, nach fast drei Wochen, war der Schwung recht lahm geworden, und die Empörung hatte sich in Verdrossenheit verwandelt. Was mich betraf, so wog der Hund am Ende doch nicht meine Berliner Kinderwelt auf. Mein Bruder, obwohl erst seit einer knappen Woche am Ort, wurde nur von seiner Liebe zur Mutter daran gehindert, auf die Ferien in Jabel zu fluchen. Meine Mutter hatte für vier Wochen gebucht, und wenn nicht Blitz und Donner dreinfuhren, würden wir bis zum letzten öden Tag ausharren müssen. Wieso eigentlich? Was hielt uns hier? Wir Kinder wußten es nicht, und meine Mutter wußte es wohl auch nicht. Es schien, als hätten die Schlingpflanzen aus dem See sich um unsere Gehirne gelegt. Jabel hatte uns gelähmt.

Am letzten Sonntag, als noch fünf Tage vor uns lagen, schlug dann doch noch der Blitz ein, und der ihn auslöste, war mein Bruder. Fest entschlossen, hatte er sich ein Akkordeon besorgt, auf dem er eifrig und gar nicht übel spielte. Er füllte Jabel mit Klängen, die zu den Kühen und auch zum »Bohß, Bohß, Bohß« wenig paßten, ihm aber die Illusion verschafften, von der munteren Welt seiner Schlager nicht völlig abgenabelt zu sein. An jenem Sonntag saß er auf der Hofseite des Bauernhauses auf einer Bank und ließ die Finger über die Tasten laufen.

Dann stand mit einemmal der Bauer auf dem Hof und brüllte meinen Bruder an: Ob er nicht wisse, daß Sonntag sei, der Tag des Herrn! Ob das bei ihm zu Hause, in der Stadt, so üblich sei, den Sonntag zu entweihen! Wenn er schon nicht zur Kirche gehe wie jeder anständige Mensch, ob er dann nicht wenigstens die anständigen Menschen mit seinem Gedudel verschonen könne! Er war noch nicht ganz fertig mit seiner Predigt, da kam meine Mutter aus dem Hause geschossen, hochrot im Gesicht und aufgeregt, aber unverkennbar auch begeistert, so als habe ihr Gott, der Herr des Sonntags, unverhofft geschenkt, worauf sie lange gewartet hatte. Wie eine Furie fiel sie über den Bauern her. Sie verbat sich seinen Ton gegenüber dem unschuldigen Jungen, der einem unschuldigen Vergnügen nachgegangen sei. Sie hielt ihm seine Anzeige vor, Wort für Wort, sowie die Realitäten, die seine Anzeige als Lügenwerk entlarvt hatten. Sie verhieß ihm schlechte Nachrede und erwähnte, wenngleich nur andeutungsweise, die Möglichkeit gerichtlicher Schritte. Wie ein Schwert ließ sie die Mitteilung auf ihn niedersausen, daß sie ihre Koffer packen und morgen, mit dem ersten Zug, abreisen werde. Er solle sich gefälligst pünktlich in der Frühe mit seinem Dreckskarren bereithalten, andernfalls...

Und so endete der Ferienaufenthalt in Jabel bei Waren, Mecklenburg, unerhört preiswert, bei guter Landluft, Veranda am Haus und Frühstück unter der Linde. Meine Mutter schimpfte noch lange auf den Betrüger im Bauernkittel, sie genoß es offenbar, sich darüber aufzuregen. Keiner von uns ahnte damals, 1937, daß sie und wir alle nur zwei Jahre später weit ernsteren Grund zur Aufregung haben würden.

MARTHA GELLHORN

Auf Safari in Afrika

Nach drei Stunden Schlaf wurde ich morgens um drei geweckt, ziemlich spät für einen Vier-Uhr-Flug. Ich stieg eilig in die Kleider, hatte einen schlechten Geschmack im Mund und fühlte mich leer. In der Kälte des dunklen Flughafens von Khartum wartete ich bis 5 Uhr 30: Maschinenschaden. Bisher erinnerte mich das Reisen in Afrika an die tristesten Seiten des Krieges – immer mitten in der Nacht aufsein, immer erschöpft sein, immer in heftiger bis widerwärtiger Unbehaglichkeit leben und immer der Langeweile ausgesetzt sein. Die einzige schöne, von mir geliebte Seite des Kriegs fehlte hier völlig: von zwei Tagen mit C. in Kamerun abgesehen, hatte ich keine Weggefährten getroffen. Im Krieg wimmelt es davon, man befindet sich in ständig wechselnden Gruppen von Männern, die aufgrund der Umstände außerordentliche Qualitäten entwickelt haben. Mit niemandem lachen zu können bedeutet, daß die Schrecken der Reise einen unverdünnt treffen; was sehr schwer auszuhalten ist. Mittlerweile war ich eine müde, einsame Ameise auf diesem übergroßen Erdteil. Die Einsamkeit brachte mich dazu, an Ker and Downey Ltd. in Nairobi ein Telegramm vorauszuschicken; obwohl ich nicht wußte, ob es ohne genauere Anschrift jemals ankommen würde. Ich wollte abgeholt werden, auf Händen getragen werden, getätschelt werden, ich wollte mit Schlafliedern in den Schlummer gewiegt, umsorgt, verwöhnt, bei der Hand genommen werden.

Weit unter mir, wo der Sudan an Äthiopien stieß, lag die bislang unheimlichste und wildeste Landschaft; braunrote Gebirge, Schluchten, Krater, kein Lebenszeichen, brodelnde Einöde. Sollte Ostafrika noch schlimmer werden als Westafrika? Langsam wurde die Erde grün und grüner. Mount Kenya mit Schnee darauf, Ackerland, große, einzeln stehende Bäume, kein Dschungel, kein ödes Dornengestrüpp. Das Land schien bewohnbar zu sein, ein erster Hinweis darauf, daß Afrika vielleich doch mehr war als ein Härtetest.

Kein Flugplatz hatte so ausgesehen wie dieser: klein, sauber, weiß, von Blumenbeeten umgeben. Der Himmel verhielt sich so, wie ich es mir immer gewünscht hatte – er reichte ins Unendliche hinauf. Weiche Luft, von einer hochstehenden, klaren Sonne erwärmt (adieu, ihr Spiegeleier), und es roch, wie ich es mir von Afrika erhofft hatte. Ich strahlte, als ich Mister Whitehead von Ker and Downey hinter der Zollschranke begrüßen konnte, »einen schüchternen, reizenden Mann« (aus Notizen), von dem mir kein Bild in Erinnerung geblieben ist, obwohl er die Freundlichkeit in Person war.

Es gehörte zum normalen Service, daß Mister Whitehead erschienen war, um eine künftige Kundin abzuholen. Ich hatte keine Ahnung, daß Ker and Downey in Kenia das größte Haus für Safariausstattungen war; wenn mir überhaupt etwas vorgeschwebt hatte, dann eine ostafrikanische Entsprechung zu Le Kiiing. Dieses Mißverständnis drang vage durch meine Erschöpfung, als mich Mister Whitehead zum New Stanley Hotel fuhr. Ich erhielt ein Zimmer an einem Luftschacht, mit dem Lärm der Küchentöpfe und Pfannen unter mir, war aber zu gebrochen von Afrika, als daß ich aufbegehrt, mich beklagt und bessere Bedingungen gefordert hätte. Ich nahm, was man mir gab; schließlich war ich die unbekannte Amerikanerin, der kein nobleres Zimmer und kein Bouquet vom Manager zustanden. Ich schlief.

Das Wetter in Nairobi ist das beste, das man finden kann, wie in Cuernavaca – etwa einen Kilometer hoch in den Tropen. Eine strahlende Wärme, die Energie und Hoffnung weckt statt

Schweißtropfen und Kopfschmerzen. Jeder sah sonnengebräunt aus, heiter, gut gekleidet, zufrieden mit dem Leben. Jeder ging zügig irgendwohin. Es gab modische Geschäfte und funkelnde Autos, Jacarandas und Flamboyants und Königspalmen und üppige dunkelgrüne Bäume, vielleicht immergrüne Eichen, die von kleinen Vögeln sehr bevorzugt wurden; schmale Grünstreifen in der Mitte sauberer Straßen, üppig quellende Bougainvilleen – weiß, violett, karmesinrot oder pfirsichfarben – und Hibiskus und Oleander. Eine verführerische kleine Stadt, die reich und fröhlich wirkte, wie maßgeschneidert für weiße Bewohner und Touristen erster Klasse. Im Zentrum, wo das Geld ausgegeben wird, bevölkerten Europäer die Straßen und gelegentlich Asiaten; Afrikaner waren hier dünn gesät; sie hockten neben Matten auf den Bürgersteigen, um Touristen schmückenden Krimskram zu verkaufen, verhökerten Zeitungen und Lotterielose, bettelten auf von Polio verunstalteten Beinen, fuhren Taxis, holten etwas, trugen etwas.

Sie unterschieden sich sehr von ihren Verwandten in Westafrika, waren nicht so munter und untätig, auch nicht in exzentrische Fetzen gekleidet. Die soziale Pyramide wurde mir sofort klar: Europäer, Asiaten, Afrikaner (»schwarz« ist hier ein Schimpfwort), Bürger erster, zweiter und dritter Klasse. Vielleicht empfand ich die Vorherrschaft der weißen Haut in dieser britischen Kolonie so deutlich, weil ich gerade aus unabhängigen afrikanischen Staaten gekommen war, in denen die Weißen sorgfältig im Hintergrund blieben. Ich hatte keine Veranlassung anzunehmen, daß diese weißen Oberherren nicht anständig und gerecht waren, aber ich wünschte mir, die Afrikaner sähen weniger unterdrückt aus. Wenn ich auch immer mit Genuß nach allen Privilegien grapsche, die ich kriegen kann, habe ich doch viel dagegen, von Gesetzes wegen vorgezogen zu werden. Ich mißtraue der Macht in meinen Händen und anderen Händen, besonders jeglicher auf Rasse, Glauben oder Hautfarbe basierenden Macht. Das gilt in beiden Richtungen; ich wäre auch nicht besonders froh darüber gewesen, vor Schwarzen kriechen zu sollen, wo sie regierten.

Am dringendsten brauchte ich Kleidung. An einem Ort einkaufen zu gehen kann für kurze Zeit Spaß machen; ansonsten ist Einkaufen eine lästige Instandhaltungsarbeit. Asiaten führten die Läden. Ihr Diensteifer und ihre Tüchtigkeit trieben mir Tränen in die Augen. Ich hatte im Handumdrehen alles, was ich brauchte. Ganz im Gegensatz zu den ärmlichen Märkten in Westafrika quoll der Markt in Nairobi über von köstlichen Früchten und Gemüsen, und es gab Stände, wo man bundweise Tuberosen, Agapanthi, Schmucklilien, Iris, Rosen, Kornblumen, Chrysanthemen und Lilien für ein paar Schillinge kaufen konnte. Ich entschied mich für einen riesigen Nelkenstrauß, der mein unfreundliches, kleines Zimmer schmücken sollte. Die drei Rassen drängten sich auf dem Markt, hier gab es keinen Mangel an Afrikanern. Plötzlich fiel mir auf, daß es keinen abstoßenden menschlichen Gestank mehr gab. Wir alle rochen, aber eben nicht anstößig. Bestimmt hatten diese Afrikaner keine hübschen Badezimmer zu Hause und auch keine Stapel von Life buoy-Seife. Die Erlösung von Körpergeruch mußte ein weiterer Segen dieses Klimas sein.

In einem neuen Baumwollkleid, mit ordentlich gewaschenem Haar, nahm ich allen Mut zusammen, Mister Whitehead aufzusuchen und ihm zu eröffnen, daß ich keine elegante Safariausrüstung samt dazugehörigem weißen Jäger wollte. Die reichen Leute fanden es schick, die herrlichen Tiere in aller Bequemlichkeit und Sicherheit zu töten; mit Dutzenden von Afrikanern, die wie guttrainierte Butler die Arbeit im Camp erledigten, und einem weißen Jäger dazu, der jedes Tier abschießen würde, das womöglich den zahlenden Kunden gefährdete, weil er danebengeschossen hatte. Fotosafaris waren noch sportlicher, weil man für einen guten Schuß mit der Kamera näher heran muß als für einen guten Gewehrschuß; aber ich hatte seit der Box meiner Kindheit keine Kameras mehr benutzt. Es war auch möglich, in den Wildparks angenehm auf Safari zu gehen, unter der kundigen Führung eines weißen Jägers, der die gleichen Aufgaben hatte wie der gebildete Reiseleiter bei Kulturreisen. Das alles wollte ich nicht. Ich wußte genau, was ich wollte: einen gebrauchten Landrover kaufen oder mieten, einen Fahrer mitnehmen, der mir einen Teil der Arbeit abnehmen und dolmetschen konnte, und allein aufbrechen, um Ostafrika zu erforschen.

Es gab eine Straßenkarte, herausgegeben von der Shell Company in Ostafrika; wenn es also Straßen gab, warum sollte ich nicht auf ihnen fahren können? Und es gab eine Broschüre, in der Gasthäuser, Raststätten und Hotels in ganz Kenia, Uganda und Tanganjika aufgeführt waren. Ich hatte nicht vor, in der Wildnis zu kampieren, dazu besaß ich weder die Erfahrung noch die Ausrüstung. Ich wollte mich auf eingetragenen Straßen von Ort zu Ort bewegen und in ganz gewöhnlichen Gasthäusern haltmachen. Mein Ziel würden die Wildparks sein. »Was ist daran falsch?« frage ich Mister Whitehead.

Er machte ein ernstes Gesicht. Er zögerte. »Nichts«, sagte er, »im Prinzip. Nur ist er keine sehr gute Idee.« Dies sei mein erster Aufenthalt hier, sagte er, und Afrika sei anders, hier gehe das nicht so. Er würde es nicht gern sehen, wenn seine Frau (oder Schwester, Tochter, ich hab's vergessen) solch eine Reise machte. Ich, die ich Westafrika überlebt hatte, sah keinen Grund, mich vor dem schönen, gezähmten Ostafrika zu fürchten. Mister Whitehead mag sich gedacht haben, ich sei ein Lemming in Menschengestalt, und obwohl ich für seine Firma ganz uninteressant war, hätte er sich nicht hilfreicher verhalten können. Er machte mich mit einem seiner weißen Jäger bekannt, der einen Landrover zu vermieten hatte. Der weiße Jäger sagte, sein Fahrzeug habe 65 000 schwierige Meilen hinter sich und sei nicht eben in bestem Zustand. Der Motor sprang an, der Landrover bewegte sich. Mehr verlangte ich nicht. Unglücklicherweise könne er mir, sagte Mister Whitehead, keinen Fahrer stellen, ihre Fahrer seien alle auf Safari.

Verschiedene freundliche Leute waren in meinen Gesichtskreis geraten und wieder daraus verschwunden, darunter der nette israelische Honorarkonsul. In Nairobi geboren und aufgewachsen, war er ein echter Städter und sehr besorgt darüber, daß ich mich allein mit einem Afrikaner auf ferne Straßen begeben wollte. Er erbot sich, einen verläßlichen Fahrer zu finden. Joshua stellte sich in der Cocktail-Lounge des New Stanley Hotels mit einem Empfehlungsschreiben des Honorarkonsuls vor, das mir mitteilte, Joshua sei »zuverlässig«. Nach der örtlichen Sprachregelung hieß das, daß Joshua mich nicht vergewaltigen und/oder berauben würde. Keine dieser Möglichkeiten hat mich je Kopfzerbrechen gekostet. Nur mein Instinkt, den ich regelmäßig unbeachtet lasse, sagte mir, daß Joshua nicht der richtige Mann für den Job war. Joshua war klein, von tiefbrauner Farbe, zart bis zerbrechlich, ordentlich und sauber. Wir saßen auf einer Bank an der Wand, und Joshua trug mir seine Tugenden vor. Er war zunächst und vor allem *eddicated*, was bedeutete, daß er bessere Bezahlung erwartete als ein Durchschnittsfahrer. Er hatte während des »Notstands« (zu Mau-Mau-Zeiten) einen Landrover der Regierung gefahren und erst kürzlich einen großen amerikanischen Wagen für ein Touristenunternehmen in der Stadt. Ich war von Joshua nicht begeistert; er war so geziert und gespreizt, was sich nach meinem Gefühl als unpraktisch erweisen würde, und ich hätte einen kräftigeren Typ vorgezogen. Aber es juckte mich wegzukommen, drei Tage in Nairobi waren genug. Nairobi war die Seligkeit, aber es war eben nicht Afrika. Ich suchte immer noch nach dem Afrika, das so mühselig zu finden ich gekommen war. Also stellte ich Joshua ein. Meine Reiseausrüstung bestand aus einer Thermosflasche, einer Taschenlampe, neuer Khakikleidung, bequemen Safaristiefeln, dem alten Strohhut, einem Stapel von frischen Krimis und blödsinniger Zuversicht.

Joshua erschien am nächsten Morgen in schwarzen italienischen Röhrenhosen aus Kunstseide, einem weißen Hemd, schwarzen spitzen Schuhen, dunkler Sonnenbrille mit verziertem roten Gestell und trug einen Pappkoffer. In der Lobby des New Stanley Hotels und im Thorn Tree Café davor wimmelte es von Leuten, die zu Safaris aufbrachen oder von Safaris zurückkamen oder so taten, als täten sie das. Die richtige Aufmachung bestand aus tiefer Sonnenbräune, gutgeschnittenen, abgetragenen, verblichenen und gestärkten Khakihosen, lang oder kurz, einer kurzärmeligen Khakibuschjacke oder einem Khakihemd mit reichlich Taschen sowie alten Safaristiefeln. Neue Kleidung verriet den unerfahrenen Touristen. Der Ton war lässig Macho; jeder hatte sich schon Auge in Auge einem Löwen gegenüber befunden. Die afrikanischen Safaribediensteten trugen ebenfalls Khaki, wenn auch zerknautscht und ausgebeult, nicht von Bwana-Standard. Die Abfahrten verliefen beeindruckend und ziemlich theatralisch, insbesondere, wenn Prominente dabei waren, sich in den Busch zu wagen. Mister Kirk Douglas und Mister Robert Ruark fuhren an diesem Tag glanzvoll los. Joshua gab eine komische Figur ab, ich wirkte einfältig. Nur der staubige, ramponierte, verbeulte, geflickte Landrover sah zünftig aus.

Ich erwartete, daß Joshua das Steuer übernehmen und uns aus Nairobi heraus auf die Hauptstraße nach Kampala lotsen würde. Ruhig aber bestimmt lehnte Joshua die Ehre ab. Er könne mich besser dirigieren, wenn ich führe. Wir machten ein Geräusch wie ein Panzer. Wenn es irgenwo Federn in diesem Landrover gab, spürte ich sie nicht, nicht einmal auf den städtischen Straßen. Um zu schalten, mußt ich mit allen Leibeskräften drücken oder ziehen. Nach dem Spazierengehen ist die Freiheit, die ein Auto mir läßt, meine bevorzugte Art der Fortbewegung, aber das hängt auch vom Wagen ab. Dieses schwere, uralte Vehikel stellte sich als störrisch heraus, aber wenn wir uns oft abwechselten, könnten wir uns von der Anstrengung des Fahrens ausruhen. Langsam fuhren wir in Serpentinen aufwärts, vorbei an Feldern und dichten Wäldern, bis wir den östlichen Rand des Rift Valley erreichten. Weit unter uns lag, so weit ich blicken konnte, die goldene Ebene, von blauen Bergen umgeben. Es war doch wahr, das gab es und noch verzaubernder, als ich es mir je ausgemalt hatte. Glück ist weit mehr als das bloße Fehlen von Schmerz. Für mich fühlt es sich an, als hätte mein Blut andere Eigenschaften angenommen, etwas Neues, Kostbares, Starkes strömt durch meine Adern, läßt mein Herz höher schlagen. Meine Lungen füllen sich mit Luft und Licht, die Welt ist zu schön, ich könnte mühelos die Arme ausbreiten und fliegen. Von solcher Glückseligkeit ergriffen, wünschte ich mir nun wie schon so oft, ich könnte eine Melodie halten und vor Freude singen, aber ich kann es nicht, und wenn ich losbrüllen würde, meine einzige Möglichkeit, würde Joshua glauben, er hätte es mit einer Verrückten zu tun. Ich hielt den Landrover an, um mich an diesem sichtbar gewordenen Traum zu berauschen. Joshua lächelte vor Vergnügen über die Landschaft seiner Heimat. Das freute mich sehr, das verband uns, wir würden als Reisegenossen miteinander auskommen.

»Jetzt fahren Sie, Joshua.«

»Schaun Sie sich die schlechte Straße an, Memsaab.« Die Straße wand sich in engen Korkenzieherkurven die Bergflanke hinunter. »Besser ich paß auf und sag's Ihnen.«

Ich fuhr im zweiten Gang, zerrte in den Kurven wie wahnsinnig am Lenkrad und wagte nicht, auch nur einen Moment aufzublicken und die Aussicht zu genießen. Ich war ganz schön sauer auf Joshua, der mich um dieses Vergnügen brachte, aber vielleicht gehörte es sich in Afrika, einen Aufpasser bei sich zu haben. Im Talgrund verlief die Straße gerader, und ich trat aufs Gas, nur um herauszufinden, daß 50 Stundenkilometer unsere Höchstgeschwindigkeit waren. Nun gut, ich hatte es nicht eilig, ich wollte etwas sehen. Die Straße fühlte sich fast europäisch an im Vergleich zu den Straßen in Westafrika, wenn es auch tatsächlich nur eine zweispurige Teerpiste mit reichlich Löchern war. Richtige Autos sausten an uns vorbei, ein alter Volkswagen überholte uns, in dem jemand winkte und grüßte, aber es gab wenig Verkehr.

Plötzlich standen links und rechts von der Überlandstraße Giraffen in den Posen, die nur sie einnehmen können, gewaltig, glatt, glänzend dunkelbraun, mit ihrer Zeichnung aus dünnen weißen Linien, die unregelmäßige Rechtecke und Quadrate bilden; sie beobachteten mit langbewimperten Augen die Szene. Ich geriet auf der Stelle außer mir. Jetzt hatte ich alles: die Ebene und die Berge und diese makellosen Geschöpfe. »O schön!« sagte Joshua und lachte vor Freude. Ich ahnte noch nicht, wovon ich später überzeugt war: Joshua war in seinem ganzen Leben nicht weiter aus Nairobi herausgekommen als bis zu den Vorstadtsiedlungen, er hatte noch nie ein wildes Tier gesehen – vor den hinreißenden Giraffen. Es war alles für ihn genauso neu wie für mich.

Wir rumpelten und rasselten durch das Tal, unterhielten uns schreiend. Joshua war aus dem in Kenia vorherrschenden Stamm der Kikuyu, dem man die höchste Intelligenz nachsagte; Joshua war auch Presbyterianer. Ich weiß nicht mehr, ob er in eine presbyterianische Missionsschule gegangen war oder warum er diesen Glauben angenommen hatte, aber er hatte ihn, und es war ihm Ernst damit. Er könne niemals stehlen, erklärte er, wegen seiner Religion, und auch nicht lügen. Er hatte mir faustdicke Lügen aufgetischt, als er erzählte, daß er während des Notstands einen Landrover gefahren habe; wie ein Schwachkopf hatte ich ihm dieses Märchen geglaubt.

Joshua war zu jung dafür, er war jetzt dreiundzwanzig; der Notstand herrschte von 1952 bis 1956. Kein afrikanischer Teenager fuhr jemals irgendwo irgend etwas und ganz sicher nicht Joshua im Alter von dreizehn. Verkehrsmittel sind für Europäer in Afrika so lebensnotwendig wie Wasser; sie vertrauen ihre wertvollen Wagen nicht leichthin Afrikanern an. Joshua war nicht verheiratet und fand es nicht verlockend zu heiraten. Denn afrikanische Mädchen, brüllte er, seien blöd. Sein Naserümpfen erreichte mich beim Dauerlärm des Landrovers mehr als Gefühl denn als Lautfolge. Er wollte weiterkommen. Es war sein ehrgeiziger Plan, eine ganze Flotte von Wagen zu besitzen, seinen eigenen Autoverleih in Nairobi. Ein echter Stadtjunge mit echten Mittelschichtträumen.

Auf der Landkarte waren drei Kategorien von Straßen eingezeichnet: fette rote Linien für Hauptstraßen, dünnere rote für Nebenstraßen, schmale gelbe für wahre Katastrophenstraßen; und schließlich gab es noch rote Haarlinien, die einen Fußpfad zwischen Dörfern oder einen Wildtrampelpfad bedeuten konnten. Wir waren bei Gilgil nach Norden auf eine Nebenstraße abgebogen, und sie war schlecht. In diesem Jahr hatte es große Überschwemmungen gegeben, und man mußte sich nur allzuoft durch Schlamm wühlen. Schlamm läßt einen einsinken, Staub bringt einen in unkontrollierbares Schleudern. Mein Ziel war Barry's Hotel an den Thomsonfällen, und es wurde spät. Ich fing an – wie von da an jeden Tag –, mir um das Tageslicht und die Entfernung Sorgen zu machen. Sorgen ist ein zu schwacher Ausdruck. Ein Knoten bildete sich gegen vier Uhr langsam in meinem Magen und wurde knotiger und dicker mit jeder halben Stunde. Die Sonne geht beinahe genau um sechs unter. Ich bezweifelte, daß ich mit diesen Straßen im Dunkeln fertig würde. Ich konnte mir nur zu leicht eine Panne vorstellen und dann eine lange, kalte schwarze Nacht, bis am Morgen ein Wagen vorbeikäme.

Es gab überhaupt keinen Verkehr. Joshua, fröstelnd in seinem weißen Hemd und sich zusammenkauernd, als der Wald uns von beiden Seiden einschloß, rief hin und wieder: »Wie weit noch, Memsaab, wie weit?« Joshua hatte während des Nachmittags zwei weitere Entschuldigungen für sein bloßes Mitfahren erfunden, und so wußte ich, daß es sinnlos war, ihn zu bitten, jetzt das Steuer zu übernehmen, wo das Fahren schwierig geworden war. Ich biß mir mannhaft auf die Zähne und sagte Joshua, er solle den Mund halten. Ob er denn nicht einen Pullover in seinem Koffer habe. »Nun, dann suchen Sie ihn, und ziehen Sie ihn um Gottes willen an, wir kommen an, wenn wir ankommen.« Und so war es auch.

Unsere geschäftlichen Vereinbarungen hatten wir im voraus getroffen. Joshua sollte für seine Dienste bezahlt werden und ein Taschengeld fürs Essen erhalten; ich würde überall sein Zimmer bezahlen, wo wir uns aufhielten. Der Lohn wurde von Joshua festgesetzt, da ich einen zufriedenen und keinen murrenden Helfer haben wollte. Jemand hatte mich kurz in Entlohnungsfragen eingeweiht: Afrikaner, hieß es, könnten nicht mit Geld umgehen; man dürfte ihnen niemals größere Summen auf einmal geben, weil sie sie dann schon am nächsten Tag verspielt, vertrunken oder verloren hätten. Man gäbe ihnen ihr Geld ratenweise und dürfe ihnen unter keinen Umständen Geld borgen. Darlehen seien der Anfang vom Ende. Der Afrikaner glaubt dann, er arbeitet für nichts, er wird nicht mehr bezahlt, er zahlt auch nichts mehr zurück. Es wird furchtbar. Bei kleinen Summen zu bleiben ist das einzig Mögliche. –Joshua hatte einen Vorschuß für vier Tage in den Händen.

Als wir bei dem Hotel ankamen, einer langen Veranda vor einem Steingebäude, von Pflanzen bewachsen, parkte ich den Wagen und sagte Joshua, er solle meinen Koffer hineinbringen und sich einrichten. Ich brauchte einen Drink, mehrere Drinks, und einen weichen, bequemen Sessel. Meine Schultern fühlten sich an, als hätte ich während des ganzen Wegs von Nairobi hierher eine Eisenstange auf ihnen getragen. Ich schrieb mich ein, sagte, mein Fahrer brauche ein Zimmer, und ließ mich mit einem großen Whisky am Kamin nieder, als Joshua auftauchte, seinen eigenen Koffer in der Hand.

»Memsaab?«

»Was ist los, Joshua?«

»Wo soll ich hin?« Es klang biblisch. Ruth in der Fremde.

Ich erteilte Joshua die erste von zahllosen Lektionen, klärte ihn darüber auf, daß er Swahili spreche, von seinen eigenen Landsleuten umgeben sei, seine Stimme gebrauchen könne; er könne jeden im Hotel fragen, wo die Räume für die Fahrer seien, er könne sodann dieselben Leute alles fragen, was ihm in den Sinn komme. Nur könne er nicht mich fragen, weil ich es weder wisse noch es meine Aufgabe sei, irgend etwas herauszufinden; ich sei entsetzlich müde, da ich den ganzen Tag gefahren sei, und ich wünschte, in Ruhe gelassen zu werden. Er habe keine anderen Pflichten, als sein Zimmer zu finden, was doch keine zu schwere Aufgabe sei, und dann am andern Morgen um neun wieder zu erscheinen, aber nicht früher. »Reißen Sie sich zusammen, Joshua«, sagte ich in scharfem Ton.

Was für ein herrliches Afrika, dachte ich, und sah mir die im Sprühnebel des herabstürzenden Flusses flimmernden Regenbogen an. Riesige Farne an den Ufern glitzerten vom Tau. Ich konnte die Luft schmecken; wir befanden uns in 2 340 Meter Höhe, las man in der Hotelhalle. Weit entfernt hing im Osten ein gewaltiger weißer Kegel, der wie Mondstein leuchtete, am Himmel: die Schneekuppe des Mount Kenya. An der Brücke über den Fluß schnitzte ein Afrikaner einen Elefanten; er war identisch mit den Elefanten für die Touristen in Fort Lamy. Wie nur erfuhr man von Westen nach Osten oder umgekehrt, wie die Gestalt von Elefanten zu stilisieren war? Ich fragte den Afrikaner, wo er gelernt habe, einen Elefanten so und nicht anders zu schnitzen. Er zuckte mit den Schultern. Das war der Augenblick für Joshua, den Dolmetscher.

Joshua saß auf den Verandastufen, sah erfrischt aus und sehr merkwürdig. Er trug seine spitzen schwarzen Schuhe und feine schwarze Socken, ordentlich hochgezogen, ein sauberes kurzärmeliges Hemd, die Sonnenbrille und winzige Khakishorts; seine Safariausstattung. Ich führte ihn zur Brücke und trug ihm meine Frage vor. Nach einer überraschend langen Unterhaltung sagte Joshua: »Von seinem Vater.« Und wo hatte es sein Vater gelernt? Nochmals langes Gerede. »Von seinem Vater«, sagte Joshua.

»Haben Sie etwa die ganze Zeit mit ihm gesprochen, nur um drei Wörter zu sagen? Was hat er noch gesagt, Joshua?«

»Das ist alles, Memsaab. Nur – von seinem Vater.«

»Swahili muß eine sehr komische Sprache sein, wenn es so lange dauert, so wenig zu sagen.«

»Sehr komisch«, stimmte Joshua mir zu.

Offensichtlich würde Joshua als Dolmetscher nicht aktiver werden denn als Fahrer. Eine Diskussion über Swahili konnte mich nicht weiterbringen, also schlug ich Joshua vor, er solle ein paar Lebensmittel beschaffen, da ich am Nakurusee, einem Nationalpark, zu picknicken gedächte und dann zum Übernachten weiter nach Kericho wolle.

Während ich auf Joshua wartete, gab mir der Hotelmanager einen dringend benötigten Nachhilfeunterricht zum Landrover. Ich hatte vergessen nachzufragen, wie man die kleine zweite Gangschaltung für den Vierradantrieb schieben, drücken, heben, reißen mußte. Nun fühlte ich mich gerüstet fürs Schlimmste, wenn auch die Schaltung brutal zu bedienen war, aber Joshua und ich zusammen würden sicher in der Lage sein, sie in die richtige Stellung zu bringen.

»Heute morgen fahren Sie, Joshua.«

»Besser später, Memsaab«, sagte Joshua und klemmte sich fix in den Beifahrersitz.

Am Morgen war es immer einfacher, gleichgültig wie die Straße aussah, einfach weil mich die Tageslicht-und-Entfernungs-Phobie noch nicht befallen hatte. Wir schafften die fünfzig Kilometer nach Nakuru in zwei Stunden, eine gute Leistung, und ich hielt, um zu tanken. Tankstellen waren selten. Immer wenn ich eine sah, tat ich so, als sei ich in einer Oase in der Wüste gelandet, und fuhr vor, um den Tank aufzufüllen, den Reifendruck, Wasser und Öl zu prüfen, obwohl wir zwei Kanister mit Benzin und einen mit Wasser bei uns hatten. Joshua saß da und wartete, während ich hinaussprang und darauf achtete, daß der Luftdruck richtig abgelesen, der Ölprüfstab richtig abgewischt, hineingeschoben und betrachtet wurde; daß das Benzin tatsächlich in den Tank floß.

»Wirklich, Joshua«, sagte ich ärgerlich. »Sie könnten sich um so was kümmern.«

»Besser Sie, Memsaab. Diese Jungen gehorchen Ihnen viel mehr.«

Der afrikanische Parkwächter am Tor zum Nakurusee-Park warnte vor Seitenpfaden, die voll Wasser stünden. Es sei klüger, den

Landrover auf dem Hauptweg zu lassen und zu Fuß zum Ufer zu gehen. Nachdem ich weit genug gefahren war, um mich ganz allein im dunkelsten Afrika zu fühlen und deshalb ekstatisch, parkte ich den Landrover auf sicherem, stoppeligem Grund, suchte meine Sachen zusammen, Sandwiches, Thermosflasche mit kaltem Tee, den Feldführer zu den Nationalparks, Feldstecher, und sagte: »Fertig, Joshua?«

Joshua glotzte auf den matschigen Pfad und rümpfte die Nase. »Sehr schlimmer Schlamm.«

»Kommen Sie mit oder nicht?«

»Memsaab, gibt's hier Löwen?«

»Nein«, sagte ich mit Autorität, denn ich hatte im Feldführer gelesen, Löwen seien hier selten.

»Ich passe auf den Wagen auf. Ein Mann könnte kommen und Ihre Kleider stehlen.«

Ich zog es in Wirklichkeit vor, ganz allein zu sein, aber es würde eine schreckliche Einengung bedeuten, wenn wir bei unserer Ostafrikarundfahrt darauf achten müßten, Joshuas schicke Fußbekleidung nicht zu beschmutzen.

Die Bäume hier waren gelbe Akazien, Fieberbäume, sehr hoch, mit hellen gelben Stämmen und Ästen und kleinen, fiedrigen jadegrünen Blättern. Ich glitschte ruhig weiter, und zwei winzige Antilopen, nicht größer als Kaninchen, sprangen über den Pfad. Sie waren rötlich, mit klitzekleinen Hörnern und Schmetterlingsohren, und ich hoffte, ich könnte sie lange genug im Gedächtnis behalten, um nachzuschlagen, wie sie heißen. Die Vorteile eines erfahrenen afrikanischen Safarifahrers waren nur allzu offenkundig. So ein Mann würde alles kennen, einem erklären, was die Tiere taten, und sich um seine Schuhe nicht sorgen. Vielleicht würde er sogar mal das Lenkrad übernehmen.

Durch die Bäume sah ich Zebras grasen und hielt vor Staunen und Freude den Atem an. Ich würde nie mehr in der Lage sein, einen Zoo zu besuchen; ich würde zuviel Mitleid haben mit diesen gekidnappten Tieren, die hierhergehörten. Und die armen

Tiere würden für mich niemals wieder normal aussehen. Das kurze Intermezzo in Waza, Kamerun, die Giraffen an der Nairobi-Kampala-Straße und diese Zebraherde hatten mir bereits den Unterschied gezeigt zwischen Tieren in Gefangenschaft und frei lebenden: er war am Glanz ihres Fells abzulesen und an ihren Bewegungen, an der Anmut in allem, was sie taten, wenn sie so leben konnten, wie sie vorgesehen waren. Ich sah zum erstenmal Tiere, bislang hatte ich nur traurige Kopien der ursprünglichen Schöpfung gesehen. Am Ufer stiegen Tausende von Flamingos auf und breiteten sich wie ein korallenrotes Band am Himmel aus. Das Fluggeräusch erinnerte an zerreißende Seide. Dann fiel das Band weiter hinten am See aus der Luft, und die Vögel staksten mit gesenkten Köpfen umher und fraßen; andere ruhten auf einem Bein aus. Ein Feld aus rosigen Federn. Von der Liste der hier zu beobachtenden Vögel, die dreieinhalb engbedruckte Seiten eines Feldführers einnahm, erkannte ich nur Silberreiher und Pelikane. Es waren reizvolle Namen: kahlgesichtiger Geh-weg-Vogel zum Beispiel, der »eine Serie von tiefen, blökenden Rufen und wildes klingelndes Gackern« ausstößt – was könnte es Besseres geben? Es war eine Welt von Vögeln, und sie sahen aus wie neu, standen ruhig da oder pickten vom Grund des Sees ihr Futter oder flogen wie zum Vergnügen in die strahlende Leere der Luft; ein kurzer Abstecher zum Himmel. Ein umgestürzter Baumstamm war nicht allzu naß, gerade genug, um mir den Hosenboden anzufeuchten. Ich ließ mich mit Feldstecher und Lunch darauf nieder. Am gegenüberliegenden Ufer und am unteren Ende des Sees erhob sich das Land mit hohen Felsen, auf denen Kandelaberbäume wuchsen. Das Wasser war sehr blau, am Ufer sumpfig. Ich aß Sandwiches, lauschte der Stille hinter dem ständigen Insektensummen Afrikas und hoffte, es werde mich nun täglich ein Glücksanfall ereilen; denn hier war es wieder, dieses Gefühl zu fliegen. Girlitze rauschten in Schwärmen durch die Fieberbäume, auch größere gelbe Vögel, wahrscheinlich Weber. Tauben gurrten ihr süßklagendes Lied. Die bunten Blitze in den

Blättern mochten Bienenfresser oder Nektarvögel sein. So viel gab es zu sehen, so viel zu lernen und keinen, der dabei helfen konnte – außer dem Feldführer zu den Nationalparks. Wenigstens gelang es mir, die winzigen Antilopen als Kirks Dikdik zu identifizieren. Ich beendete meinen Lunch, überlegte, ob ich lieber meinen Hintern trocknen lassen oder das Vergnügen einer Zigarette hier genießen wollte, zündete mir die Zigarette an und sah einer Horde graubrauner Affen zu, die in den Baumwipfeln herumtollten.

Wenn ich doch nur mehr wüßte, wenn ich doch nur zu mehr fähig wäre. –Eigentlich sollte ich ein Camp einrichten und langsam durch den Akazienwald gehen, um einen Blick auf die Tiere zu werfen, ehe sie einen Blick auf mich warfen. Statt dessen sah ich auf die Uhr; es war 2 Uhr 30, und Tageslicht und Entfernung wollten bedacht sein. Noch bewegte ich mich ruhig auf dem Pfad, hoffte auf weitere Traumbilder und sah dann die Zebraherde wieder, die nun Besuch von Freunden bekommen hatte, kleinen Antilopen mit schwarzem Streifen auf ihren gelbbraunen Flanken und zierlichen schwarzen Hörnern, bis zur Spitze zu Spiralen gedreht, und kurzen schwarzen Büschelschwänzen. Ich störte sie, und sie liefen davon, springend, als sei die Erde ein Trampolin. Dies war weit herrlicher und aufregender als alles, was ich in den Museen der zivilisierten Welt gesehen hatte, und auch Musik hatte mir nie solche Freude gemacht. Endlich hatte ich einmal tatsächlich gefunden, was ich suchte.

Der Landrover war so abgestellt, daß der Beifahrersitz zum Pfad zeigte. Joshua saß bei geöffneter Tür darin, die Beine übereinandergeschlagen und mit einem Fuß lässig wippend. Er hielt eine Miniaturtasse samt Untertasse in der linken Hand, und als ich ihn anstarrte, hob er das Täßchen an und nippte geziert. Es traf mich wie ein Blitz der Erkenntnis: Ein schwuler Presbyterianer vom Stamme der Kikuyu. Joshua wandte sich mir zu und sagte huldvoll: »Jambo, Memsaab, Sie unterhalten sich gut?«

»Jambo, Joshua, sehr gut.« Ich beschäftigte mich damit, die kleinen Antilopen im Führer nachzuschlagen, während Joshua die Reste unseres Picknicks und sein Porzellan verstaute. Thomsongazellen. Aber wie hätte ich das auch ahnen können, ich wußte ja nicht einmal, daß es afrikanische Schwule gab. Wenn man an all das Geschrei um schwarze Männer dachte, die es nach weißen Frauen gelüstete, und an die weißen Frauen, die es nach der Potenz schwarzer Männer gelüstete, war die Sache noch komischer. Aber einen Kicheranfall mußte ich unbedingt vermeiden.

»Möchten Sie jetzt fahren, Joshua?«

»Kenn die Straße nicht, Memsaab.«

»Haben Sie jemals von den Blinden gehört, die Blinden führen?«

»Nein, wie kann das sein? Wenn jemand blind ist, wie kann er einen anderen führen, der auch blind ist?«

»Wir finden es bereits heraus, Joshua, Tag für Tag. Holen Sie Ihren Pullover heraus, es wird später kalt.« Und ich dachte mir, daß ich ihm, bevor wir dieses Unternehmen hinter uns hatten, ohne Zweifel den Morgentee ans Bett bringen und ihn abends gut zudecken würde.

Die Straßen waren auf der Landkarte nie korrekt eingetragen, vielleicht, weil niemand auf dem verfügbaren Raum so viele Windungen und Kurven einzeichnen konnte. Dies war die Hauptstraße, und die Straßendecke war ganz gut, wenn es auch sehr steil hinauf- und hinunterging und man viel bremsen und schalten mußte. Die Aussicht war immer verschieden, im allgemeinen prächtig, niemals langweilig oder häßlich, und an das meiste habe ich nur verschwommene Erinnerungen. Wir mußten nach links in Richtung Kericho abbiegen, und ich wies Joshua an, die Augen offenzuhalten. Joshua konnte keine Karte lesen, aber darauf kam es nicht mehr an. Es gab nicht viel Wahlmöglichkeiten, und mit der Zeit wurde mir klar, daß die Karte mehr eine hoffnungsvolle Schätzung als eine Darstellung der Wirklichkeit war. Es gab wirklich keinen Grund, Informationen Glauben zu schenken, ob nun gedruckt oder in anderer Form, aber man muß eben an etwas glauben, sonst scheitert man ganz; und ich schenkte den Entfernungsangaben in der Hotel-, Gasthaus- und Rasthausbroschüre Glauben und ging von 80 Kilometern bis nach Kericho aus, aber wenn wir die Abzweigung verpaßten, wäre der nächstmögliche Halt denn Kisumu, 140 Kilometer entfernt, und das würden wir vor Einbruch der Dunkelheit nie schaffen. Einer anderen, ausführlichen Landkarte, die ich später einem alten Afrikakenner gestohlen haben muß, entnehme ich, daß es eine ganz schöne Strecke gewesen ist; die Straße führte durch gewaltige Wälder, bergauf und bergab; das Mau Escarpment, ein über 3 000 Meter hohes Gebirgsmassiv zu unserer Linken und Mount Londiani, 3 100 Meter hoch, zu unserer Rechten, und nach der Abzweigung bei Mumbwa fiel die Straße bei Kericho auf 2 000 Meter ab, mit einer unermeßlich weiten unbewohnten Waldfläche im Osten. Es war großartig, und wenn ich nicht mit dem Landrover rang, würdigte ich es auch.

Gegen fünf Uhr nachmittags begann Joshuas Jammernummer. »Sehr kalt, Memsaab, wie weit noch?« Ich hatte ihm die Entfernungen gesagt; ob richtig oder falsch, bessere hatten wir nicht. Er wußte genauso wie ich, daß hier, praktisch am Äquator, die Sonne um sechs unterging. Er wußte auch, es wurde spätnachmittags kalt und in diesen großen Höhen noch viel kälter. Er wußte genausoviel wie ich, was nicht viel war, und ich war am Ende des Tages zu müde, um noch das Kindermädchen zu spielen. »Oh, seien Sie doch still, Joshua«, sagte ich und konzentrierte mich aufs Lenken. Nach einer Weile sagte er: »Wohin fahren wir, Memsaab?«

»Kericho, das sagte ich doch schon.«

»Was ist das für ein Ort?«

»Wie in Gottes Namen soll ich das wissen? Das Hotel heißt Tea Hotel, also vermute ich, daß sie da Tee anbauen oder auch nur trinken. Denken Sie an was Nettes, Joshua, und fragen Sie mich bitte nicht, wie weit noch.«

Wir kamen kurz vor Einbruch der Dunkelheit an, und das Hotel strahlte aus der Ferne wie ein Leuchtturm. Eine herrische Memsaab sagte, sie würde sich um meinen Boy kümmern, und ich hätte Zeit, mich vor dem Abendessen schnell frisch zu machen. Ich war nicht wild aufs Essen und ließ mich in der Lounge in einen Chintzsessel fallen; müde wie ich war, ging mir durch den Kopf, wie wunderbar es doch ist, daß die Engländer überall mit Chintz umzugehen wissen und von der »Lounge« sprechen, und ich schellte nach einem Drink. Die Hotel-Memsaab kam zurück und verkündete, daß ich zu spät käme, so als wäre das Zuspätkommen zum Essen ein Staatsverbrechen. Um sie zu besänftigen, erzählte ich ihr, daß ich von den Thomsonfällen hergefahren sei, und der Landrover sei alt und schwer, und deshalb brauche ich nun Whisky. Die Memsaab schmolz dahin und sagte, ich sei ein armes Ding, aber warum denn mein Boy nicht führe? Aus Loyalität zu Joshua ertappte ich mich beim Lügen. Er ist kein Fahrer, erklärte ich, er ist bei mir, um Gepäck zu tragen und meine Wäsche zu erledigen und zu dolmetschen, weil ich nicht Swahili spreche. Er ist mehr ein Boy für drinnen.

Ich würde mich nur wiederholen, wenn ich das Essen beschriebe. Ich gab die Schuld am mangelnden Eßvergnügen den Memsaabs, die die afrikanischen Köche schulten. Die Afrikaner aßen ja nicht das, was sie für uns kochten, ob sie es nun selbst so wünschten oder aus wirtschaftlichen Gründen. Eine dicke Puddingsauce über Dosenfrüchten war ein besonderer Fluch. Ebenso dicke braune Tunke auf undefinierbarem Fleisch. Das Frühstück blieb in Ostafrika die einzige zufriedenstellende Mahlzeit, wenn ich auch Theorie und Praxis des kalten Toasts niemals verstehen werde. Es gab noch ein paar andere Gäste im Speiseraum, aber abgesehen vom gemurmelten guten Abend, wenn sich Blicke trafen, kam es zu keinem Gespräch. An den einzelnen Tischen wurde im Flüsterton gesprochen. Die allgemeine Atmosphäre war die eines sehr, sehr respektablen englischen Provinzhotels. Drinnen wußte man kaum, daß man in Afrika war. Draußen sagte einem der Nachthimmel sehr genau, wo man war.

Niemand sonst schlenderte hinaus auf die Terrasse. Es war kalt, aber nicht deshalb hastete ich zurück in mein behagliches Zimmer und schloß die Vorhänge. Dies war nicht der samtige, umfangende Wüstenhimmel von El Geneina; dies war der unendliche Raum. Die Vorstellung des Grenzenlosen, der Unendlichkeit ist schon abstrakt erschreckend, wenn man sie erblickt, noch viel schlimmer. Die weit entfernten Sterne erschienen wie eine eisige Kruste, und die Dunkelheit über den Sternen war mehr, als ich verkraften konnte. Die Maschinerie, die mich am Laufen hält, ist nicht darauf eingestellt, mit der Unendlichkeit und der Ewigkeit fertig zu werden, die beide so deutlich an jenem Himmel dargeboten wurden. Nach Sonnenuntergang drängten sich die Afrikaner in ihren runden Hütten zusammen und schlossen alles hinter sich, um die Nacht auszusperren; wenn ich sonst nichts an ihnen verstand, das verstand ich.

Der Morgen duftete nach Rosen und Lilien und Levkojen. Im Garten wuchs alles Englische, nur üppiger; Rosengeranien und Passionsblumen und Klettertrompeten und Beiwurz bedeckten die Mauern des Hotels. Der Rasen war ein Triumph. In einem Land, in dem jeder Narr Orchideen züchten kann, ist ein glatter Rasen eine preiswürdige Leistung. Unterhalb dieser afro-englischen Enklave dehnten sich die Teegärten in langen, sauberen Reihen von glänzend dunkelgrünen Büschen aus; hinter den Teegärten Wald und Berge. Ich fragte die Hotel-Memsaab, Mrs. Simpson, ob ich ein paar Tage bleiben könne. Das Reisen zum Vergnügen hatte mich erschöpft. Dieses heilsame anglisierte Afrika war genau das Richtige für strapazierte Nerven.

Joshua kam und setzte sich auf den Beifahrersitz des Landrovers. Als ich ihm sagte, ich hätte die Absicht, hier zwei oder drei Tage zu bleiben, ließ er den Kopf noch mehr hängen.

»Ist Ihr Zimmer nicht nett, Joshua?«

»Ist in Ordnung, Memsaab.«

»Bekommen Sie, was Sie essen möchten?«

»Ja, Memsaab.«

»Na fein. Sie lieben doch Tee, hier gibt's bestimmt erstklassigen Tee.«

Joshua langweilte sich, soviel war klar. Ich mußte meine Reise nicht so anlegen, daß sie Joshua nicht langweilte. Er sollte eigentlich arbeiten, damit er beschäftigt war, und eigentlich sollte er diese Arbeit ohne Aufforderung täglich erledigen. Ich sagte: »Machen Sie den Wagen sauber, Joshua, von außen und innen. Das ist Ihr Job, wie Sie wissen. Sehen Sie sich die Windschutzscheibe an!« Sie war mit zerdrückten Insekten vollgeklatscht. »Und den Boden.« Brocken trockenen Schlamms. »Also los, Joshua«, sagte ich.

Am Nachmittag suchte mich Mrs. Simpson an meinem schattigen Liegestuhl auf. Ich legte mit Bedauern meinen Taschenbuch-Thriller zur Seite. Mrs. Simpson ließ sich zu einem Schwatz bequem auf dem Rasen nieder. Zunächst sondierte sie ein wenig. Es sei ungewöhnlich, daß eine Frau allein reise. Zwei unverheiratete Lehrerinnen aus Nairobi kämen öfter während der Schulferien hierher, aber sie lebten ja auch in Kenia.

Vielleicht sei ich zu Freunden unterwegs? Ich deutete ein unverbindliches Nicken an, und das schien als Erklärung zu reichen.

»Das ist ein komischer Typ, Ihr Boy!«

»Oh? Hat er was angestellt?«

»Oh, nein, er ist bemerkenswert ordentlich und ruhig. Er ist eher eine kleine alte Jungfer als ein Afrikaner.«

Armer Joshua, ich konnte mir nicht vorstellen, daß er so hoch und schrill oder tief aus dem Bauch heraus lachte, wie es die Afrikaner tun, noch konnte ich mir ausmalen, daß er sich genüßlich dem Nonstopgeschnatter, der wichtigsten afrikanischen Beschäftigung, anschloß. Vielleicht langweilte er sich gar nicht, vielleicht war er einsam.

»Er sieht jünger aus, als er ist«, sagte Mrs. »Ich hätte ihn nicht für dreiunddreißig gehalten.«

»Dreiunddreißig?«

»Das sagte er.« Wen log Joshua an und zu welchem Zweck?

»Ich lebe hier seit siebenundzwanzig Jahren«, sagte Mrs. Simpson. »Mein Mann war Teepflanzer; ich habe vor fünf Jahren seinen Job übernommen, als er starb. Und ich weiß nichts über die Afrikaner, kenne nicht ihr Alter, habe keine Ahnung, was in ihren Köpfen vorgeht oder warum sie tun, was sie tun, oder nicht tun, was sie tun müßten. Je länger man unter ihnen lebt, um so weniger weiß man. Unser Koch zum Beispiel, er ist von Anfang an bei mir. Er macht mindestens dreimal die Woche Apfelkuchen. Er wird damit monatelang perfekt fertig, dann plötzlich vergißt er alles. Er kann keinen Apfelkuchen mehr machen. Ich muß wieder ganz von vorn anfangen und es ihm neu beibringen. Dann schmollt er, als solle er etwas Außergewöhnliches und Unmögliches tun. Sie sagen uns im Grunde niemals die Wahrheit. Jedesmal wenn sie Sonderurlaub haben wollen, stirbt jemand in der Familie. Ich habe einen Gärtner, der wenigstens zwanzig Todesfälle in seiner Familie hatte, und ich behalte ihn nur, weil er sich gut mit Rosen auskennt. Aber dann vergißt er das auch. Man muß jede Minute hinter ihnen stehen, aufpassen, erinnern, nörgeln. Es treibt einen die Wände hoch.«

»Das ist vielleicht so, weil sich alles so von dem unterscheidet, was sie für sich selbst tun?«

»Meine Liebe, sie tun nichts für sich, wenn sie es irgenwie vermeiden können. Die Frauen tun die Arbeit auf ihren *shambas*, und das ist nicht viel. Sie ziehen ein bißchen Gemüse und halten ein paar Hühner. Sie sind stinkfaul. Gott stehe diesem Land bei, wenn die Unabhängigkeit kommt. Die ganze Bande wird sich einfach hinlegen und schlafen.«

»Werden Sie nach der Unabhängigkeit bleiben?«

»Wenn sie uns nicht rausschmeißen. Ich möchte nirgendwo anders leben. Ich bin nicht mehr nach Hause gefahren, seit mein Mann gestorben ist. England kam mir so klein vor, als wir noch hinfuhren, und dann das scheußliche Klima. Ich mache jetzt Urlaub an der Küste. Ich habe seit sieben Jahren den Fuß nicht mehr aus Kenia rausgesetzt. Aber stellen Sie sich vor, was aus diesem

Land werden könnte, wenn die Bevölkerung Chinesen anstelle von Afrikanern wären. Diese schlauen, schwer schuftenden Chinesen! Es wäre der Himmel auf Erden. Jetzt muß ich aber gehen und aufpassen, daß sie den Tee richtig servieren. Man weiß nie, was sie tun. Eines Tages brachten sie die Teekannen mit heißem Wasser, hatten aber vergessen, Tee hineinzutun.

Joshua streifte ziellos durch die Gegend wie ein Heimatloser in einem Flüchtlingslager. Ich fragte ihn, ob er gern läse. Er sagte ohne Begeisterung ja. Ich gab ihm also meinen Thriller vom Vortag, denn es bekümmerte mich, daß sich Joshua nicht amüsierte.
»Finden Sie es nicht hübsch hier, Joshua?«
»Ja, es ist hübsch, Memsaab, aber ich denke, wir gehen auf Safari, und nun sitzen wir an einem Platz fest.«
Das machte mich böse. »Es ist meine Safari, Joshua, und vielleicht wäre ich nicht so müde, wenn ich nicht immer allein fahren müßte.«
»Diese Straßen sind zu schlecht, Memsaab. Wenn ich einen Unfall mache, kriege ich viel Ärger. Sie haben doch den Bwana und die Memsaab heute morgen wegfahren sehen. Sie haben einen afrikanischen Boy bei sich, aber der Bwana fährt.«
»Warum haben Sie Mrs. Simpson erzählt, Sie wären 33?«
»Wann?« fragte Joshua verwundert unschuldig.
»Passen Sie auf, Joshua, ich habe vor, auf dieser Safari Spaß zu haben, und wenn Sie keinen haben, dann beschweren Sie sich wenigstens nicht darüber.«
Joshua wirkte sofort verletzt und hochmütig. Ich ging in dem Gefühl fort, daß unsere Beziehung alle Merkmale einer hastig geschlossenen Ehe hatte, die man lange bereut. Aber wenn er schon nichts anderes tun konnte, dann würde er doch wohl einen Reifen wechseln können, falls es dazu kam, und ich hatte kein Swahili gelernt über ja, nein, bitte, danke, Jambo hinaus.
Wir starteten am dritten Morgen bei freundlicher Stimmung,

denn Joshua war von dem Thriller begeistert und wollte darüber reden.

»Worauf sind diese Spione aus, Memsaab? Diamanten?«

»Nein.« Mir war nicht ganz klar, wie ich dieses unglaublich idiotische Phänomen der Spionage, ob nun wirklich oder erdacht, erklären sollte; zudem konnte ich mich an die Handlung nicht mehr erinnern, da ich schon wieder von der nächsten in Anspruch genommen war. »Sie sind hintereinander her, denke ich.«

»Zwei sind schon getötet worden«, sagte Joshua eingeschüchtert.

»Sehr mieser Job. Die Spione müssen viel Geld kriegen für so miese Jobs.«

Ich und nur ich hielt treu und fest das Lenkrad umklammert, während wir nach Eldoret fuhren, nach Tororo jenseits der Grenze von Uganda (irgendwo sonnten sich große, urtümliche Krokodile und glitten dann ins Wasser) und weiter nach Jinja, wo sich der Nil aus dem Viktoriasee ergießt, und bis nach Kampala. Joshua sagte sofort und begründeterweise, Nairobi sei viel besser.

»Okay, Joshua, ich stimme Ihnen zu. Aber ich werde mir die Stadt ansehen, sobald ich ein Zimmer habe. Wollen Sie mitkommen?«

Joshua geruhte, die Einladung anzunehmen. Es gab nicht viel zu sehen. Es war eine unordentlich-unfertige Stadt, afrikanischer als Nairobi. Ich wurde wütend wegen der Hitze. Was sollte dieses schauderhafte Klima eigentlich? Kampala liegt 1 900 Meter hoch und nicht auf Meereshöhe, und der nahgelegene Viktoriasee, die zweitgrößte Süßwasserfläche der Welt (laut *World Almanac*), sollte doch für Abkühlung der Luft sorgen. Ich war empört darüber, daß ich wieder schwitzen sollte.

»Die Makerere-Universität ist hier«, informierte ich Joshua. »Sie ist sehr groß, die Universität für ganz Ostafrika.«

Joshua murrte. Wir fuhren am Campus vorbei, imitiert elisabethanisch und efeubedeckt, sehr lächerlich, eine afrikanische Version des Bryn Mawr College. Ich fühlte mich von diesem Witz neu belebt, als wir an eine Reihe von Bäumen kamen, wo plötzlich

Tausende von Fledermäusen den Himmel anfüllten, blind herumflatterten, quiekten und wie eklige Trauben von Wein an den Bäumen hingen. Ein Fledermausschutzgebiet. Joshua schrie vor Abscheu, bedeckte mit den Händen sein Haar, das höchstens einen Zentimeter lang war, und bot so den Fledermäusen keinerlei Unterschlupf – falls es wahr ist, daß Fledermäuse gern in Menschenhaar nisten.

»Was ist denn das für ein Ort?« schrie Joshua. »So was in einer Stadt! Wir haben in Nairobi keine *dudus* wie die hier.« *Dudu* ist Swahili für Insekt.

»Ich mag sie auch nicht.«

»Fahren Sie weiter, Memsaab, schnell, bevor sie zu uns kommen!«

»Hören Sie zu, Joshua, ich weiß, wann etwas gefährlich ist und wann nicht«, log ich. »Also hören Sie auf, sich wie ein Narr aufzuführen.«

Doch da Joshua nicht nur in Panik geraten war, sondern auch bald zu weinen anfangen würde, hielt ich es für besser weiterzufahren.

»Wie lange bleiben wir hier, Memsaab?«

»Wir fahren morgen ab. Ich muß ein paar Briefe aufgeben und Geld besorgen.«

Wir standen zusammen Schlange in dem überfüllten Hauptpostamt. Joshua hielt eine Ansichtskarte sorgfältig zwischen Daumen und Zeigefinger. Ich hätte gern gewußt, wer diesen Gruß aus der Ferne bekommen würde – hatte er eine Familie, einen Busenfreund? –, wagte aber nicht, in sein Privatleben einzudringen. Jeder um uns herum roch wie in Westafrika; wieder dieser erschreckende Moschusgestank. Ich war auf diesen Schock nach dem deodorisierten Kenia nicht vorbereitet und zitterte vor Abscheu. Joshua nahm sein Taschentuch und hielt es sich frei vor die Nase.

»Tun Sie das nicht«, zischte ich.

Joshua sprach durch sein Taschentuch und sagte: »Diese Leute schwitzen dreckig. Sie riechen ganz schlecht. Solche Leute kenne ich nicht. In Kenia riechen die Leute nicht so.«

»Tun Sie Ihr Taschentuch weg, Joshua. Atmen Sie durch den Mund wie ich.«

In der brütenden Hitze der Stadt und inmitten dieser Körpergerüche, die ich glücklicherweise vergessen hatte, wurde mir übel. Joshua drückte mir seine Postkarte und einige Pennies in die Hand und floh. Also war meine Nase doch nicht rassistisch – was für eine Erleichterung. Und außerdem würde ich großzügig darauf verzichten, die Anschrift auf Joshuas Karte zu lesen.

Die Leute im Postamt sahen vernünftig gekleidet aus, und viele waren dick, sicheres Zeichen des Wohlstands. Sie waren wirklich schwarz, mit einem pflaumenblauen Schimmer, ganz anders als Joshua, und schwärzer als jeder Kenia-Afrikaner, den ich gesehen hatte. Der Geruch konnte nicht von der Hauttönung herrühren; es mußte an der Ernähung liegen. Der europäische Assistent des Hotelmanagers sagte mir, die Einheimischen lebten von Bananen und Fisch. Ich hoffte sehr, daß Joshua das Essen hier ebenso verschmähte wie alles übrige; es wäre zu schrecklich, wenn Joshua anfinge, ugandisch zu riechen.

Vielleicht befanden wir uns zwischen Rukungiri und Lwasamaire, vielleicht auch nicht. Die Karte war mit Ortsnamen in kleiner Schrift gesprenkelt, aber ich hatte keinen dieser Orte gesehen, seit zwei Stunden überhaupt nichts. Ich konnte nur mir selbst die Schuld geben, denn ich dachte, eine gelbe Straße sei eine Abkürzung und würde uns schneller nach Kisoro bringen als eine dünne rote Straße. Die Straßendecke ist von einem in Afrika wohlbekannten Typ, gefurchter oder wie ein Waschbrett gewellter Lehm. Es gibt keine vernünftige Art, eine solche Straße zu befahren, aber noch am wenigsten Qual bereitete schnelles Fahren und der Versuch, über die Spitzen der Berge und nicht durch die Täler zu fahren. Aber wir konnten nicht schnell fahren, nicht mal unsere erbärmliche Spitzengeschwindigkeit, weil diese abscheuliche Straße so kurvenreich war. Jeder Meter stieß einem das Rückgrat in den Hinterkopf und brachte die Zähne zum Klappern. Meine Angst, die Strecke nicht mehr bei Tageslicht zu schaffen, war in Verzweiflung umgeschlagen. Bewaldete Berge erhoben sich auf beiden Seiten, ein Bach lief unten neben der Straße her. Sie führte nirgendwohin, niemand wohnte an ihr, ich wußte nicht, wo wir waren, und in ein paar Stunden würden der Wagen und wir im Dunkeln in Stücke zerspringen. Das Problem in Afrika ist, daß man nicht aufgeben und den einfachen Weg nehmen kann, weil es keinen einfacheren oder überhaupt anderen Weg gibt. Das muß sehr gut sein zur Stärkung des Charakters. Man muß weitermachen, die Alternative ist Selbstmord.

»Wir schaffen es nie, Joshua.«

»Schaffen, Memsaab?«

Das Lenkrad festzuhalten erforderte all meine Kraft, und wenn man sprach, klang es wie ein böser Schluckauf. Durch den rasselnden, brüllenden Lärm des Landrovers hindurch hörte ich etwas anderes. Etwas Menschliches. Gott sei Dank, es gab Leute hier. Joshua konnte sie fragen, wohin diese Straße führe, wenn überhaupt irgendwohin. Wir holten sie ein. Sie füllten die Straße. Es war eine schreiende Horde. Ich versuchte es mit kurzem Hupen, dann noch einmal weniger zaghaft. Sie machten uns Platz. Jedes Gesicht war wutverzerrt, jeder Mund brüllte etwas. Sie trugen Plakate und sprangen in die Luft, wie von bösartigen Insekten gestochen. Ich war nicht geneigt, unter diesen aufgebrachten Leuten anzuhalten, um Auskunft zu erbitten. Joshua konnte von seiner Seite aus besser sehen.

»Was steht auf den Schildern, Joshua?«

Er lehnte sich aus dem Wagen und berichtete: »Nieder mit Papsi. Nieder Gotz Filder.«

»Was zum Teufel soll das heißen?«

Der Mensch konnte nichts, nichts, er konnte nicht mal lesen. Als ich an der kreischenden Menge vorbei war, hielt ich mit laufendem Motor an und nahm mir den Feldstecher. Ich war vorsichtig genug, den Kopf nicht zu weit aus dem Landrover zu stecken, nur gerade so weit, daß ich die Plakate sehen konnte. Handgemalt

hieß es da: »Nieder mit dem Papst« und »Nieder mit den Götzenbildern«. Mrs. Simpson und Mr. Popper hatten die Rätselhaftigkeit der Afrikaner nicht übertrieben. Irgendwo am Ende der Welt auf einer Waschbrettstraße zwischen unbewohnten Bergen und Urwald tobte eine Horde Afrikaner gegen den Papst.
Nach kaum einem Kilometer fuhren wir geradewegs in eine andere Horde jaulender Afrikaner. Die Landschaft war die gleiche – Bäume, Berge, Bäche. Die ganze irre Bande schien dem Boden entsprungen zu sein. Vor mir hatte ich dieses Bild: Ein tropfendes Flammendes Herz, ein kitschiges Porträt der Jungfrau in Rosa und Weiß sowie ein einziges Plakat, auf dem in großen roten Buchstaben »Ketzer« stand. Auch diese Horde blockierte die Straße, und wieder drückte ich, hysterischem Gelächter nahe, auf die Hupe, und sie machten Platz.
Sie sahen uns kaum. Sie waren zu sehr mit Schreien, Kreischen, Fäusteschütteln und Fixieren des Feinds beschäftigt. Sie empfahlen sich nicht gerade als Partner für einen Plausch. Lieber auf Irrwegen als in Stücke gerissen.
Wahrscheinlich würde der heilige Krieg ausbrechen, wenn sie, Protestanten und Katholiken, sich auf dieser schmalen Straße begegneten. Die Afrikaner in Uganda waren dank der Missionsschule die gebildetsten Ostafrikaner. Ich fand, sie hätten auch ganz glücklich leben können, ohne »Götzenbilder« und »Ketzer« richtig zu buchstabieren. Sie hatten schon genügend Stammesfehden, sie brauchten nicht auch noch theologische Auseinandersetzungen. Die Straße blieb rücken-, nacken- und zähnebrechend, und wir waren immer noch nirgendwo, aber wenigstens von religiösen Fanatikern befreit.
»Verrückte Leute«, sagte Joshua. »Riechen schlecht. Benehmen sich schlecht. Schlechtes Land.«
Er war so beunruhigt wie ich; er schien blasser geworden zu sein. Gekrümmt und elend saß er da, an die Dachstütze geklammert, um nicht aus dem Landrover geschleudert zu werden.
»Sie glauben doch an Gott, nicht wahr, Joshua?«

»Ja, Memsaab. An Gott in der Kirche. Sind die verrückt, wenn sie so viel Lärm wegen Gott machen?«
»Vermutlich. Aber egal. Da du an Gott glaubst, bete.«
»Wofür?«
»Daß wir ankommen.«
»Wo?«
»Irgendwo. Es spielt keine Rolle. Nur nirgendwo.«

Ich weiß nicht, wie oder wann wir das Gasthaus in Kisoro erreichten, jedenfalls nicht an diesem Abend, und ich glaube, ich machte für einen Tag in Kabale halt, um meine Knochen zu pflegen. Kisoro habe ich ungewöhnlich vage in Erinnerung: ein kleiner, bärtiger, lustiger Mann zwischen fünfzig und siebzig, dem dieser Vorposten der Zivilisation gehörte; als Speisesaal ein Holzbau mit Kerosinlampen und unzähligen Insekten, die herumsurrten und am heißen Glas den Tod suchten; ein leichter Dauerregen auf endlose Wälder. Ich kam kaum noch in den Landrover – nicht daran zu denken, diese Dschungelberge zu erklimmen, in der Hoffnung, einem Gorilla zu begegnen. Ich würde mich mit Alan Mooreheads schöner Schilderung des Aufstiegs und der riesigen kohlschwarzen Menschenaffen begnügen. Andererseits mußte ich mich irgendwo bewegen, bevor meine Beine unbrauchbar wurden. Seit Ende Januar hatte ich mich nur während der schrecklichen Augenblicke im Waza-Wildpark zu Fuß bewegt; in London war ich im Hydepark täglich länger spazierengegangen als bisher in Afrika. Es war Morgen, kühl in diesen Höhen, und ein Feldweg führte durch hohen Bambuswald. Bambus ist immer hübsch und noch hüscher hier, weil er mir vertraut war und freundlich im Wind knarrte – etwas ganz anderes als die unheimlichen dicken Bäume, die wir hinter uns gelassen hatten. Ich hielt an und stieg aus.
»Ich mache für eine Stunde einen Spaziergang, Joshua.«
»Wo, Memsaab?«
»Nur hier den Weg entlang. Wenn ich in einer Stunde nicht zu-

rück bin, können Sie hinter mir herfahren. Es gibt hier keine Polizei, die Sie schnappen könnte.«

»Was soll ich tun, Memsaab?« Er wirkte furchtsam und verloren, als hätte ich ihn mitten in der Sahara ausgesetzt.

»Warten Sie hier im Wagen, und lesen Sie Ihr Buch.« Joshua war noch immer mit seinem Thriller beschäftigt. Ich hatte ihm erklärt, Istanbul sei wie Nairobi, nur größer, und die Hagia Sophia, wo die Spione sich immer hinter den Säulen verstecken, sei wie die Kathedrale in Nairobi.

Stumm sah mich Joshau vorwurfsvoll an.

»Es ist vollkommen sicher hier. Niemand wird Sie belästigen. Reißen Sie sich zusammen.«

Außer Sichtweite des Landrovers fühlte ich mich plötzlich von einer großen Last befreit. Befreit vom Lärm und der Anstrengung des Fahrens und vom Ärger über die Straßen und die Verfassung des Wagens und befreit von Joshua. Ich war frei. Ich konnte für eine Stunde die Bergluft atmen und das Rauschen der Bäume hören. Ich hüpfte lustig den Weg entlang, freudestrahlend. Es war mein erster Anfall von Glück in Uganda.

»Sie waren länger als eine Stunde weg«, sagte Joshua ärgerlich und zeigte seine Armbanduhr vor. »Eine Schlange war auf der Straße.«

»Na und? Schlangen können nicht klettern.« Und wie sie das können. »Wenn Sie Angst hatten, warum sind Sie mir nicht entgegengefahren.?«

Joshua schüttelte den Kopf wie ein beleidigtes Fräulein und zog sich in schmollendes Schweigen zurück.

Ich hatte meine zweite Erleuchtung, was Joshua betraf: Ich wäre jede Wette eingegangen, daß er überhaupt nicht fahren konnte, nie gefahren war, keinen Führerschein besaß. Er war nichts als ein gewitzter Stadtjunge, der einen Job brauchte und versuchte, eine blöde europäische Touristin reinzulegen. Bei diesem Gedanken bebte ich vor Zorn. Erbärmlicher kleiner Betrüger! Ich würde ihn zwingen, mir seinen Führerschein zu zeigen. Ich würde ihn

mit der Nase drauf stoßen. Ich würde ihm den Hals umdrehen. Ich steckte mir eine Zigarette an, um mich zu beruhigen, aber was in mir aufstieg, war müde Resignation. Wenn ich recht hatte, würde Joshua mit einer Lüge kommen – er habe seinen Führerschein in Kabale verloren oder so ähnlich. Wenn ich unrecht hatte, dann würde er noch lahmer und lästiger werden. Wir hatte noch eine lange Fahrt vor uns, fast unvorstellbar lang, und wir mußten sie gemeinsam hinter uns bringen. Frieden ist dem Krieg vorzuziehen. Joshua starrte auf seiner Seite trotzig aus dem Wagen. Ich würde mir nicht alles bieten lassen, es gab eine Grenze..
»Hören Sie zu, Joshua, ich werde mich verdammt noch mal nicht mit Ihren Launen abfinden. Sie kriegen hier eine kostenlose Fahrt durch Afrika – eine bezahlte kostenlose Fahrt –, und Sie sollten besser dankbar dafür sein. Sie reißen sich jetzt sofort zusammen, hören Sie, und hören auf zu schmollen, oder ich schwöre, ich schmeiße Sie raus, und Sie können zu Fuß nach Hause gehen.«
Er sah jämmerlich und eingeschüchtert aus, der hilflose Afrikaner, tyrannisiert vom grausamen Europäer. Geduld, hatten im Westen wie im Osten alle gesagt, ist das, was man in Afrika am dringendsten braucht.

Es war ein langer, gewundener Weg: von Mbarara nach Masaka, am Viktoriasee entlang, der trotz der Bilharzia-Schnecken blau und einladend aussah, nach Kampala, zurück nach Jinja und wieder nach Kenia, wo Joshua sogleich auflebte. Er lebte aber zu früh auf. Es war mein Plan, von Kisumu nach Süden zu fahren und vom unteren Ende des Viktoriasees in das Serengeti-Gebiet. Die Straßen waren auf der Karte eingezeichnet, warum also nicht? Weil es niemand tut, der es vermeiden kann, weil es eine verteufelt schwierige Strecke ist. Hinter Kisii teilte sich die Staubstraße, oder so sah es wenigstens aus. Sie verdiente keine rote Linie, aber vielleicht befanden wir uns gar nicht auf der rotmarkierten Straße. Ich kam mit der Karte nicht klar. Wir saßen an dieser schlechtgekennzeichneten Kreuzung in der Hitze. Zwei Afrikaner erschienen wie Geister aus der Flasche. Das haben sie so an sich.

»Fragen, Joshua.«

»Bitte sehr!« rief Joshua majestätisch vom Beifahrersitz.

Die Afrikaner blieben stehen, wo sie waren, und glotzten. «Joshua, steigen Sie aus, gehen Sie zu ihnen rüber, und fragen Sie auf Swahili, um Gottes willen. Welche Straße führt nach Musoma?«

Joshua kam ziemlich ärgerlich zurück, weil er sich erniedrigt fühlte. »Sie sagen ja.«

»Was heißt das, ja?«

»Sie sagen: ›Ja, diese Straße. Ja, die andere Straße.'«

»Das ist nicht möglich, die Straßen gehen in verschiedene Richtungen.«

Joshua zuckte die Schultern. »Nicht gut, diese Kerle zu fragen. Sind vom Land. Nicht *eddicated.* Sie sagen ja, damit die Memsaab sich nicht ärgert.«

Ich entschloß mich, die rechte Straße zu nehmen, da der Viktoriasee irgendwo da liegen mußte. Es wurde langsam spät, und wir mußten uns eigentlich eilen, aber vielleicht eilten wir in die falsche Richtung. Ich hatte einen ganz schön dicken Knoten im Magen, als wir zum Fluß kamen. Dünne blaue Linien auf der Karte bedeuteten Flüsse, und davon hatte es schon viele gegeben, aber nie solche Fluten. Es hätte nicht ein solcher Strom sein sollen, normalerweise; in einem normalen Jahr wäre es nur ein seichtes Flüßchen gewesen, einfach zu durchfahren. Die ungewöhnlichen Regenfälle hatten diesen breiten, rasch fließenden Strom erzeugt. Wir mußten dennoch hindurch; wir konnten nicht vor Einbruch der Dunkelheit nach Kisii zurück.

»Joshua, ziehen Sie Schuhe und Socken aus, suchen Sie einen langen Stock, steigen Sie rein und messen Sie die Wassertiefe. Ich denke nicht, daß es tief zum Durchfahren ist, es sieht nur wegen der Strömung so schlimm aus.«

»Ich kann nicht schwimmen, Memsaab.«

»Natürlich nicht, wenn Sie schwimmen müßten, ginge es Ihnen

über den Kopf, und der Landrover schaffte es nicht. Wenn es höher als Ihre Knie ist, bin ich nicht sicher, ob wir durchfahren können. Also los.«

»Memsaab, wir warten hier, bald kommen ein paar Kerle vom Land, die können ins Wasser gehen.«

»Was für Kerle vom Land? Wir haben seit einer Stunde niemanden mehr gesehen. Joshua, es ist fünf Uhr. Los jetzt.«

Er fand einen schönen, starken Stock im Gebüsch neben der Straße. Er ging an den Fluß und zog seinen rechten Schuh aus. Dann stand er wie ein Flamingo auf einem Bein da und wandte mir sein angsterfülltes Gesicht zu. »Ich werde ertrinken.«

Ich stieg fluchend aus, griff mir den Stock und watete mit Schuhen und allem hinein, da ich keine Füße wie die Afrikaner habe, die auf allem gehen können. Das Flußbett war mit Kieseln und kleinen Steinen bestreut, und ich benutzte den Stock in der Strömung als Wanderstab sowie als Meßlatte. Ich war bereits über die Mitte hinaus, und das Wasser hatte meine Knie noch nicht erreicht; also konnten wir es wagen. Joshua saß wieder auf dem Beifahrersitz, von mir abgewandt. Ich fuhr sehr langsam und dachte dabei an all die Innereien eines Motors, an Wasser im Vergaser, an nasse Zündkerzen; alles war möglich. Ich hielt den Atem an, hoffte, daß ich keine Wellen erzeugte, hoffte, daß wir nicht in der Mitte hängenblieben – ich hoffte. Als wir auf trockenen Boden schlichen, stellte ich den Motor ab und lehnte mich auf das Lenkrad. Wir waren über den Jordan, aber wo waren wir?

»Sie sind zu naß, Memsaab«, sagte Joshua schüchtern.

»Nun, Sie sind nicht naß, also ist alles in Ordnung. Ich denke, wir verbringen die Nacht im Landrover.«

»Hier in diesem Wagen?« fragte Joshua entsetzt.

»Nicht unbedingt hier, aber an einer ähnlichen Stelle.«

Wir konnten genausogut weiterfahren, solange noch Tageslicht war. Wir kamen zu einem Dorf, wo in den Hütten an der Straße schon die Kerosinlampen brannten.

»Gehen Sie hin und reden Sie mit ihnen. Fragen Sie, wo wir sind.

Fragen Sie, ob es irgendwo ein Regierungsrasthaus gibt, wo wir übernachten können. Fragen Sie, ob es Essen zu kaufen gibt. Fragen Sie alles, was Ihnen einfällt.«

Ich fühlte mich so müde und unbehaust, daß mir alles egal war. Wir konnten in diesem Dorf parken, wo wir sehr wahrscheinlich nicht von Löwen und Hyänen belästigt werden würden. Abgestumpft sah ich zu, wie Joshua sich auf ein Marathongespräch einließ. Es konnte nur an Johsua liegen; ich konnte nicht glauben, daß Swahili eine Sprache war, in der zehn Wörter für eines in einer anderen Sprache erforderlich waren.

»Es gibt!« verkündete Joshua strahlend.

»Es gibt was?«

»Was Sie sagen. Rasthaus für Regierung. Hier die Straße rauf. Hier ist ein Mann mit Schlüssel, Sie können Konserven kaufen, Memsaab, feine Sardinen. Auch eine Kerze für Sie, eine für mich. Sie geben mir Geld, ich kaufe.«

Der Mann mit dem Schlüssel ging voraus. Joshua brachte seine Beute an, und wir folgten dem Mann zu einer Holzhütte, die völlig zufriedenstellend gewesen wäre, wenn ich eine komplette Safariausrüstung besessen hätte. Eine Eisenliege mit Matratze, ein Tisch, ein Stuhl, ein Waschtisch mit Schüssel und Krug, alles ganz ordentlich, aber kein Bettzeug, keine Handtücher, kein Kerosin für die Lampe. Achte auf die guten Seiten, sagte ich mir trübsinnig. Es war weit besser, als im Landrover zu sitzen, naß bis zu den Knien. Joshua und der Mann mit dem Schlüssel, ein graumelierter Alter mit einer antiken Briefträgermütze auf dem Kopf, standen murmelnd herum.

»Was ist um Himmels willen jetzt los, Joshua?«

Mit züchtig gesenktem Blick sagte Joshua: »Die Toilette ist der kleine Schuppen dahinten.«

Bei Kerzenlicht zog ich trockene Sachen an und packte meine beiden Pullover aus. Sardinen als einzige Nahrung sind sättigend, wenn auch wenig erhebend. Ich hatte Whisky und abgekochtes bakterienfreies Wasser in meiner Thermosflasche sowie den Thermosbecher. Ich konnte meine nassen Stiefel und zusammengerollten nassen Hosen als Kopfkissenersatz unter die Matratze schieben. Ich konnte zum Glück trinken und hoffentlich betrunken werden. Ich konnte nicht lesen.

Und da fiel mir auf, daß mich die Thriller vor dem Wahnsinn gerettet hatten. Jeden Abend wandte ich mich von Afrika ab und flüchtete in die Traumwelt der Polizisten und Räuber; in eine unterirdische Atomraketenfabrik in Albanien, die ein furchtloser Geheimagent entdeckte und unbrauchbar machte; zu der geschickt inszenierten Entführung eines deutschen Superkriegsverbrechers aus einem elektronisch bewachten Dschungelversteck. Ich verließ Afrika und begab mich nach Finnland, in die Türkei, nach Brasilien und Ägypten, in Begleitung ungeheuer tapferer und einfallsreicher Männer, die irgendeinem wichtigen Irrsinn hinterher waren. Ich hatte weder *Krieg und Frieden* noch Jane Austen angerührt. Wer würde nach einem Tag auf afrikanischen Straßen die Energie aufbringen, sich mit einem wirklich vielschichtigen Rußland auseinanderzusetzen, oder den klaren Kopf, die englische Provinzgesellschaft des achtzehnten Jahrhunderts zu genießen? Es wurde eine traurige Nacht auf jener Matratze. Ich trank Whisky aus dem Thermosbecher und beobachtete die Insekten, die sich um die Kerze scharten, und kein heilsamer Thriller verscheuchte Afrika. Sich in den Schlaf zu trinken ist Unsinn; der morgendliche Kater wartet mit geschärften Klauen.

Musoma hatte nichts zu bieten außer einem heißen Bad und – nach einer heftigen Auseinandersetzung, da es schon später war als dafür üblich – einem Frühstück. Bevor die Stadt aus der Morgenapathie in die dumpfe Nachmittagsstarre fiel, mußten wir Lebensmittel kaufen. »Es ist besser, Sie kaufen für vier Tage ein«, sagte ich zu Joshua. Die Hotelbroschüre garantierte sechs voll möblierte Rundhäuser inmitten des Serengeti-Parks, samt Bettzeug, Handtüchern, Geschirr und Kochgeräten, aber ohne Proviant. Mein Appetit und meine Phantasie versagten, als ich von einem ungelüfteten Laden zum anderen ging und Dosen mit Suppe und Corned beef und Gemüse und Cracker, Käse, Tee, Kondensmilch und Cornflakes erwarb. Der Mangel an Vorausschau muß Grundlage für die afrikanische Zufriedenheit sein, und wenn Joshua auch keineswegs ein Laß-doch-die-Dinge-laufen- und Vergnüg-dich-solange-du-kannst-Typ war, so konnte er doch nicht vier Tage vorausdenken. Er besorgte einen kleinen Sack *posho*, Tee und Zucker und zählte darauf, daß die Memsaab den Hungertod schon irgendwie abwenden würde.

Es war heiß. Die Einheimischen planschten am Rande des Viktoriasees im Bilharzia-Wasser und nahmen fröhlich die üblen Würmer in sich auf. Da Joshua ein Reinlichkeitsfanatiker war wie ich, schüchterte ich ihn mit medizinischen Warnungen ein und zog mich in mein Zimmer zurück. Ein langweiliger Tag war nicht das schlimmste, ich hatte ein Bett mit Kopfkissen und einen Thriller als Beruhigungsmittel. Laut Landkarte waren es 80 Kilometer bis zu westlichen Parkeinfahrt; danach hatte die Karte keine Vorschläge mehr. Ich wollte gern friedlich in das Gelobte Land fahren und nicht gehetzt von der Tageslichtpanik.

Die Serengeti, dieses lyrische Wort, war meine größte Hoffnung der ganzen Reise. Der Queen-Elizabeth-Park war enttäuschend gewesen, zu klein und zu sehr Touristenparadies. Aber die Serengeti ist mehrere hundert Quadratkilometer größer als Connecticut, größer als Nordirland, und ganze sechs kleine Rundhütten sind das einzige Zugeständnis an den Menschen. Es mußte, umgeben von blauen Bergen, die erträumte goldene Ebene sein, die zahllose herrliche, wilde Tiere frei durchstreiften.

Joshua machte mir nie Verdruß durch Zuspätkommen. »Dies ist Tanganjika, Joshua. Wir wär's mit dem Fahren hier?« Das war eine freundliche Neckerei und wurde auch so aufgenommen. Grinsend plapperte Joshua etwas von seinem Führerschein aus Kenia. Wir ratterten in die kühle Morgendämmerung hinaus, beide liebenswürdig, und zwei Stunden später nahm ich, ohne zu zögern, die falsche Straße. Diesem Fehler zufolge gaben uns dreien, dem

Landrover, Joshua und mir, die nächsten acht Stunden beinahe den Rest. Für eine Weile war die Straße nur schlimm, aber das war nichts Neues. Ich hielt ständig Ausschau nach einem Parktor oder einem Parkschild und wunderte mich über magere Maisfelder und einige zerbröckelnde Lehmhütten abseits der Straße. Sicher waren wir doch weit genug gefahren, um auf einer anständigen Straße anzukommen, wie sie einem berühmten Wildpark wohl zustand! Nach drei Stunden auf dieser schmalen, ausgefahrenen, löcherigen Spur wußte ich, daß ich einen Fehler gemacht hatte, aber zurückzufahren bedeutete eine weitere Nacht im kurzweiligen Musoma.

Die Farbe der Straße änderte sich, und was ich sah, gefiel mir nicht, auch wenn ich dergleichen noch nie gesehen hatte. Aus dem Staub war schwarzer, schwammiger Schlamm geworden. Dieses unheilvolle Zeug heißt schwarze Baumwolle und besitzt die vereinten Eigenschaften von Treibsand und Kaugummi. Jeder hat aus Erfahrung gelernt, daß die einzige Möglichkeit, damit umzugehen, im Drumrumfahren oder Wegfahren besteht. Da ich diese Erfahrung nicht besaß, fuhr ich weiter, wenn auch sehr beunruhigt. Ich spürte, wie die Räder des Landrovers durchdrehten und langsamer wurden. In dieser Situation fing Joshua an, sich Schläge zu versetzen und »Ai, ai!« zu rufen.

Äußerst besorgt wegen der Straße, sagte ich: »Was ist los, aufhören, still jetzt!«

Joshua schlug sich nun so, als wolle er ein Feuer löschen, und stöhnte.

»Joshua, hören Sie auf!«

»*Dudus*!« schrie Joshua. Die Räder versanken, der Mann war ein Idiot, was kam es auf Insekten an, wenn wir dabei waren, in rätselhaftem schwarzen Schlamm unterzugehen? Dann stach mich das erste. Ich trug lange Hosen und hatte meine Ärmel in der Morgenkühle heruntergerollt, aber Joshua war halb nackt. Der erste Stich ging in den Hals, ein Stich wie der einer Biene, und ich schlug nach ihr, konzentrierte mich aber noch immer auf

diesen besorgniserregenden Schlamm. Dann kamen sie wie Sturzkampfbomber, stachen mich in den Hals, in die Hände, ins Gesicht und sausten sogar die Hosenbeine hoch, um mich in die Beine zu stechen. Joshua schrie gellend vor Schmerz, und nicht ohne Grund. Dürre, lange schwarze und braune Fliegen wimmelten um uns herum. Ich war von diesem Angriff erschreckt und hilflos und hielt den Wagen an, die schlechteste aller Reaktionsweisen, weil wir nun ein unbewegtes Ziel boten. Aufgeregte Bienen können Leute zu Tode stechen, erinnerte ich mich dunkel; Bienen waren lahm im Vergleich zu diesen Fliegen.
Ich rief in voller Lautstärke »Scheiße«, und Joshua schrie anhaltend in höchster Tonlage, und beide schlugen wir wild in die schwirrende Luft. Dies waren Tsetsefliegen, eine teuflische Plage für Afrika; ihretwegen blieben ganze Regionen des Kontinents leer. Weder Mensch noch Vieh können da leben, wo sie leben. Noch anziehender werden sie dadurch, daß sie die Schlafkrankheit übertragen. Joshua weinte Salztränen und schrie immer noch, und ich schwitzte Blut, aber es gab keine andere Möglichkeit, als weiterzufahren, und um weiterfahren zu können, brauchte ich, wenn er überhaupt gehen sollte, den Vierradantrieb.
»Hilf mir, Joshua!« brüllte ich und zerrte an dem kleinen zweiten Schalthebel. Er hörte nichts mehr. Ich schlug ihn auf den Arm und zeigte auf die Schaltung. »Ziehen, ziehen, um Gottes willen, wir müssen hier raus! Mit beiden Händen!«
Er starrte mich mit leeren, wahnsinnigen Augen an; ich packte seine Hände, drückte sie fest auf den Schalthebel unter meinen Händen und zog, so fest ich konnte. Er begriff meine Absicht, wir zogen zusammen, der Gang war reingelegt, ich trat aufs Gas, und der Landrover bewegte sich voran, schwerfällig, aber er bewegte sich wenigstens. Das taten auch die Tsetsefliegen, die uns mühelos folgten. Joshua hatte schon alle Kraft zum Schreien verloren, er jammerte nur noch leise, während ich schrill und vergeblich zu

Gott flehte; ich wußte, daß ich den Verstand verlieren würde, wenn diese Biester nicht zu stechen aufhörten.

Genauso plötzlich, wie es begonnen hatte, hörte es auf. Wir waren raus aus dem schwarzen Schlamm und weg von den Mordfliegen. Um ganz sicherzugehen, fuhr ich ein paar Kilometer weiter und hielt an. Wir waren beide in Schweiß gebadet, Joshuas Augen waren rot und stier wie meine wahrscheinlich auch, aber die sah ich nicht. Wir saßen wie betäubt im Landrover. Ich erholte mich so weit, daß ich uns Wasser aus der Thermosflasche eingießen konnte, und zündete mir mit wackliger Hand eine Zigarette an.

»Wenn wir diesen *dudus* noch mal begegnen«, sagte Joshua mit leiser Stimme, »sterbe ich.«

»Schauen Sie mal, wir haben gar keine Flecke an uns.« Wir hätten eigentlich voller roter Beulen sein müssen, aber diese Stiche juckten nicht einmal.

»Memsaab, was ist das für eine schlimme, schlimme Gegend, in die Sie mich bringen?«

»Ich weiß es nicht.«

Joshua blickte mich mit einer seltsamen Miene an, teils hoffnungslos, teils haßerfüllt. Er hatte dummerweise jemandem vertraut, der Vertrauen weder verdiente noch wünschte: die Memsaab, dieses gigantische Kartenhaus, werde schon wissen, was sie tat und wohin sie wollte. Bislang war Joshua sehr viel besser dran gewesen als ich; er hatte mich, auf die er sich verlassen konnte. Eine Portion verspäteten, aber realistischen Zweifels konnte nur guttun. Joshua hatte einen Mann aus mir gemacht, und diese Rolle paßte mir nicht. Er konnte jetzt ruhig einmal selbst Mann sein und schauen, wie ihm das gefiel.

Die Straße war nicht besser, kam mir aber prachtvoll vor, weil sie eine ehrliche Staubfarbe hatte. Wir ruckelten und ratterten und wackelten voran und kamen an einen verzauberten Ort. Auf goldener Ebene, mit blauen Bergen dahinter, stand ein Fries aus Giraffen vor dem Himmel. Um sie herum grasten Zebras und seltsam konstruierte bärtige Tiere. Antilopen verschiedener Größen und mit unterschiedlichen Hörnern knabberten und sprangen verspielt umher; eine Herde von Büffeln stand mit erhobenen Köpfen da; sie wirkten aus diesem Abstand unglaublich stark, aber nicht gefährlich. Ich konnte sich nicht zählen, aber es waren mehrere hundert einander vertrauende Tiere, der leibhaftige Garten Eden.

Joshua bettelte: »Nicht anhalten, Memsaab.« Ich beachtete ihn nicht. Ich blickte durch den Feldstecher und versuchte, sie alle in mein Gedächtnis aufzunehmen, mir wenigstens ein vollkommenes Bild von dieser Reise einzuprägen. Während Joshua quengelte, studierte ich den Feldführer; da ich nicht wußte, wo wir waren oder ob wir jemals Seronera erreichen würden, konnte ich mich ruhig vergnügen und bilden. Das Gnu, der Kleine Kudu, Impala und wieder Thomsongazellen, wenn ich sie richtig identifizierte, und Mungos, kleine, dunke Geschöpfe, die zwischen all den verschiedenen Hufen herumflitzten. Die Giraffen gingen nun in Richtung der Berge; ihre Hälse schwankten auf höchst kuriose Weise wie Spargel. Die Antilopen sprangen und liefen mit unbeschreiblich schönen Bewegungsabläufen. Schwerfällig kamen die Büffel uns näher. Joshua zog mich am Ärmel; es war Zeit weiterzufahren. Ich dachte nicht daran, Joshua zu sagen, daß Büffel auch mich ängstigten.

Wir fuhren aus der Grassteppe in niederen Wald hinein und an Vulkanfelsen vorbei. Mit Panik in der Stimme sagte Joshua: »Löwen.« Genau wie Ali fragte ich: »Wo?« Näher an Joshua, aber insgesamt zu nah, lagen ein Löwe und drei Löwinnen malerisch auf einem Felsen und darunter. Wir waren nah genug, um in ihre wütenden, starren gelben Augen zu sehen. Joshua bebte wie im Fieber. Gleichermaßen verängstigt hörte ich mich sagen: »Sie sind ganz zahm, Joshua. Sie sind an Leute gewöhnt, Touristen fahren hier ständig durch.« Ich wünschte nur, daß es so gewesen wäre. Doch erst Jahre später traf dann die große Reisewelle Ostafrika, begannen wie Zebras lackierte Minibusse durchs Land zu kurven, beladen mit Frauen in tief ausgeschnittenen Oberteilen und

Männern in geblümten Hemden, die nun wirklich meinten, die Löwen seien zahm und nur für ihre Kameras da. Löwen waren die Spezialität der Serengeti, Löwen gab es hier reichlich, und ich hoffte glühend, daß wir ihnen nie wieder so nah kommen würden.

Früher hätte es meine Nerven strapaziert, aber jetzt ging ich die kurze Flußdurchquerung ganz entspannt an. Ich mußte den Landrover nur auf einer Felsplatte halten. Daneben ging es nur einen Meter hinunter, gerade ausreichend, um uns zu erledigen.

Joshua sagte vor sich hin: »Schlimme Gegend. Alles schlimm.« Dann teilte er seine Befürchtungen mit mir und sagte: »Viertel nach vier, Memsaab.« Als wüßte ich das nicht, als hätte ich nicht einen Knoten von der Größe eines Kürbisses im Magen.

»Wir sind bald da«, verkündete ich mit fester Stimme. Und wenn nicht, würden wir bei Sonnenuntergang die Seitenplanen anbringen und uns drinnen zusammenkauern, während draußen die Löwen uns umkreisten und wir beide vor Angst wie Wackelpudding zitterten.

Joshua sah die Rundhütten zuerst. Der Knoten, der mich beinahe erwürgt hatte, löste sich auf. Der afrikanische Verwalter schloß die Tür zu einem hübschen kleinen Haus auf und nahm Joshua mit. Wo Joshua nun auch unterkam, ich wußte, er würde drinnen bleiben, Fenster und Türen schließen und beten, die Nacht möge enden. Ich duschte und lag abgeschlafft auf dem Bett, bis ich zu neuem Leben erwachte, den Whisky hervorholte und mir ein köstliches Mahl aus Corned beef und Gemüsen und Suppe kochte, alles zu einem schönen Pamp zusammengerührt. Der afrikanische Verwalter klopfte an die Tür, Taschenlampe in der Hand.

»Das Feuer ist fertig, Memsaab.«

Was für ein Feuer? Dies gehörte hier zur Gastlichkeit: ein Lagerfeuer hinter den Rundhütten, an dem die fröhlichen Besucher auf Baumstämmen unter den Sternen sitzen und von den Tieren, die sie tagsüber gesehen hatten, berichten konnten. Es gab aber keine anderen Besucher. So saß ich allein da und lauschte den lachenden Hyänen, wenn ich auch nicht verstehe, warum man ihre Laute Lachen nennt; und sah – oder glaubte zu sehen, was aufs gleiche hinauslief – dunkle Schatten am Rand des Feuerscheins umherhuschen. Ich sagte mir, dies sei eine seltene, wundervolle Erfahrung für mich; keine Schranken trennten mich von Afrika. Selten, ja; wundervoll, nein.

Der Parkaufseher wohnte ein paar Kilometer entfernt, aber das wußte ich nicht; afrikanische Wildhüter wohnten ebenfalls ein paar Kilometer entfernt. Soweit ich wußte, saßen der afrikanische Verwalter und Joshua irgendwo sicher beisammen, während ich die ängstigenden Schatten und die lauten Hyänen zur Gesellschaft hatte. Ich sehnte mich mit ganzem Herzen nach einem weißen Jäger, nach jedem weißen Jäger, mit Ausnahme des Typs mit dem roten Halstuch, nach einem Afrikakenner, der mich bei der Hand nehmen und sagen würde: »Nur ruhig, es macht doch Spaß, es ist großartig, dies ist Afrika, dies ist nicht einfach nur haarsträubend und die Hölle.«

Joshua lächelte tatsächlich, als wir das Lake Manyara Hotel erreichten. Es war ein langer, aber harmloser Tag gewesen, an die zehn Stunden auf der Straße, durch die Serengeti-Ebene und dann in Schleifen durch grüne Berge, wo Zebras wie Schafe grasten, hinauf zum Ngorongoro, wo ich mir die fast senkrecht in den Krater führende Route ansah und entschied, das sei zuviel für den Landrover und mich. Danach schlängelte sich die Straße wie üblich den Westhang des Rift Valley hinab. Das Lake Manyara Hotel war die Zivilisation, ein bergender Hafen für uns beide. Über dem Tal erbaut, war es ein reizendes, modisches Ferienhotel inmitten eines Gartens, mit vielen ganz normalen Leuten, die Sommerkleidung trugen und rund um den Swimmingpool Drinks nahmen. Richtige Autos parkten vor dem Hotel. Ich glaube, Joshua fühlte sich beinahe zurückversetzt in sein geliebtes Nairobi.

Joshua hörte pünktlich um 7 Uhr 30 am nächsten Morgen zu lächeln auf, als wir in den Lake-Manyara-Park hineinfuhren. Dies ist ein kleiner, schöner, geheimnisvoller Park. Auf dem Papier sah er ganz überschaubar aus; ein langer, schmaler Streifen von 150 Quadratkilometern zwischen dem Rift und dem Manyarasee; 50 Kilometer gut in Schuß gehaltene Fahrspur, sagte der Feldführer, geeignet für große Limousinen und mit zahlreichen Rundfahrtmöglichkeiten, um das reichlich vorhandene Wild und Myriaden von Vögeln zu beobachten. Ein Kinderspiel, dachte ich, bis ich mich verirrte.

Der Feldführer erwähnte auch, daß die Löwen hier auf Bäume kletterten, um den Tsetsefliegen zu entkommen. Wenn schon Löwen den Tsetsfliegen gegenüber diese Einstellung hatten, dann waren Joshua und ich dafür entschuldigt, daß wir durchgedreht hatten. Ich zögerte, mich einem neuen Überfall auszusetzen, aber der Feldführer klang zu verführerisch – riesige Feigen- und Mahagonibäume, Akazienwälder –, Wildparks waren nun mal das Ziel der Reise, und ich hatte schon Ngorongoro ausgelassen. Die Tsetsefliegen hatten uns am heißen Mittag angegriffen; in den frühen Morgenstunden sollten wir vor ihnen sicher sein.

Ein großer Trupp Paviane überquerte den Pfad. Sie sind nicht sehr reizvoll mit ihren roten Hinterteilen, lauernden Gesichtern und überzeugend kräftigen Zähnen. Sie schnatterten uns an und hätten uns leicht auf den Schoß springen können; mit Ausnahme der Babies, die sich unter dem Bauch der Mutter festklammerten, waren sie mir unangenehm. Joshua sah sofort einen schläfrigen Löwen, der sich auf einem Ast fast über unsern Köpfen ausgestreckt hatte. Er schrumpfte in seinem Sitz zusammen und wurde stumm. Ich bog in einen Rundweg ein und kam an einem Büffel vorbei, der sich glücklich in einem Schlammbad suhlte; auf einer Lichtung draußen am Seeufer fraßen die Giraffen die Spitzen von Dornbäumen, während für mich neue Arten von Antilopen umherwanderten; es sah häßlich und schlecht gelaunt aus. Es war wunderbar, es war das, weswegen ich hergekommen war. Ich war begeistert von diesem kleinen Park, der einen so üppig beschenkte, ohne Schwierigkeiten zu machen.

Dann war es plötzlich nicht mehr einfach. Ein dicker Ast, dick wie ein Baumstamm, war auf den Pfad gefallen. Wir konnten wegen des dichten Buschwerks nicht darum herumfahren. »Steigen Sie aus und schaffen Sie ihn weg, Joshua.«

Er sagte ruhig und endgültig: »Nein.«

Ich war gerade dabei, vornübergebeugt den dicken Ast wegzuziehen, als Joshua »Memsaab! Memsaab!« rief und die Arme schwenkte, als wolle er morsen. Das Nashorn galoppierte langsam auf uns zu. Mit der Kraft, die Panik einflößt, zerrte ich den Ast weit genug weg, daß wir vorbei konnten, sprang in den Landrover und fegte davon, das zielstrebige Nashorn im Galopp hinter mir her. Auf soviel Feindseligkeit war ich nicht gefaßt und beschloß fortzufahren. Alle Pfade sahen gleich aus. Ich fuhr im Kreis herum, in der Hoffnung, eine jener großen Limousinen zu treffen, für die dieser Park geeignet war, aber erneut waren wir allein. Unheimlich leise tauchten fünf Elefanten zwischen den Bäumen auf. Ich stellte mich auf die Bremse und kam zehn Meter vor ihnen zum Stehen. In unheimlicher Stille überquerten sie den Pfad und verschwanden zwischen anderen Bäumen.

Joshua sagte: »Ich hasse diesen Ort. Ich hasse Tiere. Memsaab, bringen Sie mich jetzt nach Hause. Jetzt, Memsaab.«

»Reißen Sie sich zusammen, Joshua! Glauben Sie, ich mache das zum Spaß? Ich finde die Ausfahrt nicht!«

Der Landrover fing an, schlimme Geräusche von sich zu geben, so als bräche ein wichtiges Teil ab. Ich wußte nicht, was tun, aber etwas mußte ich tun, zum Beispiel unter den Wagen sehen. Joshua war sicher so wenig gewillt, einen Fuß aus dem Landrover zu setzen, wie seinen Kopf in einen Flußpferdrachen zu legen. Ich nahm allen Mut zusammen und kroch unter den Wagen. Ein langer toter Ast hatte sich im Gestänge verfangen und schlug nun gegen die Ölwanne. Ich zog ihn weg und sprang zurück in den Landrover, staubbedeckt und keuchend.

»Sie fahren mich nach Hause!« sagte Joshua drohend.

»Sie halten die Klappe!« sage ich ebenso drohend.

Weiter im Kreis herum. Die Rettung erschien in Form einer kastanienbraunen Limousine. Jammernd wie Joshua rief ich: »Wo ist das Tor?«
»Verirrt, was?« sagte ein stämmiger Kerl ungerührt. Seine Freunde lachten fröhlich. »Sie stehen genau davor. Etwa hundert Meter geradeaus.«
Ich kam mir vor wie ein ausgemachter Idiot. Wir hatten nur zwei Stunden in diesem Irrgarten verbracht, aber sie verbitterten Joshua und können auf mein Nervensystem nicht heilsam gewirkt haben. Joshua hielt nun wirklich den Mund. Sein Lächeln gehörte der Vergangenheit an, es war verschwunden wie die Tsetsefliegen; jetzt weigerte er sich zu sprechen. Zu meiner Überraschung erhob sich der Kilimandscharo über der Ebene, mit seinen gewaltigen Pyramidenhängen, der langgestreckten Schneefläche unter dem Himmel. Dieser Berg ist eines der Naturwunder der Welt. Vor Freude vergaß ich die Gefahren des Morgens und Joshuas Verbitterung.
»Schauen Sie, Joshua! Der Kilimandscharo! Ist das nicht herrlich?«
Joshua sah weder hin, noch antwortete er. In Arusha hielt ich an, um ein Bier zu trinken, ein Sandwich zu essen, zu tanken und den Klang von Stimmen zu hören. Die Landschaft zwischen Arusha und Namanga war die großartigste der ganzen Reise, Wellen sanfter Berge. Der Kilimandscharo zeigte sich wieder, verschleiert jetzt, der Schnee rosa im Nachmittagslicht. Alles verdarb Joshua mit seiner frostigen Schweigsamkeit. Verdammt, sollte Joshua doch zur Hölle fahren. Er war zu nichts nütze. Er war die ganze Zeit nur eine Last gewesen, und dennoch hatte er die Unverschämtheit, den Beleidigten zu spielen. Ich wünschte, ich könnte ihn loswerden, ich hatte ihn satt; es half mir wenig, wenn ich selbst vor Angst schlotterte, auch noch mit seinen chronischen Ängsten umgehen zu müssen. Er taugte zu nichts außer zu gelegentlichen Gesprächen und nun nicht mal mehr dafür. Seine finster mißbilligende Miene brachte mich zum Kochen.
Wir passierten die Grenze von Kenia nach Tanganjika ohne ein

Wort. Joshuas Stimmung wurde auf heimischen Boden nicht milder, er hatte sich entschlossen zu leiden. Am Namanga River Hotel gingen wir in ungebrochenem Schweigen jeder zu seinem Quartier. Das Hotel war eine attraktive, rustikale Karawanserei gleich neben der Straße, ein Hauptgebäude aus Holz mit hohem Dach, von dem aus nach beiden Seiten Zimmer gingen, und alles inmitten eines hübschen Blumenmeers. Ich konnte es nicht würdigen; so aufgebracht war ich über Joshua, daß ich laut eine Litanei von Beschwerden herunterbetete, während ich mich duschte und mein staubverklebtes Haar bürstete. Die angestaute Anspannung der Reise explodierte jetzt wie eine Bombe über dem armen Joshua. Ich hatte einen schweren Anfall von afrikanischer Geistesgestörtheit.

An der Bar unterhielt sich ein normales Paar gelassen über das Wetter. Der Mann hoffte, es würde in der Nacht nicht regnen, die ungepflasterte Straße sei schon auf dem Hinweg klebrig genug gewesen. »Ach, es sind doch nur hundertdreißig Kilometer bis Nairobi«, sagte seine Frau. »Jemand wird uns schon helfen, wenn wir es nötig haben.«

Es mag in Ostafrika ein ungeschriebenes Gesetz geben, daß verbietet, Fremde anzusprechen, aber ich war verzweifelt. »Entschuldigen Sie«, sagte ich, »wenn Sie morgen nach Nairobi fahren und Platz haben, könnten Sie dann möglicherweise meinen Boy mitnehmen? Er fühlt sich nicht wohl, und ich möchte gern noch einige Tage hierbleiben.« Weit davon entfernt, mich wissen zu lassen, ich möge mich um meinen Kram selbst kümmern, zeigten sie mir auf dem Parkplatz ihre blaue Limousine, sagten mir, daß sie um acht Uhr führen und mir gern behilflich seien. Ich hätte sie am liebsten geküßt.

Der nächste Schritt war, Joshua zu finden. Ein Kellner spürte ihn auf, und Joshua erschien mit der gleichen gehässigen Miene. »Ein paar Leute hier fahren morgen nach Nairobi zurück, Joshua. Ich habe ihnen gesagt, Sie fühlten sich nicht gut, und sie nehmen Sie nach Hause mit.«

Der haßerfüllte, verschlossene Blick verschwand, und ein strahlendes Lächeln kam zum Vorschein.

»Danke, Memsaab!« Es war das erste Mal, daß ihm dieses Wort über die Lippen kam, und ich taute eine Spur auf.

»Nun, wir haben es geschafft, Joshua.«

Wir hatten es in der Tat geschafft – kein kleines Wunder. Niemand war krank geworden, wir hatten keinen Unfall, nicht einmal eine Reifenpanne gehabt, und ich war die ganze Strecke allein gefahren. Nun würde ich Gott sei Dank einen Tag ohne Joshua und seine belastende Psyche erleben, einen schönen, aufheiternden Tag im Amboseli-Park, eine weitere Nacht in diesem angenehmen Hotel und eine glatte Fahrt nach Nairobi. Ich führte Joshua zum Parkplatz und zeigte ihm die blaue Limousine. Er berührte den Kühler und sagte: »Oh, schön.« Natürlich, es war der richtige Wagen für die Stadt.

Wir gaben uns am Morgen die Hände, Joshua hatte mir vergeben, wir wünschten einander Glück, und ich winkte ihnen nach, entzückt, Joshua los zu sein. Beim Frühstück grübelte ich über die sonderbare Tatsache nach, daß ich mit Joshua länger gereist war als mit irgend jemandem sonst in meinem ganzen Leben, abgesehen von U.B. in China und meiner Mutter, mit der ich in Mexiko das Gegenteil einer Schreckensreise unternommen hatte. Was wußten Joshua und ich nach so langer Zeit voneinander? Ich wußte, daß Joshua ein hundertprozentiger Stadtjunge mit sehr schwachen Nerven war. Ich wußte noch immer nicht, ob er fahren konnte. Er wußte, daß ich, wenn ich müde war, so liebenswert war wie eine Klapperschlange, und ich war von Tag zu Tag müder geworden. Nicht eben das, was man eine Begegnung Gleichgesinnter nennen würde. Zum Teufel damit. Es war vorbei, wenn ich das nächste Mal beschließen würde, die Weltkugel zu umrunden, würde ich meinen Gefährten sorgfältiger wählen. Vor allem würde ich ihn erst einmal bitten, um den Block zu fahren.

Oh, was für ein herrlicher Morgen, oh, was für ein herrlicher Tag, sang ich stumm und zufrieden. Ich hatte keine Sorgen, ich war nicht in Eile, und ich fühlte mich desinfiziert. Als ob mich Joshuas unaufhörliche Ängste angesteckt und langsam krank gemacht hätten – als hätte ich mir geistige Bilharziose geholt. Ungeduld, die schnell in Langeweile umschlägt, ist mein Laster, Panik nicht. Allein, mit mir selbst zufrieden, fand ich Afrika einzigartig. Ich würde mir die Tiere in Ruhe ansehen, und ich konnte bei klarer Sicht stundenlang den Kilimandscharo betrachten, sobald ich erst dieses flache Buschland hinter mich gebracht und zur Amboseli-Ebene gekommen war. Ich hatte während der gestrigen, unangenehmen Fahrt kaum einen Blick auf diesen Wunderberg werfen können, nur gerade soviel gesehen, um zu erkennen, daß er mystische Bedeutung für mich hatte – die ganze Kraft und Schönheit und die Fremdheit Afrikas. Ich tukkerte weiter, voller Zuversicht, daß ich allem, was auf mich zukam, gewachsen war.

Das nächste war ein Fluß, eher ein Bach, schmal, flach, von Steinen beachtenswerten Umfangs durchsetzt. Das Problem waren die Ufer – viel zu steil, ein spitzes V mit Wasser am Boden. Der Landrover würde schon unten ankommen, aber wie würde er wieder hinaufkommen? Dies war ein kleiner Canyon, und es fehlte die kleine Brücke darüber. Doch andere fuhren durch, also mußte es machbar sein. Hier herumzuhängen löste das Problem nicht; es ziemlich schnell im zweiten Gang anzugehen wäre wohl die beste Methode. Der Landrover schoß nach unten, die Vorderräder landeten in der Mitte des Bachs, die Hinterräder blieben auf dem Ufer hinter mir hängen, und in dieser geneigten Stellung liefen sie leer. Ich schaltete in den ersten Gang und hörte ein mahlendes Geräusch. Keine Bewegung. Ich versuchte das Vierradgetriebe einzuschalten – vergeblich; entweder klemmte es, oder ich hatte keine Muskelkraft mehr.

Eine Mammutpleite, wenn mir je eine begegnet war, aber kein Grund zur Aufregung. Jemand würde vorbeikommen und mir helfen, das Vierganggetriebe einzuschalten, oder mich schieben oder ziehen. Die Stelle war schattig und kühl, Insekten gab es nur wenige, und die waren keine Fleischfresser. Wenn ich auch nichts mehr zu sehen bekam, das Warten auf Hilfe würde mich nicht umbringen. Geduld, niemand kam vorbei. Da es auf unserer langen Fahrt nicht einen Tag geregnet hatte, dachte ich nicht mehr an die Überschwemmungen. Ich hatte auch einen Zeitungsbericht vergessen, den ich ganz nebenbei in Nairobi gelesen hate, über ungewöhnlich große Überschwemmungen in der Amboseli-Ebene und die Bergung gestrandeter Nashörner aus dem Wasser. Die Einzelheiten dieser unwahrscheinlichen, tollen Hubschrauberaktion machten mir damals keinen Eindruck, und erst jetzt, als die einsamen Stunden dahingingen, begann ich zu überlegen, ob nicht vielleicht andere mehr wußten als ich und einen Bogen um dieses Gebiet machten. Vielleicht erklärten die ungewöhnlichen Regenfälle diesen Canyon, eine Sturzflut hatte womöglich Erde mitgerissen. Ich verzehrte meinen Picknick-Lunch. Da ich nichts weiter zu tun hatte, las ich den Feldführer zu den Nationalparks. Unter anderen Bedingungen gab es hier sicher bemerkenswerte Dinge zu sehen, wie die bebrillte Elefantenspitzmaus, die Kleine Hufeisennase, den Schabrackenschakal und den Zorilla, die Weißschwanz-Manguste, den Aardwolf, den Waldducker, die Giraffengazelle, das Kongoni, den Afrikanischen Schläfer, ganz zu schweigen von Giraffen, Löwen, Leoparden, Nashörnern, Elefanten, Hyänen, Zebras und einer schönen Kollektion von Antilopen. Als willkommene, wenn auch kurze Ablenkung sausten ein paar Affen durch die Bäume, entweder Grüne Meerkatzen oder Diademmeerkatzen. Weit mehr Vögel besuchten den Amboseli- als den Nakurusee, vier Seiten waren ihnen gewidmet, aber ich befand mich wahrscheinlich erst dreißig Kilometer tief im Park, und der See, an dem sich die Vögel versammelten, lag noch vor mir. Ich las über die Parks, die ich nicht gesehen hatte. Ich las und las, und der Nachmittag verging. Es war vier Uhr, Zeit für den Knoten in meinem Magen, aber

Angst kannte ich nicht mehr, ich hatte davon für mein ganzes Leben genug durchgemacht. Das Hotel erwartete mich am Abend zurück, mein Koffer war dort, mein Zimmer reserviert. Wenn es mir nicht gelang zurückzukehren, würde man einen Suchtrupp nach mir ausschicken, das heißt, falls man davon ausging, daß ich in den Amboseli-Park gefahren war, sonst konnte man wohl kaum Afrika nach einer verlorengegangenen Frau absuchen. Natürlich würden sie wissen, wohin ich gefahren war, nämlich dahin, wohin andere vernünftigerweise nicht fuhren, nicht einmal eine Verrückte würde kein Picknick mitnehmen, wenn sie nach Tanganjika zurückfuhr, und es gab keine andere Straße.

Fünf Uhr. Ich wünschte, ich hätte den Whisky nicht im Namanga River Hotel gelassen. Der Feldführer interessierte mich nicht mehr. Nun gut, früher oder später mußte es ja passieren; vor Einbruch der Dunkelheit würde ich die verdammten Seitenplane suchen und anbringen. Hier in der Gegend waren vielleicht Fledermäuse eine Gefahr, von denen im Park zwölf verschiedene Arten existierten. Kein vernünftiges Tier, das aus drei Seen trinken konnte, würde Kilometer laufen, um aus diesem erbärmlichen kleinen Fluß zu saufen.

Es war mir nicht eingefallen, in den Fluß zu steigen, das Ufer zu erklimmen und mir wenigstens die Beine zu vertreten. Ich hatte mich für eine Weile auf den Rücksitz gelegt, ich hatte über den beiden Vordersitzen gelegen und die Beine heraushängen lassen. Ich empfand nun überhaupt nichts mehr, ich war stoisch gefühllos geworden, als ich einen Wagen hörte. Einem Landrover am andern Ufer entstieg ein Mann. Er war der perfekte Safarityp, tief sonnengebräunt, in sauberen, gestärkten Khakishorts, kurzärmeliger Buschjacke, langen Khakisocken und alten Stiefeln; er hätte der Parkaufseher oder ein weißer Jäger oder einfach ein alter Afrikahase sein können.

Verwundert und ärgerlich sagte er: »Was machen Sie denn da?«

»Ich hänge fest.«

»Warum?«

»Weil ich nicht weiterkann. Warum sonst?«

»Ist Ihr Wagen kaputt?«

»Weiß ich nicht. Ich kriege den Vierradantrieb nicht rein.«

»Also, das wollen wir doch mal sehen«, sagte er und schlitterte das Ufer herunter ins Wasser. Ich rutschte auf den Beifahrersitz. Er legte den Vierradantrieb so leicht ein, als würde er eine Ameise wegschnippen. Er legte den Rückwärtsgang ein, was ein gräßliches, mahlendes Geräusch hervorrief, aber keine Bewegung.

Er murmelte etwas, worin das Wort »Frauen« erkennbar war. Er ging ohne Rücksicht auf seine schönen, sauberen Sachen auf die Knie und sah unter den Wagen.

»Sind Sie nicht auf die Idee gekommen, die Steine aus dem Weg zu räumen, bevor Sie hier reinfuhren?« fragte er ärgerlich. Ich hatte das offensichtlich nicht getan. »Sie sitzen auf einem unverschämt großen Stein fest, Sie haben Ihre Achse kaputtgemacht.«

Vielleicht sagte er Achse, ich bin mir da nicht sicher. Ich weiß nur, es war ein wichtiges Teil.

Er rief etwas auf Swahili, und ein Afrikaner, den ich nicht gesehen hatte, sprang mit einem langen Schraubenschlüssel aus seinem Landrover. Beide waren nun naß und alles andere als belustigt, und gemeinsam wuchteten sie den Felsbrocken und was es sonst noch an Hindernissen gab zur Seite. Vom Fahrersitz aus steuerte der Weiße meinen Landrover im Rückwärtsgang ans Ufer und wendete ihn. »Sie müssen mit dem Vierradantrieb weiterfahren, so kommen Sie bis Nairobi, und da kriegen Sie eine Reparaturrechnung, die sich gewaschen hat.

Ich bedankte mich überschwenglich, aber er war nicht zu rühren. »Wenn Sie sich nicht auskennen, ist es nicht das klügste, hier allein herumzukutschieren«, sagte er und watete zu seinem Wagen zurück. Es blieb ihm genug Platz auf dem Pfad, an mir vorbeizufahren. Er rauschte geschickt mit Vierradantrieb durch den Canyon und fuhr vorbei. Langsam, ganz langsam und mit dem Lärm zweier Panzer wühlte ich mich zurück zum Hotel.

Nach einem Start bei Tagesanbruch wühlte ich mich durch hundert Kilometer dicken Schlamm, etwas schneller als zu Fuß, über die ungepflasterte Strecke zwischen Namanga und Nairobi. Ich hielt häufig an, damit sich der Motor erholen konnte. Ich goß Wasser in den Kühler. Ich benutzte den Benzinkanister. Jeden Augenblick erwartete ich, der Vierradantrieb werde den Geist aufgeben. Vom Athi River bis nach Nairobi war die Straße gepflastert und fühlte sich an wie Samt. Als ich den Landrover vor dem New Stanley Hotel abstellte, glich ich in nichts den stolzen, sonnengebräunten, gutgebügelten Bürgern, die triumphierend von ihren kundig umsorgten Safaris zurückkehrten.

Abgesehen von der afrikanischen Politik, Grund genug zum Kummer, bekümmert mich etwas, was weder die weißen Staatsmänner noch die Afrikaner berührt, ob groß oder klein. Die herrlichen wilden Tiere. Sie haben keinen Wert oder nur so, wie Chartres oder der Prado wertvoll sind, und sie werden nicht zu retten sein. Keine Macht wird ihrem Fortbestand große Bedeutung beimessen.
Die Elefanten in Kenia sind dezimiert worden, damit ihr Elfenbein einen bedeutenden Afrikaner reicher machen kann. Niemand weiß, was aus den Elefanten in Uganda geworden ist, aber wo schon Menschen so bereitwillig umgebracht werden, warum sollte man da Geld verheißende wilde Tiere verschonen? Das letzte Nashorn im Amboseli-Park ist bereits geschossen, weil sein Horn, zu Pulver gemahlen, als angebliches Aphrodisiakum ein Vermögen wert ist. Die Giraffe, so reizend und seltsam wie das Einhorn, läßt sich einfach töten, damit man aus ihren Schwanzhaaren ein dünnes Armband machen kann. Überreste von getöteten Tieren sind in Kuriositätenläden überall zu finden, man sehe sich nur um. Wenn Sie so reich sind wie ein Araber, können Sie auch Elefantenstoßzähne, in Silber gefaßt, bei Harrod's kaufen.
Für die prächtigen, wilden vierfüßigen Geschöpfe Afrikas gibt es keine Hoffnung. Wir werden traurige, eingekerkerte Tiere in Zoos

für unsere Kinder aufbewahren. Ich weiß, das wird geschehen, und an den Verlust zu denken ist unerträglich. Wir sind eine furchtbare Spezies; wir sind die gefräßigsten aller Raubtiere.

»Ich fürchte, das kostet Sie eine Menge«, sagte Mister Whitehead und führte die Schäden an verborgen liegenden Teilen des Landrovers auf. Ich sagte ihm, es tue mir furchtbar leid, diesen Ärger verursacht zu haben, und er möge es bitte in Ordnung bringen lassen, bevor der weiße Jäger zurückkomme, und der Preis spiele keine Rolle. Nichts spielte eine Rolle. Mein Haar war gewaschen, mein hübsches Nairobi-Kleid war sauber, ich hatte zwölf Stunden geschlafen, aber ich fühlte mich nicht wie neu geboren. Einer von den freundlichen, hilfsbereiten Leuten, die ich während der ersten Tage in Nairobi kennengelernt hatte, kam hereinspaziert, grüßte Mister Whitehead und sah mich nachdenklich an.

»Sie haben wohl den Krieg hinter sich, was?« sagte er. »Sie fahren jetzt besser zur Küste und ruhen sich aus, bevor Sie nach Hause fliegen. Man müßte Sie sonst ja auf der Bahre aus dem Flugzeug tragen.«

Zur Küste? Wo war die Küste? Ich wußte nichts von der Küste. Die Vorstellung von weiterem Reisen in Afrika fand ich haarsträubend. Er blieb dabei; er lasse mir die Tickets auf mein Zimmer bringen, einer seiner Freunde würde mich morgen früh in Mombasa vom Flugzeug abholen, das Nyali Beach Hotel würde mich wieder aufblühen lassen. Ich gehorchte wie ein Zombie, dankbar dafür, daß sich jemand um mich kümmerte, dankbar dafür, daß mir jemand das Denken und Planen abnahm. Wie ein Zombie stieg ich aus dem Flugzeug in eine heiße grüne Welt, wurde von einem großen, freundlichen Mann in einem klimatisierten Mercedes im Nu weggebracht, folgte meinem Koffer in ein klimatisiertes Zimmer und fiel ins Bett. Als ich am späten Nachmittag erwachte, waren Erschöpfung und Anspannung verflogen.

Das Nyali Beach Hotel war damals ein geräumiges Gebäude im edwardischen Stil mit dunkelgetäfelten Aufenthaltsräumen und hölzernen Deckenventilatoren. Die Schlafzimmer waren mit den bedrückenden marineblauen Ripsvorhängen und braungebeizten Möbeln ausgestattet, die in Afrika so beliebt waren. Man hatte mir das erste renovierte Zimmer gegeben, ein modernes Luxusnest mit weißem Kunstleder und hellen Hölzern und Klimaanlage, die ich schnell abstellte. Dann öffnete ich die Fenster, um auf das Meer zu sehen und die weiche Luft zu atmen. Dies war das einzige an Kilometern von weißem Sandstrand gelegene Hotel, und jetzt nach der Hochsaison war er fast leer. Ich räumte meinen Koffer aus, um den Badeanzug zu finden, und lief durch Gärten, die nach Jasmin und Kamelien dufteten, viele Stufen hinunter zum Indischen Ozean und in das klare, seidige Wasser.

Weinkenner, diese entsetzlichen Langweiler, reden endlos über die verschiedenen feinen Aromen von Wein. Ich bin Kennerin von Wasser zum Schwimmen und auf diesem Gebiet in der Lage, jeden mit genauen Details zu langweilen. Nur das Beste in der Karibik – um Sankt Martin und Virgin Gorda – konnte mit dem Indischen Ozean mithalten. Zu schwimmen war noch nie so berauschend angenehm gewesen. Mein Körper war nach endloser Gefangenschaft in Autos zu mir zurückgekehrt.

Die Afrikaner gehen in Afrika zu Fuß, wenn sie müssen oder wenn es zur ihrer Lebensart als Angehörige von nomadischen viehzüchtenden Stämmen gehört. Europäer tun das nicht, die Entfernungen verbieten es. Sie halten sich fit mit Tennis, Gold, Polo und in Swimmingpools. Ich kann keinen Ball in irgendeine Richtung schlagen, und Swimmingpools sind etwas für die Gesundheit, aber die Lebensgeister werden vom pflichtbewußten Hin- und Herpflügen nicht geweckt. Endlich konnte ich die beängstigende Größe Afrikas nutzen – ich hatte einen Strand, der sich bis zum Horizont erstreckte, einen Ozean ganz für mich allein.

Erlöst von der Tyrannei von Zeit und Entfernung, ging ich am Rand des Wassers den harten Sand entlang und beobachtete die Farben des Sonnenuntergangs, ein helles Grün, von mauve- und rosafarbenen Bändern durchzogen, beobachtete, wie der Himmel einen durchsichtigen saphirblauen Ton annahm, *l'heure bleue*, und die ersten Sterne erschienen. Ich ging in der abrupt hereinbrechenden Dunkelheit des Äquators zum Hotel zurück. Die überwältigend strahlende Nacht barg keine Schrecken, die Luft fühlte sich auf der Haut an wie Satin. Das Glück packte mich mit der Gewalt eines Sturms. Dieser Ort unterschied sich von allen anderen in Afrika. Es war eine einzige Erleichterung.

In aller Frühe schon munter, nahm ich Brille und Schnorchel, schwamm, ließ mich treiben und staunte über die Wunder unter Wasser, schöner, als ich je welche gesehen hatte. Gehirnkorallen in Pilzform, so groß wie runde Eßtische, ganze Wälder von schwankenden Farnkorallen, rosa und violett, große weiße Geweihkorallen und Tausende, Zehntausende von Riff-Fischen. Es muß einen ökologischen Grund für ihre Farben und Muster geben, aber für mein ungebildetes Auge sehen sie aus wie Spielereien der Schöpfung, wie Phantasiegebilde, erfunden aus purer Freude am Erfinden. Die Zeit verging unbemerkt, eine Stunde, drei Stunden, das Wasser trug mich, und ich war verzaubert. Durst trieb mich schließlich an Land. Bereits als ich durch den Garten zu meinem Zimmer zurückstieg, spürte ich die Hitze in mir. Ein Blick über die Schulter in den Badezimmerspiegel zeigte mir, daß meine Haut vom Hals bis zu den Fersen feuerrot leuchtete.

Verbrennungen beschreibt man in Graden. Ich weiß nicht, welchen Grad ich erreicht hatte, aber ich war gehörig verbrannt. Flach auf dem Bauch liegend schluckte ich Aspirin gegen das Fieber und Vitamin A, wie es die englische Hausdame mir empfahl; und von Zeit zu Zeit begoß ein kleines afrikanisches Zimmermädchen meinen brennenden Körper mit Essig. Ich hatte Schmerzen und war über mich verzweifelt. Irgendein Mechanismus, den ich mir in Form einer Handbremse vorstellte, ohne Zweifel wegen meiner in letzter Zeit engen Beziehungen zu Autos, war ausgefallen. Erwachsene waren mit diesem Mechanismus ausgestattet; er hielt sie von Torheiten ab. Sie setzten ihn unbewußt ein; ohne großes Nachdenken vermieden sie so übertriebene und schwachsinnige Handlungen.

Ich war ein unheilbarer Narr. Ich hatte nicht eine Prise gesunden Menschenverstand. Ich wurde älter, aber nicht weiser.

»Nehmen Sie's nicht so tragisch, meine Liebe«, sagte die englische Hausdame. »Sie sind nicht die erste, der das passiert. Die Ausländer erkennen nicht, wie stark die Sonne hier ist.«

»Aber durchs Wasser?« fragte ich und bemühte mich, nicht zu wimmern vor Selbstmitleid.

»Allerdings, wie Sie es ja selbst entdeckt haben. Am besten geht man mit einem T-Shirt ins Wasser, wenn man vorhat, länger drin zu bleiben. Und setzen Sie einen Hut auf, wenn Sie am Strand spazierengehen. Sie haben für dieses Klima wirklich nicht die richtige Hautfarbe. Aber macht nichts, die Blasen entwickeln sich schon schön. Sie schälen sich in ein, zwei Tagen, und dann sind Sie wieder topfit.«

Ich werde nie wieder topfit, dachte ich trübsinnig, ich werde mir immer was Neues einfallen lassen, um weiter den Idioten zu spielen. Und in der Zwischenzeit verlor ich wertvolle Tage; meine Nackenmuskeln schmerzten, weil ich den Kopf ständig anhob, um lesen zu können, und falls ich versuchte, meinen Kummer im Alkohol zu ertränken, würde ich wahrscheinlich in Flammen stehen.

Aber obwohl ich es bezweifelt hatte, erholte ich mich und schwamm nun im T-Shirt und trug an dem makellosen Strand in der Morgenkühle und am späten Nachmittag einen Hut. Wenn die Sonne hoch über mir stand, lag ich in meinem angenehmen Zimmer und las Jane Austen, die hier zeigen durfte, was sie wert war. Es gab nicht ein Stückchen Abfall oder ein Kügelchen Öl an dem herrlichen Strand, keine Verunreinigung des Wassers. Es liegt erst fünfzehn Jahre zurück, daß mich das eine wie das andere empört hätte. Aber nun trifft man beides überall an, sogar dort.

Ich stieg widerstrebend ins Flugzeug. Ich hatte mich in das Land und den Himmel, die Fauna und Flora, das Wetter Ostafrikas verliebt. Diese Verehrung der Natur erstreckte sich nicht auf die Menschheit in Afrika oder ihre unterschiedliche Lebensart. Wie ein Liebender wollte ich alles von der Geliebten wissen, aus jedem Blickwinkel, in jeder Stimmung. Ich wollte mit Afrika leben. Überall sonst würde es dem Leben an Leidenschaft fehlen, es wäre ein fader Ersatz. Zehn Monate später kehrte ich an jene Küste zurück und richtete dort meinen neunten ständigen Wohnsitz ein. Diese Aufgabe war so hart, wie sie es immer ist, aber ich ertrug das tägliche Chaos ungewöhnlich hoffnungsvoll. Wenn das Haus erst einmal stand, würde ich die Beine hochlegen – außer zum Gärtnern – und mich ganz dem Glück hingeben. Ich glaubte, ich hätte endlich alles gefunden, was mein Herz begehrt.

Die Liebesaffäre mit Afrika war lang, besessen und unerwidert. Sie dauerte mit Unterbrechungen dreizehn Jahre. Afrika blieb außer Reichweite, mit Ausnahme von Augenblicken der Verschmelzung, wenn ich bei Sonnenaufgang oder Sonnenuntergang am langen, leeren Strand spazierenging oder wenn ich den Nachthimmel betrachtete. Oder später, als ich meinen zehnten ständigen Wohnsitz hoch oben im Rift Valley gebaut hatte und von meinem Zweizimmerhaus auf vier Horizonte blicken konnte, trunken von Weite und Stille. Oder immer dann, wenn ich allein über Straßen im Hinterland fuhr und Afrika mir seine Überraschungen schenkte – die herrlichen umherstreifenden Tiere, die Formen der Berge, die wilden Blumen.

Augenblicke sind nicht genug; wir leben den ganzen Tag; wir können zwischen solchen Augenblicken nicht ins Koma fallen. Ich brauchte eine Arbeit, die mit Afrika zu tun hatte, wie Botanik oder Zoologie oder Geologie oder Landwirtschaft. Zu schreiben war hoffnungslos. Ich kam mir sowohl winzig als auch anmaßend vor, wenn ich den Versuch unternahm, inmitten der Größe dieser Naturwelt zu schreiben, in der alles älter war als die Zeit und ich das jüngste Ding in der Landschaft.

Dann aber störte es mich auch, daß ich die Afrikaner nicht verstand, wenn ich auch nicht erwartete, die geniale Ausnahme zu sein, der einzige Europäer oder Asiate, der fähig war, die Geheimnisse der afrikanischen Seele zu durchdringen. Ich wurde von Unsicherheit gequält, nicht zu verstehen bedeutete, falsch zu verstehen. Afrikaner sind äußerlich (und nur so kannte ich sie) die bestgelaunten Menschen, mit denen ich gelebt habe. Sie lachen leicht und fast ständig über alles, aber ihre Witze sind nicht meine. Die Schranke zwischen uns war jene, die ich schon vor so langer Zeit in China empfunden hatte.

Ich wäre in Afrika selig geworden und wirklich zu Hause gewesen und wäre noch immer dort, wenn ich nur Mowgli oder Tarzan oder eine Giraffe hätte sein können.

Die heiße Liebe ist noch nicht tot. Wenn ich die erste Reise mit Joshua nachzeichne, regen mich die Ortsnamen immer noch auf, und ich sehne mich danach, die Gegenden zu sehen, die ich verpaßt habe. Doch Afrika hat sich verändert, die Politik und der Touristenboom haben viel von dem ruiniert, was ich geliebt habe, und vielleicht bin ich nur gerade so weise geworden, daß ich weiß, wann man aufgibt.

Einen Monat nachdem ich nach London zurückgekehrt war, wo ich meine Zeit damit verbrachte, Afrika nachzutrauern, traf ein Brief von Joshua ein. Er war mit violetter Tinte auf grünes Notizpapier geschrieben, in das oben rechts ein Gänseblümchen eingeprägt war. Joshua muß dieses schöne Papier für diesen besonderen Anlaß gekauft haben. Er schrieb, daß er unsere Safari nie vergessen werde, daß er noch nie im Leben so glücklich gewesen sei und ich ihm Mutter und Vater ersetzen würde.

PAUL THEROUX

Der Internationale Expreß nach Harbin

Ich wollte Harbin erleben, wenn es am typischsten ist, mitten im Winter, hart gefroren. Es liegt in der nordöstlichsten Provinz, die zur ehemaligen Mandschurei gehört. Heute heißt sie Heilongjiang, Land des Schwarzen Drachenflusses. Die Russen nennen diesen Fluß Amur. Er bildet eine der umstrittenen Grenzen zwischen beiden Staaten, und während der letzten zwanzig Jahre kam es hier zu bewaffneten Konflikten und derben Possen, als die chinesischen Soldaten Zwischenfälle provozierten, indem sie die Hosen runterließen und den sowjetischen Grenztruppen ihre nackten Hintern entgegenstreckten.

Ich nahm einen Zug, der zu der Grenzstadt Manzhouli fuhr und dann weiter nach Sibirien, wo er Anschluß an die Transsib hatte. Diesen Weg wählte ich, weil er der schnellste war und weil ich herausfinden wollte, was für Leute weiter in die Sowjetunion fuhren. Dabei stellte ich fest, daß nur sehr wenige die Grenze überquerten. Es ist die umständlichste Strecke nach Moskau, und nach Wladiwostok will ohnehin keiner.

Ich verließ Peking an einem kalten Nachmittag. Der Zug fuhr durch eine schwarzweiße Landschaft – Bäume, Strommasten und Ackerfurchen, die sich vor dem Schnee abzeichneten. Die Gegend sah aus wie ein Stahlstich, und sie wurde immer deutlicher und klarer, als der schmutzige Schnee Pekings in der besseren Luft des chinesischen Hinterlandes in eine leuchtendweiße Schneedecke überging. Ich hatte vor, immer weiter zu fahren, über Harbin hinaus in die im Norden der Provinz gelegenen Wälder. Ich hatte gehört, dort gebe es noch Wildnis, richtige Bäume und Vögel.

Drei dunkelhäutige Hongkongchinesen setzten sich zu mir ins Abteil. Sie froren und trugen dicke Nylonskianzüge, die quietschten, wenn sie gingen oder die Arme bewegten – ein Geräusch, bei dem mir ganz schlecht wurde. In diesem Schlafwagen wimmelte es von Leuten aus Hongkong in quietschenden Skianzügen, die nonstop von Kowloon hierhergefahen waren. Sie waren noch nie in der Volksrepublik gewesen und hatten noch nie Schnee gesehen; sie sprachen sehr schlecht Englisch und überhaupt kein Mandarin. Die meisten Hongkonger, die mir begegneten, waren komplette Provinzler mit lächerlich aufgeblasenem Gebaren. Lag das am Kolonialismus? Sie waren wohlgenährt, ziemlich dümmlich und politisch naiv. In gewisser Hinsicht ähnelte Hongkong dem britischen Mutterland: ein Häufchen dem Festland vorgelagerter Inseln mit einem Einwandererproblem, einer Sprachbarriere und einem rigiden Klassensystem.

»Gehen Sie Ski fahren?« fragte ich.

Sie verneinten; die Skianzüge hätten sie in einem Billigladen an der Causeqay Bay erstanden.

Sie sahen aus dem Fenster auf ein fettes Wollschaf, das an ein paar aus dem Schnee ragenden braunen Stoppeln knabberte. Das Schaf blickte auf und starrte zurück.

Ich wollte wissen, was sie von China hielten.

»Es hinkt dreißig Jahre hinterher«, antwortete einer. Und das aus dem Munde eines Menschen, der in einer der letzten Kolonien der Welt lebte. Politisch gesehen hatte sich Hongkong seit der Zeit der Opiumkriege kaum verändert.

»Dreißig Jahre hinter was?« fragte ich.

Ein Achselzucken. Wahrscheinlich hatte er es irgendwo gelesen.

»Gibt es Ihrer Meinung nach einen Unterschied zwischen einem Chinesen von hier und einem aus Hongkong?«

»Aber ja!« riefen mehrere gleichzeitig und konnten es kaum glauben, daß ich eine so dumme Frage stellte.

Ich ließ nicht locker. »Können Sie einen Chinesen aus Hongkong von einem aus der Volksrepublik unterscheiden?«
»Ja«, sagte einer. Als ich ihn bat, konkreter zu werden, fuhr er fort: »Die Chinesen hier haben grobe Gesichter.«
»Wie sehen denn die Gesichter in Hongkong aus?«
»Sanft.«
Man könne sie hunderprozentig an ihrer Art, zu reden und sich zu kleiden, erkennen. Tja, das wußte sogar ich. Hongkongchinesen waren entweder übergewichtig oder modisch schlank. Sie waren laut, trugen brandneue Kleidung und elegante Brillen. Sie hielten sich für *up to date*, und viele waren richtige Ellbogenmenschen, sehr ungeduldig und fordernd. Sie regten sich übereinander auf und waren Spießer. Viele dieser Eigenschaften resultierten aus ihrem Status als Bewohner einer britischen Kolonie. Das Kolonialsystem ist patriarchalisch. Die Menschen werden wie Kinder behandelt, und wie in einer kaputten Familie werden einige Kinder vorgezogen, andere kriminell oder Rebellen.
Einer meiner Abteilnachbarn war in einen Leitfaden für Handleser vertieft. Vor dem Mittagessen las er mir aus der Hand.
»Das ist Ihre Sternlinie«, sagte er. »Sehen Sie, wie sie sich verzweigt? Sie sind ein sehr gefühlsbetonter Mensch. Das ist Ihre Lebenslinie. Sie werden achtzig oder fünfundachtzig Jahre alt.«
»Verraten Sie mir noch mehr.«
»Kann ich nicht«, sagte er. »Ich bin erst im fünften Kapitel.« Dann widmete er sich wieder seinem Leitfaden.
Das Mittagessen in dem großen dampfenden Speisewagen war eine lärmende Angelegenheit. Die etwa vierzig Reisenden aus Hongkong fanden das Essen ungenießbar und verschwanden verärgert in ihren Abteilen, wo sie sich mit Schokokeksen mästeten. Sie hatten den Fehler begangen, das teure Essen für 20 Yuan zu bestellen. Das für 10 Yuan war besser – kein grätiger Fisch, kein fettes Schweinefleisch, kein Dosenfleisch, nur Gemüse und Suppe. Nachts hielten wir in Shenyang und Changchun, und ich wachte von der Kälte und dem Lärm auf. Die Schaffnerin hatte mir eine

Überdecke und eine Pferdedecke gegeben, doch im Zug zog es sehr. In den Flur war Schnee geweht worden, und sämtliche Fenster waren zugefroren. Als ich die lediglich aus einem Loch im Fußboden des Zugs bestehende Toilette benutzte, schoß ein Dampfstrahl nach oben, als hätte ich auf eine heiße Herdplatte gepinkelt.

Die jungen Männer aus Hongkong zitterten und tranken heißes Wasser. Ich bot ihnen von meinem grünen Tee an (Marke Zhulan, »Ein Tee der alten Könige für Leute mit einem königlichen Geschmack«), doch sie lehnten ab; sie tranken lieber heißes Wasser, das die Chinesen *bai cha* nennen, »weißer Tee«.

Morgens um halb sechs wurde die Tür aufgestoßen, und herein kam die Schaffnerein, knallte eine Thermosflasche mit heißem Wasser auf den Tisch und brüllte: »Aufstehen! Frühstückszeit.« Als sie verschwunden war, machte ich das Licht aus und kroch wieder in mein Bett.

Ein paar Minuten später kam sie zurück. »Wer hat das Licht ausgemacht?« wollte sie wissen und knipste es wieder an. Sie stand schwer atmend in der Türöffnung, aus Nase und Mund drangen Dampfwolken. »Ich will das Bettzeug. Her damit!«

Aber die jungen Männer aus Hongkong waren zu verfroren, um zu gehorchen, und ich sah den Grund nicht ein – wir würden frühestens in vier Stunden in Harbin eintreffen. Es war die alte Leier: Vor unserer Ankunft wollten sie alles verstauen.

»Sie brauchen das Bettzeug«, sagte einer der jungen Männer.

»Vielleicht will sie's waschen«, vermutete ein anderer.

»Nein«, sagte der dritte. »Mir hat mal jemand erzählt, daß sie es nur jeden vierten Tag waschen, auch wenn es vier verschiedene Leute benutzen.«

Später erkundigte ich mich und erfuhr, daß er recht hatte. Deshalb gaben sie jedem Passagier ein frisches Handtuch, das er über das Kopfkissen legen sollte.

Die Schaffnerin kam noch ein paarmal wieder, und schließlich zog sie das Bettzeug wie üblich weg.

In Heilongjiang war die Sonne noch nicht aufgegangen, aber es hasteten bereits Menschen auf verschneiten Wegen durch die Dunkelheit. Ich sah etwa fünfzig schwarze Gestalten durch den Schnee eilen, alle dick vermummt.

Als die Sonne aufging, war der Himmel klar und der Schnee von nordischem Blaßblau. Wir befanden uns nördlicher als Wladiwostok. Auf den nicht geräumten Straßen radelten Leute über Schnee und Eis oder fuhren in von struppigen Pferden gezogenen Wagen. Aus den großen, flachen, schneebedeckten Feldern ragten Stoppeln. Hier war alles Agrarland, während Sibirien weitgehend aus Wald und nicht gerodetem Land bestand. Die Fahrt nach Harbin führte fast ausschließlich durch gepflügte Felder. Der Schnee lag nicht hoch genug, um die Furchen zu bedecken. In einigen Dörfern und Städtchen sahen die Häuser aus wie russische Bauernhütten. Sehr unchinesisch wirkten die in schneereichen Gegenden üblichen steilen Dächer. Vereinzelt gab es große Backsteinhäuser mit mächtigen Schornsteinen, aus denen allerdings kaum Rauch stieg. Der Grund: Selbst in dieser bitterkalten Gegend knausern die sparsamen Chinesen mit Brennstoff und empfinden ein gewisses Vergnügen dabei, in einem kalten Haus zu wohnen. Weshalb Kohle verschwenden, sagen sie sich, wenn man bloß noch eine lange Unterhose überziehen muß?

Die Stadt Harbin sah russisch aus (Kirchen mit Zwiebeltürmen, Villen mit Türmchen und Giebeln, Bürogebäude mit klotzigen Kolonnaden) und strahlte wie viele Städte in sehr alten Ländern eine Art leblose, versteinerte Schäbigkeit aus. Ihre russischen Verzierungen lagen unter Schichten von Ruß und gefrorenem Matsch. Hier und da sah man ein japanisches Dach, chinesische Ministerien oder Standbilder – meist scheußliche Gebilde, nicht nur eigenartig proportioniert, sondern auch noch mit langen, knorrigen Eiszapfen behangen. Frühmorgens gefiel mir die Stadt am besten, glitzernd im Reif, der kleine stecknadelgroße Prismen auf ihr häßliches Gesicht zauberte.

Viel älter als hundert Jahre war Harbin nicht. Der russische Zar hatte das kleine Fischerdorf in einen Eisenbahnknotenpunkt verwandelt, als er in den neunziger Jahren des letzten Jahrhunderts der dekadenten Qing-Dynastie die Erlaubnis abgerungen hatte, eine Abkürzungsstrecke nach Wladiwostok durch die Mandschurei zu bauen. Die Stadt wuchs, und die diversen Bahnverbindungen blieben auch nach dem Russisch-Japanischen Krieg (1904/05) und nach der russischen Revolution in Betrieb. Die Präsenz der Japaner war unübersehbar – ihre geplante Eroberung Asiens hatten sie hier begonnen –, doch ihr Marionettenstaat Mandschukuo existierte nur von 1932 bis 1945, da nach dem Zweiten Weltkrieg die Russen ihren Einfluß wieder geltend machten. Es war immer Harbins Stolz gewesen, daß man mit der Bahn nur neun Tage von Paris entfernt war; hier trafen also die Moden, die Musik und die neuesten Zeitungen viel eher ein als in Schanghai. Wegen der transsibirischen Verbindung mit Paris gelangten in den zwanziger Jahren Striptease, Charleston und Dixieland-Jazz über Harbin nach China.

Die Zeiten hatten sich geändert. Harbins Partnerstadt war heute Edmonton, Provinz Alberta. Wenn man sich Harbin ansah, kam einem das naheliegend vor. Ihre Strenge, ihre finsteren und nüchternen Nächte erinnerten an eine entlegene Stadt in Kanada. Allerdings witzeln und schimpfen die Kanadier über die Kälte. In Harbin und ganz Heilongjiang sprach niemand außer den Auswärtigen darüber; die jedoch pausenlos.

Ich hatte ein Thermometer mitgebracht, um den Leuten nicht mit Fragen nach der Temperatur auf die Nerven zu fallen, doch das verfluchte Ding zeigte nur bis zum Gefrierpunkt an. Als ich es zum erstenmal ins Freie mitnahm, rutschte die rote Flüssigkeit im Röhrchen ganz nach unten, wo sie zu einem Kügelchen schrumpfte. Ich mußte also doch fragen. Es war vormittags: minus neunundzwanzig Grad Celsius bei gleißendem Sonnenschein. Nachts würde die Temperatur um zehn Grad sinken.

Ich trug Fäustlinge, lange Unterhosen, Thermostiefel, einen Hut mit Ohrenklappen und zwei Pullover unter meiner Lederjacke. An einem lähmend kalten, bewölkten Tag zog ich noch mehr an, nämlich alle Kleidungsstücke, die ich dabeihatte; ich verwandelte mich in einen großen wattierten und aufgedunsenen Tölpel und fror trotzdem dermaßen, daß ich gelegentlich ins Hotel laufen mußte, wo ich auf und ab hüpfte. Die Chinesen waren gut eingepackt, und einige trugen Gesichtsmasken, doch an den Füßen hatten viele nur Stoffschuhe mit Gummisohlen. Warum fielen ihnen die Füße nicht ab? Sie waren begeisterte Anhänger dicker gestrickter Unterhosen, wodurch sie Elefantenbeine bekamen, die in merkwürdigem Kontrast zu ihren mageren verfrorenen Gesichtern standen.

Aus mancherlei Gründen wuschen sie sich nicht, der wichtigste war, daß sie weder heißes Wasser noch Badezimmer hatten. Es störte nicht weiter: Gerüche fallen in kalten Gegenden selten auf. Selbst in den Häusern legten sie Hüte und Mäntel nicht ab, nicht einmal beim Essen. Der Grund lag auf der Hand. Die Heizung war auf das absolute Minimum heruntergedreht – gemäß der maoistischen Doktrin des Brennstoffsparens. Heizung und künstliches Licht galten als Luxus, wenn sie nicht zur Produktion von Roheisen oder Baumwollstoff dienten. Durch das unablässige Tragen von Mänteln und Hüten drinnen wie draußen hatten sie sich einige üble Angewohnheiten zugelegt. Die schlimmste war, daß sie anscheinend nie die Türen schlossen. Wohin man auch kam, stand eine Tür offen, durch die wie ein Messer der schneidende Wind fuhr.

In meinem Hotel war es so kalt, daß ich immer drei oder vier Schichten Kleidungsstücke übereinander trug. Es hieß Hotel Schwan – für mich war es der frierende Schwan. In der Eingangshalle gab es einen Steingarten und einen Zierteich, aber die Fische waren erfroren und die Pflanzen starr und braun. Mandschus und Han-Chinesen saßen in dicken Mänteln und Pelzmützen auf Sofas in der Halle, rauchten und brüllten. Ich erfuhr, in Harbin gebe es ein wärmeres Hotel, das »International«, doch in Heilongjiang schien es allen herzlich egal zu sein, ob ein Hotel geheizt war oder nicht. Der ganze Stolz der Hotels war ihre Küche, und sie wetteiferten miteinander, indem sie Gerichte anboten wie gegrillte Bärentatze, zerkleinerte Elchnase mit Pilzen, mongolischen Pfeffertopf, weiße Pilzsuppe, Affenbeinpilze und Fasanschaschlik.

Ich traf am Heiligabend ein, am russisch-orthodoxen Heiligabend; das erste Wochenende im Januar. Ich besuchte eine der Kirchen, wo ein zitternder schnauzbärtiger Mann – möglicherweise Russe, jedenfalls kein Chinese – Kiefernzweige um die heiligen Bilder und Statuen drapierte. Das Kircheninnere sah trist aus, und es war sehr kalt. Am nächsten Tag fand ein Weihnachtsgottesdienst statt, zwanzig Menschen sangen und zündeten Kerzen an. Alle waren Russen, die meisten davon alte Frauen. Sie wirkten wie frühe Christen, wurden aber allem Anschein nach nicht verfolgt. Verdrießlich nahmen sie an dem Gottesdienst teil und wollten anschließend nicht mit mir sprechen, sondern verdrückten sich in dem eisigen Schnee.

Selbst im Januar finden die meisten Veranstaltungen im Freien statt. Bei minus dreißig Grad wird der Markt unter freiem Himmel abgehalten. Die Leute flanierten, kauften gefrorene Lebensmittel (Melone, Fleisch, Brot) und schleckten Eiskrem. Letzteres war die beliebteste Leckerei in Harbin – Vanilleeis, um genau zu sein. Die zweitbeliebteste waren kirschgroße Weißdornbeeren, die sie, mit klebrigen rotem Zeug übergossen, auf Zweige spießten. Die Händler waren lustige Burschen, die Lumpen um die Gesichter gebunden hatten und Fäustlinge und Pelzmützen trugen. Selbstredend verbrachten sie den ganzen Tag im Freien, und wenn sie mich sahen, kicherten sie und riefen: »He, Althaar!« So nannte man in Harbin hellhaarige Ausländer (*lao mao zi*), weil in China nur alte Menschen helle Haare haben. Für Russen gibt es einen Spezialausdruck: »Hellhaare zweiter Klasse« (*er mao zi*).

Ein paar Tage nach meiner Ankunft begann das Winterfestival von Harbin. Es war ein Trick, um Touristen in diesen Kühlschrank zu locken, doch der Trick war gut. Das Fest ist weitgehend eine Ausstellung von Eisskulpturen. Der chinesische Ausdruck *bin deng* ist präziser: Er bedeutet »Eislaterne«, und tatsächlich waren in den meisten Eisskulpturen Glühbirnen eingefroren. Die ganze Stadt Harbin nahm an dem Ereignis teil. Ein Bildhauer stapelte Eisblöcke um einen Laternenpfahl, die er dann so lange bearbeitete, bis sie einer Pagode, einer Mondrakete oder einem Menschen ähnelten. An jeder Straßenecke stand eine Eisskulptur: Löwen, Elefanten, Flugzeuge, Akrobaten, Brücken, einige zehn oder zwölf Meter hoch. Doch die aufwendigsten standen im Volkspark, wo man an die vierzig Hektar damit bestückt hatte. Es gab dort nicht nur eine Chinesische Mauer aus Eis, sondern auch eine kleine Ausgabe des Tadsch Mahal, einen einstöckigen chinesischen Pavillon, ein riesiges Auto, einen Trupp Soldaten, einen Eiffelturm und noch etwa vierzig weitere Exponate, alle aus Eis geformt, in das man vorher Leuchtstoffröhren eingefroren hatte. Wegen der Beleuchtung mußte man sich die Eisskulpturen nachts ansehen – bei minus vierzig Grad. Doch das störte keinen. Die Leute rutschten aus und fielen hin, schleckten Eiskrem und bestaunten die unvergleichlichen Exemplare tiefgefrorenen Kitsches. »Die Russen haben diese Eisskulpturen eingeführt«, sagte mir ein Japaner. »Es ist keine alte chinesische Kunstform. Aber den Chinesen gefielen sie, und sie bekamen raus, wie man sie macht. Und die Idee, sie von innen zu beleuchten, stammt von ihnen.«

Herr Morioka mit seiner Schottenmütze war aus sentimentalen Gründen nach Harbin zurückgekehrt. Er sagte, man müsse im Winter kommen, um das echte Harbin zu erleben. Leider trauten sich nur so wenige Ausländer in den Wintermonaten hierher. Ich sagte, das könne unter Umständen mit der gemeinen Kälte zusammenhängen.

»Aber ja!« sagte er. »Ich war in den dreißiger Jahren hier, als Student. Es war ein herrlicher Ort, voller verarmter russischer Adeliger. Einige brachten Schmuck mit und verkauften ihn hier, um zu überleben. Ein paar lebten stilvoll in den Villen, die Sie in der

Stadt sehen. Doch die meisten Russen waren völlig mittellose Emigranten. Die Stadt war fest in japanischer Hand.«

Wir schlenderten durch den Eisskulpturenpark, durch einen Eistunnel, über die Hauptstraße eines Eisdorfes und vorbei an einem Eislöwenpaar.

Herr Morioka sagte: »So wir ihr euch nach Paris gesehnt habt, haben wir uns nach Harbin gesehnt.«

»Wir haben uns nach Sex und Liebeleien in Paris gesehnt«, sagte ich.

»Was glauben Sie, was wir in Harbin hatten? Hier gab es Stripperinnen, Nachtklubs, die neuesten Trends – Bücher, Lieder, alles. Für uns war es wie Europa. Darum sehnten sich unsere Jungs nach den hellen Lichtern von Harbin.«

Ich hielt das für eine sehr eigenartige Beschreibung dieses chinesischen Kühlschranks, aber er sprach natürlich von Mandschukuo, dem Land der Mandschu, beherrscht und betrieben von den Söhnen Nippons.

»Die Stripperinnen waren Russinnen, das war die Attraktion. Einige waren einmal ganz groß herausgekommen, hatten aber dann Pech gehabt. Sie traten also im Kabarett auf, sie tanzten ...«

Bei diesen Worten sah ich einen Raum voller lüsterner Japaner vor mir, die wie erstarrt und mit offenen Mündern ein Paar wakkelnde russische Brüste anglotzten.

»...übrigens sind russische Frauen sehr schön, bis sie um die dreißig sind«, fuhr Herr Morioka fort. »Tolle Frauen, wirklich. Glauben Sie mir, es waren Aristokratinnen darunter, Ich weiß noch, wie mir eine Varietésängerin erzählte, sie sei in Rußland auf rauschende Feste und elegante Bälle in Landhäusern gegangen.« In einem Nachtklub in Harbin seien achtzig Prozent der Kunden Japaner und zwanzig Prozent reiche Chinesen gewesen. »Fast keine Russen«, sagte er. »Sie konnten sichs nicht leisten. In Schanghai waren es in den Dreißigern je zur Hälfte Japaner und Chinesen.«

Ich hätte gern noch ein wenig mit ihm geplaudert, aber meine

Füße waren so kalt, daß ich allen Ernstes Erfrierungen befürchtete. Ich entschuldigte mich und sagte, ich müsse den Park verlassen und mich an einen wärmeren Ort begeben.

»Viel mehr gibt es auch nicht zu erzählen«, sagte er. »Das alles endete 1945, als die japanische Front zusammenbrach. Die russischen Soldaten, alles ehemalige Kriminelle und Gefängnisinsassen, kannten keine Gnade. Sie übernahmen die Stadt, vergewaltigten und mordeten. Doch das ist eine andere Geschichte.«

In dem am Fluß gelegenen Stalin-Park gab es noch mehr Eisfiguren und Eismonumente – Mauern, Zäune, Löwen, Türmchen und vor allem Schlittenbahnen bis hinunter zum Fluß Songhua. Dort gab es Boote aus Eis mit Segeln und Kufen und von Pferden gezogene Schlitten. Kaum jemand fuhr damit, keiner hatte das Geld. Doch jede Menge Leute schürften sich die Knöchel in der aus Eisblöcken gebauten, sich um einen Turm windenden spiralförmigen Rutschbahn auf.

Dabei kam mir der Gedankte, daß sich in China wohl keine ausländische Versicherungsgesellschaft niederlassen würde. Wer sollte diese Leute versichern? Bei den Eisskulpturen schlitterte ein Mann. Er rutschte aus, schlug sich den Kopf auf und wurde in den Schnee geschleppt, wo er bewegungslos liegenblieb. Dies war ein Land der bloßliegenden Kabel und der Schlaglöcher, in dem Touristen in Aufzugschächten verschwinden. Die Schadenersatzforderungen von Touristen an den China International Travel Service erreichen mittlerweile astronomische Höhen. Die durchschnittliche chinesische Fabrik ist eine Todesfalle, und doch werden unbekümmert Führungen für Besucher durchgeführt, vorbei an Maschinen, die sich in die Haare krallen und einen ins Auge pieken, vorbei an klaffenden Löchern im Boden, an Pfützen voller giftiger Substanzen und knisternden Hochöfen. Schutzhelme sind unüblich, und ich sah nur wenige Schweißer mit Masken.

Mein Hotel war zwar sehr kalt, aber auch sehr gastfreundlich. Es war sogar so freundlich, daß ich mißtrauisch wurde – wie in der Geschichte, in der man so überschwenglich mit Handschlag be-

grüßt wird, daß man den Mann für einen Taschendieb hält. Ich wohnte im elften Stock. *Willkommen auf unserem Stockwerk!* stand auf Schildern. Das war höchst ungewöhnlich. *Gute Gesundheit!* wünschten andere, und auf vielen stand: *Wohlstand und ein langes Leben!*
Ich fragte den Hoteldiener, was los sei. Er grinste nur und sagte: »Willkommen auf unserem Stockwerk!«
»Warum heißen Sie mich auf Ihrem Stockwerk willkommen?«
»Ich möchte, daß Sie sich wohl fühlen.«
»Mich hat in China noch keiner auf einem Stockwerk willkommen geheißen.«
»Es ist ein sehr gutes Stockwerk.«
Daß er es so betonte, machte mir angst. Daher forschte ich genauer nach und fand heraus, daß in diesem Hotel vor einem Jahr bei einem Brand zwei Menschen umgekommen waren. Das elfte Stockwerk war komplett ausgebrannt. Verursacher des Feuers war ein amerikanischer Geschäftsmann, der, so hieß es, im Bett geraucht hatte. Er wurde festgenommen und eine ganze Zeit in einem Hotel festgehalten, weil seine Firma sich weigerte, die von den Chinesen verlangten siebzigtausenden Dollar Schadenersatz zu zahlen. Nach dem Brand ergriff man keinerlei Sicherheitsmaßnahmen. Keine Feuerleitern, keine Rauchmelder, kein feuerfestes Mobiliar. Man hatte lediglich Hunderte von Pappschildern gedruckt, die nun in jedem Hotelzimmer hingen. Darauf stand: *Rauchen im Bett verboten.*
Eines Tages traf ich in Harbin einen Kanadier, der mir zu meiner Überraschung gestand, er sei gern hier. Er hieß Scotty. Natürlich kam er aus Edmonton, der Partnerstadt.
»Ich bin aber der einzige Edmontonier hier«, sagte er.
Er war ein untersetzter fröhlicher Mensch und zum erstenmal in China. Seine Popularität konnte er kaum fassen. Er war zu einem Bankett bei dem Gouverneur gewesen und hatte mehrere hohe Parteifunktionäre der Provinz kennengelernt. Er war Aufseher einer Stahlschmiede mit einem Zweijahresvertrag und wahrscheinlich nahe daran, sich als unentbehrlich für die Zukunft

der chinesischen Industrie zu betrachten. »Es läßt sich schwer beschreiben«, sagte er, »aber ich bin eine Art inoffizielle Berühmtheit.«

»Hoffentlich hält das an«, sagte ich. Wie man von Ausländern lernen solle, hatte Feng Gui-fen, ein Berater von Politikern, Lehrer und Verfechter von Reformen, schon im 19. Jahrhundert formuliert. Für ihn waren alle Ausländer Barbaren, aber man müsse sie benutzen, um verschiedene mechanische Fertigkeiten (vor allem Schiffsbau und Büchsenmacherei) zu erlernen. »Man sollte einige wenige Barbaren beschäftigen«, sagte er, »und geistig rege Chinesen auswählen, die sich ausbilden lassen, damit sie wiederum viele Handwerker unterrichten.« Und weiter: »Wir sollten die Werkzeuge der Barbaren übernehmen, aber nicht ihre Sitten. Wir sollten sie benutzen, um sie zu verjagen.« Dies ist weitgehend auch heute noch die Auffassung der chinesischen Regierung und der Grund dafür, daß sich so viele sogenannte ausländische Experten in China aufhalten. Ein ausländischer Experte ist ein Barbar mit einer Fähigkeit, die er weitergeben kann, aber er sollte nie den Fehler begehen zu glauben, er könne sich auf einen zeitlich unbegrenzten Aufenthalt einrichten. Experten sind in China, um benutzt zu werden, und wenn sie nicht mehr gebraucht werden, schickt man sie nach Hause.

Ich wollte von Scotty wissen, ob er Heimweh habe. Er sagte, er sei erst seit vier Monaten in Harbin, also noch nicht lange genug. »Meiner Frau fehlen die Einkaufsmöglichkeiten, und sie findet ihre Küche furchtbar«, sagte er. »Ich? Mir fehlt das Rindfleisch. Hier gibt's keins.«

Das war mir noch nicht aufgefallen, aber meistens mußte man sich sagen lassen, was in einer chinesischen Speise enthalten war. Die Chinesen schafften es, auch über die auffälligsten Bestandteile einen kulinarischen Schleier zu breiten.

»Wie ist Ihre Stahlschmiede?« fragte ich.

»Altmodisch«, antwortete Scotty. »Also muß ich hart durchgreifen. Ich sag's Ihnen, wie's ist: Ich bin hart. Das muß ich sein, um die

Qualität zu steigern. Heute zum Beispiel: Was hab ich getan? Eine ganze Lieferung im Wert von zwanzigtausend US-Dollar zurückgehen lassen. Die waren ganz schön beunruhigt.«

»Warum haben Sie die Lieferung zurückgehen lassen?«

Plötzlich berichtete Scotty ganz begeistert von seiner Arbeit, und ich gewann die Überzeugung, daß er der ideale Mann war, um in China zu arbeiten: ein harter Arbeiter mit Grundsätzen. Er kam mir nicht wie ein Mensch vor, der sich gern von Dummköpfen umgeben sah. Falls sie ihn einen Barbar nannten, würde er das Kompliment mit Vergnügen zurückgeben.

»Auf jedes Stück Stahl muß eine Wärmenummer aufgedruckt sein. Auf diesen Teilen stand keine. Ich hab sie einfach zurückgeschickt.« Mit boshaftem Lächeln ergänzte er: »Irgendwann werde ich die Lieferung abnehmen, wenn wir die Nummer draufhaben. Aber das wissen sie nicht. Es ist mein Geheimnis. Sollen sie ruhig eine Weile schmoren und über den Fehler nachdenken.«

Wir unterhielten uns eine Weile über Rohrflansche. Es stimmt zwar, daß Rohrflansche nicht viel an sich haben, was die Phantasie beflügelt, aber wir befanden uns in einem der gut geheizten innerstädtischen Hotels. Bei minus achtunddreißig Grad im Freien ist es angenehm, in einem warmen Gebäude zu stehen und sich mit einem dicken Kanadier über Rohrflansche zu unterhalten. Während der ganzen Zeit in Harbin versuchte ich, eine Reise nach Norden in die abgelegensten Gebiete Heilongjiangs zu organisieren. Ich hatte nicht gewußt, daß Ausländer Langxiang, meinen Zielort, nicht betreten durften. Aber ich ließ den Zuständigen keine Ruhe. Ich sagte, ich würde mich gut betragen und nicht lange bleiben. Sie versprachen, meinen Antrag zu prüfen.

In der Zwischenheit streifte ich durch die Geschäfte. Ich kaufte Handschuhe, aber keinen Pelzhut. Was für herrliche Pelze (Hermelin, Zobel, Fuchs, Nerz), was für abscheuliche Hüte und Mäntel. Und wie entsetzlich, daß ein Hirsch sterben mußte, damit man aus seinem edlen Geweih Knöpfe für Tantchens alten Man-

tel machte. Im Antiquitätenladen von Harbin fand ich eine Kugel aus Elfenbein. »Das ist eine uralte Schnitzerei«, sagte der Verkäufer.
»Stellt die Erde dar.«
»Unmöglich.«
Woher ich wußte, daß es keine uralte chinesische Darstellung der Erde sein konnte? Weil die Chinesen bis zirka 1850 glaubten, die Erde sei flach. Es war eine russische Billardkugel aus der Vorkriegszeit, aber ich kaufte sie trotzdem.

MALCOLM LOWRY

Mexikanischer Alptraum

An A. Ronald Button
Dollarton, B.C.,Kanada
15. Juni 1946

Das folgende ist eine Darstellung der Dinge, die meiner Frau und mir in Mexiko zugestoßen sind; wo immer möglich, belegt durch Daten, Namen und Ortsangaben. Ich bin ein in Kanada wohnhafter Engländer. Meine Frau ist Amerikanerin. Wir verließen Kanada am 28. November 1945 und flogen mit United Air Lines nach Los Angeles, um in Hollywood, Kalifornien, 1643 Queens Road, die Mutter meiner Frau, Mrs. J.S. Bonner, sowie ihre Schwester und ihren Schwager, Dr. und Mrs. E.B. Woolfan, zu besuchen. Wir beabsichtigten, von dort weiter nach Mexiko zu fahren, um dort des Reisens und der Gesundheit wegen den Winter zu verbringen. Im mexikanischen Konsulat in Los Angeles erhielt ich, nachdem ich den Antrag gestellt und die erforderlichen vierundzwanig Stunden gewartet hatte, ein Visum in meinen englischen Paß, und wir beide bekamen Touristenkarten. Letztere waren gültig bis zum 10. Juni, aber wir hatten zu dieser Zeit vor, nicht später als Ende April nach Kanada zurückzukehren. Ich führte zwei Pässe bei mir; meinen alten, der Ende Dezember auslief, in den ich aber mein amerikanisches Visum – Gültigkeitsdauer ein Jahr – vom amerikanischen Konsulat in Vancouver, B.C., Kanada, erhalten hatte; und meinen neuen, den ich mir beim britischen Konsulat in Los Angeles beschafft hatte und in den ich das Visum für Mexiko erhalten hatte. Wir hatten außerdem meine Geburtsurkunde dabei, die Geburtsurkunde meiner Frau, die sie als amerikanische Bürgerin auswies, unsere Heiratserlaubnis sowie Briefe von unserer Bank in Vancouver. Im mexikanischen Konsulat in Los Angeles legte ich meine beiden Pässe vor und erklärte, daß ich schon einmal, vom November 1936 bis Juli 1938, in Mexiko gewesen war. Ich war mir gar nicht sicher, ob ich, als Engländer, mich nicht noch weiteren Formalitäten unterziehen mußte; mir wurde jedoch versichert, daß alle Vorschriften erfüllt wären und alles in Ordnung sei.

Nach dem Besuch bei der Familie meiner Frau flogen wir mit American Airlines ab und kamen ungefähr am 12. Dezember 1945 in Mexico City an. Einige Tage später reisten wir nach Cuernavaca, Morelos, ab, wo wir in der Calle de Humboldt 24 eine Wohnung mieteten, deren Eigentümerin Sr.a Maria Luisa Blanco de Arriola ist. In dieser Wohnung in Cuernavaca lebten wir, abgesehen von einigen Ausflügen nach Oaxaca, Puebla, Tlaxcala usw.

An dieser Stelle sind gewisse Erklärungen notwendig. Ich hatte einen in Mexiko spielenden Roman geschrieben mit dem Titel *Unter dem Vulkan*, der von meinem Verleger Jonathan Cape in London faktisch angenommen worden war (Belege später). Ein zusätzlicher Grund, der für diese Reise sprach, bestand darin, daß ich dadurch die Gelegenheit bekam, falls nötig das idiomatische Spanisch in jenem Buch zu korrigieren und womöglich ein paar Notizen für ein freundliches Vorwort über Mexiko zu machen. Nicht als ob das Buch als unfreundlich aufgefaßt werden sollte: im Gegenteil: Andererseits spürte ich aber, daß es in Mexiko mißverstanden werden könnte, da darin viele verschiedene Meinungen reflektiert werden – was nicht überraschen kann, da dieses Land als ein Symbol für die Welt selbst gebraucht wird. Aber es bestand kein politischer Vorsatz, das muß gesagt werden, und wenn, dann nur ein demokratischer: tatsächlich überhaupt kein Vorsatz, außer vielleicht einem moralischen. Auf unseren Touristenkarten gaben wir unseren Beruf als Schriftsteller an (escritos), aber wir reisten als Touristen ein und blieben Touristen, ohne die Absicht, in Mexiko zu »arbeiten« oder mit irgendeiner dort geleisteten Arbeit Geld zu verdienen, und in der Tat haben wir während unseres Aufenthalts nicht gearbeitet, wenn man von ein paar Notizen absieht.

Am Freitag, dem 8. März, verließen wir Cuernavaca nach einigen glücklichen Monaten für einen weiteren kurzen Ausflug und kamen, nach Zwischenstationen in Taxco und Iguala, am Sonntag, dem 10. März 1946, in Acapulco an. Wir wohnten im Hotel Quinta Eugenia, Caleta Beach. Am folgenden Donnerstag (14. März) kamen zwei Männer von der Einwanderungsbehörde ins Hotel und verlangten, unsere Papiere zu sehen. Ich weise darauf hin, daß Acapulco ein Einfahrtshafen ist und als Folge davon sämtliche Namen von Touristen dieser Behörde selbstverständlich gemeldet werden. Während ich die Reservierungen usw. vorgenommen hatte, hatte meine Frau die Koffer gepackt, und da wir nur höchstens eine Woche wegbleiben wollten und sie fürchtete, bestohlen zu werden (uns war bereits einiges gestohlen worden), hatte sie unglücklicherweise unsere Papiere in der Wohnung in Cuernavaca gelassen. Ich brauche nicht zu sagen, daß ich aus Erfahrung wußte, wie wichtig es ist, seine Papiere bei sich zu haben, wenn man im Ausland herumreist. Jedoch veranlaßte uns eine neue Politik des Wohlwollens gegenüber Touristen, die im Bundesstaat Morelos (zumindest oberflächlich) praktiziert wurde, unser Versäumnis nicht sehr ernst zu nehmen. Seit wir uns am Flughafen in Mexico City angemeldet hatten, waren wir nicht mehr nach unseren Papieren gefragt worden. Übrigens glaube ich auch nicht, daß es illegal ist, seine Papiere nicht bei sich zu haben, solange man sie an seinem Wohnsitz hat. Wir erklärten daher den Männern von der Migración, wo sich unsere Papiere befänden, und fragten sie, was denn anstünde. Sie bedeuteten uns, daß wir in Acapulco, und zwar im Hotel, bleiben müßten, bis sie unsere Touristenkarten in Mexico City überprüft hätten; sie würden noch heute in dieser Sache ein Telegramm abschicken. Sie sagten mir ferner, daß noch eine unbezahlte Geldbuße in Höhe von fünfzig Pesos gegen mich vorliege, weil ich 1938 meine Aufenthaltserlaubnis überschritten hätte; außerdem hätten sie – offensichtlich war ihnen nicht klar, daß ich das Land im Juli 1938 verlassen hatte, denn sie hätten diese Buße bis 1943 verfolgt – in ihren Akten einen Brief des Inhalts, daß ich Mexiko nicht ohne Erlaubnis des Chefs der Einwanderungsbehörde betreten dürfe. Von diesem letzteren gerichtlichen Verbot wußte ich überhaupt nichts. Zu der 50-Peso-Geldstrafe für die Überschreitung meiner Aufenthaltsgenehmigung muß ich jetzt eine weitere Erklärung abgeben.

Im November 1936 war ich zum erstenmal in Mexiko. Ich war mit einem Schiff in Acapulco angekommen und zu Anfang des Frühjahrs 1938 wieder nach Acapulco zurückgekehrt. Da ich damals den Status eines »rentista« (Rentner) besaß, war mir mein ursprüngliches Visum oder Papier oder was auch immer bereits mehrmals verlängert worden, aber als ich nun eine weitere Verlängerung beantragte, habe ich, soweit ich mich erinnere, den falschen Rat erhalten, daß ich diese in Acapulco bekommen könnte, da dies mein ursprünglicher Einfahrtshafen gewesen sei; außerdem hatte ich vor, von dort mit der Panama Pacific Line abzureisen. Ich suchte also um diese Verlängerung nach und erhielt dann nach vielen Verzögerungen den Bescheid, daß ich nach Mexico City fahren müsse, um sie mir dort zu holen. Höchstwahrscheinlich spielten hier noch andere Umstände mit, die ich vergessen habe: ich erinnere mich vage daran, daß Panama Pacific plötzlich den Betrieb ihrer Schiffe eingestellt hat, und zwar zu einer Zeit, als ich Mexiko noch innerhalb des bereits bewilligten Zeitraums hätte verlassen können. Entweder war es das, oder das Eintreffen meines Geldes vom American Express in New York hatte sich verzögert. Jedenfalls bin ich nach Mexico City gefahren, in Begleitung des damaligen Chefs der Einwanderungsbehörde in Acapulco, dessen Fahrgeld ich nach und vermutlich auch zurück von Mexico City bezahlt habe und ferner sein Hotelzimmer im Biltmore Hotel und diverse andere Ausgaben. Inzwischen hatte ich meine Aufenthaltserlaubnis um nicht mehr als ein paar Tage überschritten, denke ich. Das kann ich jedoch nicht beschwören. In Mexico City ging ich mit jenem Chef der Migración – einem Mann namens Guyou (an die genaue Schreibweise kann ich mich nicht mehr erinnern) – ins Hauptbüro der Einwanderungsbehörde in der Bucarelli St. und erhielt, nach meinem besten Wissen, eine weitere Verlängerung um sechs Monate. Jedenfalls habe ich Mexiko mit Sicherheit innerhalb der neu gesetzten Frist verlassen, ohne daß ich mich irgendwelcher weiteren Schwierigkeiten mit meinen Papieren erinnern könnte, wenn ich auch andere, hauptsächlich persönliche Schwierigkeiten hatte. Meine erste Frau war im Dezember 1937 nach Amerika zurückgekehrt, und ich war immer noch ziemlich krank – eine Folge von Dysenterie, Malaria und Gelenkrheumatismus. Außerdem hatte es, auf Grund meiner Wohnungswechsel oder anderer Mißverständnisse, einige Verwirrung über das an mich zu überweisende Einkommen gegeben, und als Folge davon war ich ein wenig in Schulden geraten. Meine Eltern, die sich um meine Gesundheit Sorgen machten, stellten mir einen Anwalt zur Verfügung, über den mir mein Einkommen gezahlt wurde, und bevor ich Mexiko verließ, hatte ich sämtliche Schulden in voller Höhe bezahlt. Ich bin sicher, daß, wenn mir irgendeine Strafe auferlegt wurde, diese zu diesem Zeitpunkt bezahlt war – tatsächlich *muß* sie das gewesen sein, sonst hätte ich das Land bestimmt nicht verlassen dürfen. Ich verließ Mexiko im Juli 1938 und wurde in Nogales nach Amerika hereingelassen. Ich wiederhole, daß mir von irgendeiner unbezahlten Geldbuß oder einem diesbezüglichen Schreiben des Chefs der Migración nichts bekannt war. Ganz und gar nicht daran denkend, daß dort irgend etwas gegen mich vorliegen könnte, beantragte ich dann 1946 in gutem Glauben mein Visum und die Touristenkarte für Mexiko, die ich auch, wie gesagt, vom mexikanischen Konsulat in Los Angeles erhielt.

Um auf Acapulco und meine Darstellung der dortigen Geschehnisse im März 1946 zurückzukommen: meine Frau, deren Gesundheitszustand noch immer nicht zum besten stand, und ich gingen täglich zur Einwanderungsbehörde und warteten dort mehrere Stunde, ohne daß jedoch eine Nachricht aus Mexico City eintraf. Inzwischen zerbrach ich mir den Kopf, um herauszufinden, ob womöglich noch irgend etwas anderes jenen gerichtlichen Beschluß gegen mich bewirkt haben könnte, und mir fiel folgendes ein: 1937 hatten meine erste Frau und ich eine Bürgschaft als »rentistas« gestellt. Dies war hauptsächlich von ihr und einem Freund erledigt worden, und als sie 1937 abreiste, nahm sie die diese Bürgschaft betreffenden Papiere mit sich. Soweit ich weiß, habe ich mich 1938 in Acapulco noch innerhalb der Laufzeit dieser Bürgschaft befunden, und ich glaube kaum, daß mir eine Verlängerung bewilligt worden wäre, wenn diese Bürgschaft ausgelaufen wäre. Ende 1939 oder Anfang 1940 erhielt ich jedoch in Kanada durch den Anwalt meines Vaters die Nachricht, daß der Mann, der diese Bürgschaft unterzeichnet hätte, ein ganzes Jahr lang von den Behörden mit der falschen Begründung eingeschüchtert worden war, daß ich das Land noch gar nicht verlassen hätte. Um diese Angelegenheit in Ordnung zu bringen, ging ich unverzüglich zu dem amtierenden mexikanischen Konsul hier in Vancouver und führte den Nachweis, daß ich das Land tatsächlich im Juli 1938 verlassen hatte; dieser Nachweis wurde an die zuständigen Behörden weitergeleitet, damit sie aufhörten, diesen Mann einzuschüchtern, an dessen Namen ich mich jetzt nicht erinnern kann. Ferner bin ich mir sicher, daß, falls ich ihm irgend etwas geschuldet habe, dies bezahlt worden ist, und zwar aus mir in Amerika zur Verfügung stehenden Geldern, da ich glaube, daß es damals unmöglich war, Geld aus diesem Land herauszuschicken.

In dem Bemühen, die genaue Wahrheit herauszufinden, und die Sache bereinigen zu können, bat ich nun den Unter-Chef der Migración in Acapulco, meiner Frau und mir zu zeigen, was in seinen Akten gegen mich vorliege, und er war großzügig genug, dies zu tun. Er ließ uns aber nur einen kurzen Blick hineinwerfen, und das Spanisch war zu kompliziert, um es so schnell zu erfassen. Ich stellte jedoch fest, daß dort von irgendeiner Bürgschaft gar keine Rede war und daß die Akte hauptsächlich von dem erfolglosen Versuch der Regierung handelte, jene 50-Peso-Geldbuße einzutreiben. Guyou wurde jedoch erwähnt, ebenso meine Fahrt mit ihm nach Mexico City. Ich mußte freilich bemerken, daß die Ausrede, die er für meine Nichtbezahlung der Buße produziert hatte, die ich aber selbstverständlich bezahlt *hatte*, dahingehend lautete, daß ich viel zu *ebriadad* gewesen sei, als daß man mit mir hätte Geschäfte machen können.

Ich brachte jedoch zwei wichtige Tatsachen aus diesen Akten heraus. Erstens, daß der Erlaß, der mir die Wiedereinreise ohne besondere Erlaubnis untersagte, etwa zwei Monate nachdem ich das Land verlassen hatte, also im September 1938, herausgekommen war, wodurch erklärt war, warum dort von dieser Bürgschaft keine Rede war. Konnte man mir doch wohl kaum die Wiedereinreise ohne vorherige Kenntnis davon verbieten, daß ich das Land verlassen hatte, und wenn sie das wußten, welches Recht hatten sie dann dazu, den Unterzeichner meiner Bürgschaft ein Jahr lang mit der Begründung zu verfolgen, daß ich noch in Mexiko wäre? Zweitens, daß als Datum meiner Einreise nach Mexiko fälschlich der September 1936 angegeben war. Tatsächlich war es November 1936: offenbar ein ubeabsichtigter Fehler, der es aber aber gleichwohl so aussehen lassen konnte, als hätte ich meine Aufenthaltserlaubnis um soviel länger überschritten, denn hier wurden mir zwei zusätzliche Monate angerechnet, in denen ich überhaupt nicht im Land gewesen bin. Ich habe all dies so vollständig wie möglich dargestellt, da dies das einzige Mal war, wo ich einen flüchtigen Blick werfen konnte auf das, was angeblich gegen mich vorlag. Als das britische Konsulat nachfragte, ist es nie informiert worden, sondern erhielt lediglich die vage Auskunft, daß es da »einigen Ärger gegeben« habe. Als meine Frau und ich später mit einem Dolmetscher und Zeugen in Mexico City waren, ga-

ben wir uns jede Mühe, wie man noch sehen wird, den Grund für unsere Behandlung herauszufinden, aber da stritt man entschieden ab, daß irgend etwas gegen mich vorläge.
Nun beobachtete ich etwas anderes. Der Unter-Chef der Migración zeigte mir das Telegramm, das er nach Mexico City geschickt hatte und in dem er erklärte, daß wir unsere Touristenkarten usw. nicht bei uns hätten, und um Instruktionen bat. In diesem Telegramm hatte er den Namen meiner *ersten* Frau angegeben: sie sei mit mir hier in Acapulco, obwohl wir ihm die Situation mehrmals erklärt hatten. Meine Frau hatte ihm ihren Namen angegeben und erklärt, daß sie 1938 *nicht* mit mir in Mexiko, ja überhaupt noch nie in Mexiko gewesen sei und daß sie sich 1938 tatsächlich in Los Angeles aufgehalten und von meiner Existenz noch gar nichts gewußt habe. Er erwiderte, daß er in meine alte Akte gesehen und den Namen meiner Frau herausgefunden habe, und wir bräuchten gar nicht erst versuchen, ihm zu erzählen, daß er anders laute. Ich glaube, schließlich haben wir ihn doch von der Wahrheit überzeugt. Er wollte am nächsten Tag nach Mexico City fahren und gab an, daß er selbst diesen Irrtum korrigieren würde. Ich weiß nicht, ob dieser Irrtum auf seiten des Unter-Chefs der Migración in Acapulco jemals aufgeklärt wurde oder nicht, und das trotz wiederholter Bemühungen, denn später, in Mexico City, schien, wenn nicht Sr. Corunna selbst, so doch jemand in seinem Büro immer noch den Eindruck zu haben, daß meine jetzige Frau meine erste Frau sei, die das Land zu irgendeinem dunklen Zweck unter falschem Namen betreten habe; und soweit ich weiß, ist dort nie jemand wirklich vom Gegenteil überzeugt worden.
Am Donnerstag, dem 20. März 1946, kam ein Mann von der Oficina Federal de Hacienda zu uns ins Hotel. Er weigerte sich, in unser Zimmer zu kommen, sondern blieb in der Vorhalle und, nachdem er den Hotelführer und einige der Bediensteten gerufen hatte, forderte uns drohend und mit beleidigenden Ausdrücken und lauter Stimme auf, auf der Stelle die 50-Peso-Geldstrafe zu bezah-

len. Es war sehr schwer, ihn zu verstehen, da er am Ende ziemlich unzusammenhängend wurde, aber schließlich beredeten wir ihn dazu, uns an diesem Nachmittag um vier Uhr im Büro der Touristenbehörde zu treffen, wo jemand wäre, der als Dolmetscher und Zeuge für uns agieren würde. Wir trafen uns daher in diesem Büro, wo der Untervorsteher dieses Büros, Sr. Obregon, für uns dolmetschte und uns sagte, wenn ich nicht auf der Stelle die Geldstrafe bezahlen würde, käme ich ins Gefängnis. Es muß wiederholt werden, daß unsere Papiere und unser Geld noch in Cuernavaca waren; wir hatten für den Ausflug nur eine begrenzte Menge mitgenommen und bereits einiges für Telegramme, Ferngespräche et al. nach Mexico City ausgegeben, um damit diese Angelegenheit zu beschleunigen; unsere Hotelrechnung in Acapulco schwoll ständig an, und jetzt war auch unsere Miete in Cuernavaca fällig; und all dies hatten wir lang und breit erklärt, ohne auf das geringste Mitgefühl für die auf uns zukommende unangenehme Lage zu stoßen. Man sagte bloß immer, morgen werde man zweifellos von Mexico City hören, oder : »Mexico City ist sehr langsam.« Schließlich sagte der Mann von der Hacienda, er würde mir bis Samstag morgen Zeit geben, meine Strafe zu zahlen und als Sicherheit meine Uhr (oder etwas anderes) nehmen. Sr. Obregon, der die ganze Zeit überaus freundlich war, sagte daher, daß, wenn ein solches Vorgehen nötig sei, er selbst die Uhr als Sicherheit nehmen würde; und das tat er auch. Der Chef der Touristenbehörde hatte inzwischen mit der Migración telefoniert und auf unser Ersuchen nach einem Ferngespräch gefragt, das angeblich an diesem Tag in betreff unseres Falles nach Mexico City – auf unsere Kosten –geführt worden sei. Er berichtete, man hätte ihnen in Mexico City erzählt, daß man dort von diesem Fall überhaupt nichts wisse und auch von mir nichts bekannt sei, daß sie uns aber trotzdem nicht freilassen würden. Ich protestierte, daß – da gegen meine Frau absolut nichts vorliege – es unrecht sei, sie festzuhalten, und sie fügte noch hinzu, daß es ihr erlaubt werden sollte, nach Cuernavaca zu fahren und unsere Papiere und unser Geld zu holen, und falls ihr dies nicht gestattet werde, würde sie den amerikanischen Konsul in Mexico City anrufen und um Unterstützung bitten. Dies wurde telefonisch weitergegeben, und dann sagte uns der Chef der Touristenbehörde, der Chef der Migración hätte nun gesagt, daß es meiner Frau gestattet sei, nach Cuernavaca zu fahren, daß sie aber unverzüglich fahren und Samstag zurück sein müsse. Da es unmöglich war, so kurzfristig etwas zu reservieren, war sie gezwungen, mit einem Zweiter-Klasse-Bus abzureisen und alleine eine nächtliche Fahrt durch Mexiko zu machen. Auf die offensichtlichen Gefahren einer solchen Fahrt will ich nicht eingehen. Sie kam um fünf Uhr morgens in Cuernavaca an, holte unsere Papiere und unser Geld unf fuhr dann weiter nach Mexico City, wo sie sich ans britische Konsulat wandte. Ins britische Konsulat ging sie, da ich, wie gesagt, Engländer bin und die Schwierigkeiten anscheinend in meiner Person und der 50-Peso-Geldstrafe bestanden. Überdies hatte sie als britische Staatsangehörige durch Heirat einen Rechtsanspruch auf seinen Schutz. Es war ihr nicht möglich, den Generalkonsul zu sprechen, aber sie stellte unseren Fall Mr. Percival Hughes, dem Vizekonsul, dar. Er sah unsere Papierte sehr sorgfältig durch, sagte, sie seien völlig in Ordnung, gab sich sehr verständnisvoll, schrieb sich die Nummern unserer Touristenkarten und meines Passes auf und auch sämtliche andere Daten, die mit der Sache zu tun hatten usw. usw.. Sie erzählte ihm von der Geldbuße und allem, was sie über die damit zusammenhängenden Gründe wußte, und er sagte, er würde am nächsten Morgen mit ihr zur Migración gehen und die ganze Sache bereinigen, wenn sie über Nacht in Mexico City bliebe. Am nächsten Morgen, Freitag, dem 22. März, informierte er sie, daß der Generalkonsul sie angewiesen hätte, nach Acapulco zurückzufahren und dort die Geldbuße zu bezahlen. Er sagte, daß sie trotzdem an diesem Morgen zur Migración gehen und dafür sorgen würden, daß wir sofort freigelassen würden. Sie fuhr mit dem Bus nach Acapulco zurück, und Samstag morgen gingen wir mit einem Mr. W. Hudson, der als Dolmetscher und Zeuge fungierte, zur Oficina Federal de hacienda. Dort bezahlten wir die Geldbuße. Wir sahen den Mann, der in unsere Hotel gekommen war, um die Zahlung zu verlangen, und den Chef der Hacienda. Wir baten um die Herausgabe meiner Uhr und sagten, daß wir Einspruch erhöben gegen die Art und Weise, in der dieser Mann sich in unserem Hotel völlig überflüssig und peinlich aufgeführt habe. Darauf stritt er ab, uns mit Gefängnis gedroht oder meine Uhr genommen zu haben. Wir baten darum, daß man Sr. Obregon hole, was auch getan wurde. Als er kam, gab er mir sehr gnädig die Uhr zurück und bestätigte unsere Aussage betreffs Drohungen usw. völlig. Dann informierte uns der Chef der Hacienda, daß ihr Mann nicht das Recht gehabt hätte, uns zu drohen oder die Uhr an sich zu nehmen, und daß er einzig dazu ermächtigt gewesen sei, mir stillschweigend eine Rechnung vorzulegen. Des weiteren ordnete er eine Entschuldigung an und sagte, diese Handlung sei ein Bruch der mexikanischen Verfassung gewesen und wir könnten dagegen klagen, wenn wir es wünschten, schließlich hätten wir zwei Zeugen. Dies lehnten wir ab in Erwiderung der Höflichkeit, die uns zu diesem Zeitpunkt vom Büro der Hacienda entgegengebracht wurde. Mister Hudson, der auch schon bei einer anderen Gelegenheit mit uns in der Migración gewesen war, erklärte, das alles sei ein Fehler in ihrer Behörde gewesen und nicht meine Schuld. Dem stimmt der Chef der Hacienda, der während des ganzen Gesprächs überaus höflich war, zu, während Sr. Obregon seinem Zweifel darüber Ausdruck gab, ob eine Geldbuße von 50 Pesos überhaupt acht Jahre lang verfolgt werden dürfe, und uns ganz fair versprach zu versuchen, sie für uns zurückzuerhalten, wenn er könne.

Darauf nahmen wir die Quittung für die Geldbuße sowie unsere Papiere und gingen mit Mr. Hudson zur Migración, wo wir unsere Papiere und die Quittung vorlegten und fragten, ob wir nun gehen könnten. Man sagte uns, wir dürften erst gehen, wenn man von Mexico City gehört habe. Der britische Vizekonsul hatte versprochen, uns sofort zu telegrafieren, wenn bei ihm irgend etwas nicht stimmte: er telegrafierte uns nicht. Er hatte uns auch nicht angewiesen, daß wir ihm telegrafieren sollten, wenn wir nicht sofort nach der Rückkehr meiner Frau aus Mexico City freigelassen würden. Das taten wir, erhielten aber keine Antwort. Man hielt uns in Acapulco fest, wo wir gezwungen waren, täglich ins Büro der Migración zu gehen, das in der Stadtmitte von Acapulco liegt, wo die Hitze außerordentlich groß ist; dort mußten wir regelmäßig stundenlang in einem leeren Büro warten.

Inzwischen war jedoch der Unter-Chef der Migración aus Mexico City zurück, und als wir ihn sahen, gab er folgendes bekannt: in Mexico City hätte man leider bestritten, sein Telegramm erhalten zu haben, was die Verzögerung einigermaßen erklären könnte. Er sagte allerdings, daß man inzwischen meine Akte hier gefunden habe, in der von einer weiteren Geldbuße, diesmal über 100 Pesos, die Rede sei, die bezahlt worden wäre. Des weiteren sagte er, daß sich darin eine Fotografie von mir mit einem Bart befinde. Dies war zutreffend, denn ich hatte mir 1937 aus Spaß einen wachsen lassen, und dieses Bild befand sich auf dem Duplikat meines Papiers oder was immer als »rentista«. Auf meine Frage, ob wir jetzt gehen könnten, antwortete er, daß er den Sekretär der Migración dort gefragt habe, ob er uns nicht gehen lassen wolle, worauf der Sekretär geantwortet habe: »Nein, tun Sie das nicht.« Als ich ihn fragte, ob in dieser Akte noch etwas – wahr oder imaginär – stehe, was diese Behandlung erklären könnte, sagte er: »Ich weiß nicht.« Er deutete aber an, daß der Bart eine schlimme Sache sei, wahrhaftig eine so schlimme Sache, daß nun auch meine Frau nicht gehen dürfe, obwohl ihre Papiere völlig in Ordnung seien, obwohl ganz und gar nichts gegen sie vorliege und obwohl sie amerikanische Bürgerin sei. Also blieben wir in Acapulco.

Eine Erklärung dieser Art ist nicht der rechte Ort, die Gefühle zu beschreiben, mit denen wir die Nachricht empfingen, daß Mexico City jede Kenntnis vom Erhalt dieses Telegramms abgestritten hatte. Aber wir fragten uns natürlich, ob es nicht viel später als behauptet abgeschickt worden war, während man uns in der Zwischenzeit warten ließ; genau wie wir uns fragten, ob das Telefonat nach Mexico City von der Migración überhaupt jemals geführt worden war.

Also warteten wir in Acapulco.

Ungefähr zehn Tage nach der Rückkehr meiner Frau aus Mexico City erhielten wir von dem britischen Generalkonsul, Mr. Rogers, einen Brief, in dem er sagte, daß die mexikanischen Behörden beschlossen hätten, mich abzuschieben; und er fragte, ob meine Papiere in Ordnung seien, so daß ich nach Amerika ausreisen könnte, obwohl meine Frau diese Papiere im britischen Konsulat dem Vizekonsul, Mr. Hughes, vorgelegt hatte, der sich all dies, wie bereits erklärt, aufgeschrieben hatte. Wir riefen per Ferngespräch das Konsulat an und sprachen mit Mr. Hughes, der absolut keinen Grund für dieses Vorgehen der mexikanischen Behörden angeben konnte und sagte, er wisse nicht, warum dies geschehen sei. Er sagte, er würde noch einmal mit ihnen reden und mir dann telegrafieren. Dies hat er nicht getan, und so rief ich ihn einige Tage später wieder an. Jetzt sagte er, daß ich nicht abgeschoben werden sollte, vielleicht aber gebeten werden würde, das Land zu verlassen; aber wieder konnte er nicht sagen, warum, da sie ihm keinen Grund genannt hatten. Schließlich erklärte am Donnerstag, dem 4. April, die Migración in Acapulco, die selbst jede Kenntnis dieses Abschiebungsbefehls bestritt, man sei von sich aus zu dem Schluß gekommen, daß wir schon viel zu lange hier wären und daß man uns am folgenden Tag ein Schreiben geben werde, das uns die Abreise gestatten würde; verpflichtete uns jedoch dazu, daß wir am Montag, dem 8. April, in der Migración in Mexico City zu erscheinen hätten. Am nächsten Tag, zweiundzwanzig Tage nachdem sie zum erstenmal in unser Hotel gekommen waren, gaben sie uns dieses Schreiben, das uns die Abreise gestattete.

Wir fuhren zu unserer Wohnung in Cuernavaca (wo ich prompt die fast wahnsinnige Nachricht erhielt, daß mein in Mexiko spielendes Buch, zu dem ich ein freundliches Vorwort schreiben wollte, gleichzeitig in England und Amerika angenommen worden war) und Montag morgen mit einem Dolmetscher – Sr. Eduardo Ford, Besitzer und Eigentümer des Restaurants »Bahia«, 12 Jarin Morelos, Cuernavaca, Meiko – nach Mexico City. Dort ließ man uns in dem Büro warten, bis es zu spät geworden war, um noch etwas zu erreichen, und beschied uns, in ein paar Tagen wiederzukommen.

Es sollte dazu gesagt werden, daß es von Cuernavaca nach Mexico City rund fünzig Meilen sind, aber davon bekommt man keine Vorstellung von der Art der Fahrt. Obwohl sie nur zwei oder zweieinhalb Stunden dauert, muß eine Höhe von über 10 000 Fuß überwunden werden, und man kommt regelmäßig betäubt an. Das Klima ist ebenfalls vollständig anders; man verläßt Cuernavaca in tropischer Hitze und gerät in dieser Jahreszeit mit einiger Sicherheit in den Bergen in einen Schneesturm: wenn eine solche Reise auch an sich schön ist, unter solchen Bedingungen endlos wiederholt wird sie zu einem Alptraum, zumal es schwierig ist, Platzreservierungen in Auto oder Bus vorzunehmen, und beides regelmäßig unterwegs von Pannen befallen wird; durch all dies begann insbesondere der Gesundheitszustand meiner Frau zu leiden. Trotzdem schafften wir es, in den folgenden vier Wochen sämtliche Verabredungen pünktlich einzuhalten, doch warteten wir niemals unter drei und meistens vier bis fünf Stunden. Wir sind bei weitem keine reichen Leute; hatten unsere Ferien finanziell sehr sorgfältig geplant, und diese häufigen Fahrten, oft mit einem Dolmetscher, verursachten uns geradezu fatale Kosten. Denn obwohl wir nur die Ereignisse bestimmter Besuche genau beschreiben können, sollte man dabei stets bedenken, daß weitaus mehr Besuche stattgefunden haben, bei denen entgegen allen Versprechungen überhaupt nichts geschah und man uns in einem Vakuum hängen ließ: wir haben ausgerechnet, daß wir während dieser vier Wochen weit über 1000 Meilen einfach zwischen Cuernavaca und Mexico City hin- und hergefahren sind, wahrscheinlich waren es sogar zwölfhundert.

Zusammenfassung: als wir am Freitag, dem 12. April, zurückkamen, wurde uns gesagt, unser Fall sei ans Aufsichtsamt weitergeleitet worden. Dort warteten wir die üblichen Stunden und sahen schließlich einen Inspektor, dessen Namen ich nicht weiß, der aber unseren Fall bearbeitete und auf den ich mich mit Gründen noch oftmals werde beziehen müssen; ich werde ihn einfach Inspektor nennen. Er nahm unsere sämtlichen Papiere (einschließlich der Quittung für die Geldbuße, die uns übrigens nie zurückgezahlt worden ist) und unsere Ausweise und beriet sich dann mit dem Chef der Inspección, einem Sr. Corunna. Die Buße war bezahlt und unsere Papiere in Ordnung. Nun aber bemerkte der Inspektor, daß wir auf den Touristenkarten unseren Beruf Schriftsteller angegeben hatten. Darauf sagte er, daß wir als Schriftsteller Mexiko überhaupt nicht als Touristen hätten betreten dürfen und eine Arbeitserlaubnis oder einen anderen Paß haben müßten, und er fragte, ob wir Einwanderungspapiere haben wollten. Sowohl wir selbst als auch unser Dolmetscher waren von dieser Erklärung überrascht. Unser Dolmetscher bemerkte, daß es in Mexiko Tausende von Schriftstellern, Sängern und Malern gebe, die überall eifrig Bilder malten, und er fragte, ob die alle das Land mit Einwanderungs- oder Arbeitspapieren betreten hätten und ob ein Künstler gegen das Gesetz verstoße, wenn er in Mexiko seine Ferien verbringe. Der Inspektor geriet etwas aus der Fassung, erholte sich aber und erklärte, daß es zwar stimme, daß sie keine Einwanderungs- oder Arbeitspapiere hätten, daß sie aber eigentlich welche haben sollten. Da wir selbst drei Künstler persönlich kannten, die nur mit Touristenkarten in Mexiko malten und von denen einer Mexikanern Unterricht gegeben und dafür Geld genommen hatte, außerdem Schriftsteller, die mit Sicherheit für in Mexiko erscheinende Zeitschriften Artikel geschrieben hatten, zum Beispiel für *Modern Mexico* usw., und keiner dieser Leute auf irgendeine Weise von der Regierung behelligt worden war, waren wir einigermaßen verwirrt. Wir protestierten gegen diese offensichtliche Diskriminierung und sagten, falls das so wäre, dann wäre das nicht unsere Schuld, sondern die des mexikanischen Konsulats in Los Angeles; aber ohne Erfolg. Ich sagte, daß wir in Mexiko nicht gearbeitet, kein Geld für irgendeine in Mexiko geleistete Arbeit angenommen und auch nicht die Absicht dazu gehabt hätten; daß wir uns als Schriftsteller natürlich Aufzeichnungen gemacht hätten, hauptsächlich in Form eines simplen Tagebuchs oder flüchtig hingeschriebener Notizen, die später vielleicht für eine Kurzgeschichte oder ein paar Reiseartikel verwendet werden sollten, die meine Frau nach unserer Rückkehr nach Kanada hatte schreiben wollen und so weiter. Ob ich etwas über meine Notizen für das geplante Vorwort gesagt habe oder nicht, weiß ich nicht mehr. Der Inspektor gab zu, daß das Aufzeichnen derartiger Notizen kaum als »Arbeit« in Mexiko bezeichnet werden könne. Gleichwohl beharrte er darauf, daß wir *arbeiteten*, und verlangte von uns, daß wir pro Person eine Bürgschaft von 500 Pesos stellen und versprechen sollten, *nicht mehr* zu arbeiten, solange wir noch in Mexiko wären. Wir bestanden darauf, daß wir nicht eigentlich gearbeitet hätten. Er sagte, die Bürgschaft sei trotzdem notwendig, und gab uns Zeit bis Montag, entweder das Geld oder die Bürgschaft vorzulegen. Mir kam dies als bloß vielleicht poetische Gerechtigkeit in meinem Fall vor, aber unser Dolmetscher, Sr. Ford, war äußerst aufgebracht und sagte, der Inspektor hätte eben ihm gegenüber bemerkt, daß dies natürlich in Wirklichkeit mehr oder weniger außeramtlich sei, und weiter hätte der Inspektor gesagt, daß, wenn ich dem Chef der Migración in Acapulco 50 Pesos in die Tasche gesteckt hätte, die ganze Sache dort erledigt worden wäre und das Hauptbüro nie davon erfahren hätte. Und das bekam ich noch mehrmals zu hören: daß mein Vergehen ursprünglich darin bestanden habe, die »mordida« nicht zu bezahlen. Der britische Vizekonsul selbst hat mir später in eben diesem Büro offen gesagt und mir des weiteren den Rat gegeben, daß ich genausogut dem Inspektor 100 Pesos oder so hätte anbieten können; und tatsächlich *mußte* man, wenn man so lange in diesem Büro saß wie wir, mit eigenen Augen Zeuge der Wahrheit dieser Behauptung werden.

Aber irgendwie haben wir in der vorhergehenden Diskussion in aller Unschuld etwas getan, was die Angelegenheit zweifellos noch weiter komplizierte. In dem Glauben, daß der Inspektor bezweifelte, daß wir diejenigen wären, als die wir uns ausgaben, vielleicht auch, weil wir inzwischen an unserer eigenen Identität zu zweifeln begannen, zeigte ich ihm eine Exemplar des Romans meiner Frau (*The Shapes That Creep*, bei Scribner's erschienen am 14. Januar dieses Jahres), meinen Vertrag mit Jonathan Cape in London und ferner das Telegramm von Reynal and Hitchcock in New York über die Annahme meines Buchs. Das Buch war 1944 in Kanada zu Ende geschrieben worden.

Jedenfalls sagte an diesem Tag, dem 12. April, der Inspektor zu unserem Dolmetscher, Sr. Ford, daß, wenn wir bis Montag morgen diese Bürgschaft oder denselben Betrag in bar vorlegen würden, wir unsere Papiere zurückbekämen und frei wären, ohne weitere Belästigung in Mexiko zu bleiben, bis unsere Touristenkarten am 10. Juni auslaufen würden.

Man muß natürlich schon jemand mit Vermögen bekommen, der einem eine solche Bürgschaft unterschreibt, und das war so kurzfristig kaum möglich, da ich in Mexico City niemanden kannte, der das machen konnte, und überdies war die nächste Woche die Karwoche, und am Montag hatten alle Kreditanstalten geschlossen. Jedenfalls war unser Dolmetscher und Zeuge, Sr. Ford, ganz außer sich über dieses Vorgehen und erbot sich (obwohl ich ihn vollständig über meinen früheren Irrtum – wenn es ein Irrtum war – in eben einer solchen Sache unterrichtet hatte), die Bürgschaft selbst zu unterzeichnen und als Sicherheit sein Restaurant in Cuernavaca zu geben. Es gelang uns, diese Bürgschaft zu erhalten, und am nächsten Morgen legten wir sie vor und baten um unsere Papiere. Wir wurden zum Chef dieser Abteilung geführt, Sr. Corunna, der sich meiner Frau gegenüber äußerst beleidigend verhielt und sie aus seinem Büro wies und sich weigerte, uns unsere Papiere zu geben. Wir hatten geklärt, daß wir Mexiko so bald wie möglich verlassen wollten, und Corunna, dessen Redeweise in Schreien besteht, verlangte das Datum unserer Abreise. Ich sagte, daß wir fliegen wollten, da ich die lange Zugfahrt meiner Frau nicht zumuten wollte, und da Mexico City für Flugreisen der Ausfahrtshafen wäre, könnten wir unsere Tickets wohl kaum ohne unsere Papiere bekommen. Darauf fragte er nach dem ungefähren Datum unserer Abreise, und ich sagte ihm, wir würden abreisen, sobald wir nach der Herausgabe unserer Papiere die Platzreservierungen vornehmen könnten. Darauf beruhigte er sich etwas und sagte, wir sollten, wenn ich mich recht erinnere, in etwa einer Woche wiederkommen; dann würden wir unsere Papiere bekomen, die jetzt in Ordnung seien. Abschließend versicherte er uns, daß alles in Ordnung sei, daß es keinen Grund zur Beunruhigung gebe und daß es eine belanglose Sache sei.

Hier kann man natürlich fragen, warum ich mich nicht noch einmal um Unterstützung an das britische Konsulat gewandt habe oder warum meine Frau nicht zu ihrem amerikanischen Konsul gegangen ist, wenn sie auch kraft Heirat mit mir ebenfalls britischer Staatsbürger ist und gleichermaßen das Recht hat, sich an das britische Konsulat zu wenden. Sie ist deswegen nicht zum amerikanischen Konsul gegangen, weil es mein Status war, der diese Lage herbeigeführt hatte, und sie nur aus diesem Grund da hineingeraten war, und für mich konnte der amerikanische Konsul nichts tun, weshalb wir, wie wir dachten, durch dieses Vorgehen nichts erreichen würden. An das britische Konsulat habe ich mich nicht mehr gewandt – außer bei einer anderen Gelegenheit –, weil ich inzwischen das Vertrauen auf deren Fähigkeit oder Geneigtheit, mir zu helfen, verloren hatte. Und schließlich auch, weil uns von jedermann in der Aufsichtsbehörde – trotz der psychischen Grausamkeit dieser Behandlung – bis zum allerletzten Augenblick fortgesetzt versichert wurde, daß unsere Papiere in

Ordnung seien, daß man absolut nichts gegen uns habe und daß es keinerlei Grund zur Beunruhigung gebe; und die diversen Verzögerungen ergäben sich lediglich aus der Paragraphenreiterei und Langsamkeit der Regierung.
Am Tag vor unserer nächsten Verabredung mit Sr. Corunna ließen wir ihn durch Sr. Ford per Ferngespräch aus Cuernavaca anrufen. Sr. Ford sprach mit Corunna, der ihm versicherte, daß unsere Papiere, vollkommen in Ordnung, da wären, und daß wir jetzt jederzeit kommen und sie abholen könnten. Wir fuhren daher um den 23. April nach Mexico City, um unsere Papiere abzuholen; wir hatten vor, sofort nach deren Empfang unsere Flugreservierungen zu beantragen. Inzwischen hatte ich meiner Bank in Kanada telegrafiert, sie solle an die Banco Nacional de Mexico in Cuernavaca Geld überweisen. Uns ging jetzt nämlich auf Grund all dieser Sonderausgaben das Bargeld aus, aber ich konnte weder das Geld von meiner Bank noch im Telegrafenamt das von meinem Agenten bekommen, da ich mich nicht ausweisen konnte, schließlich hatte die Regierung ja meine sämtlichen Papiere; aus diesem Grund konnte ich mir also auch nicht die Tickets für die Ausreise kaufen, obwohl zwischen der Bank und dem Telegrafenamt mehrere hundert Dollar für mich lagen. Sr. Corunna weigerte sich wiederum, uns unsere Papiere zu geben, die, wie er jedoch wiederholte, nun vollkommen in Ordnung seien; und es bestünde für uns keinerlei Grund zur Beunruhigung. In diesem Moment kam zufällig Mr. Hughes, der britische Vizekonsul, in irgendeiner anderen Angelegenheit in das Büro, und da er einmal da war, bat ich ihn noch einmal dringend zu versuchen, mir einen Teil meiner Papiere zu beschaffen, irgendeinen Ausweis, den ich vorlegen konnte, um mein Geld zu bekommen, da das Telegrafenamt das Geld nach New York zurücküberweisen würde, wenn ich es nicht innerhalb der nächsten ein oder zwei Tage abholte. Mr. Hughes sprach darauf unseretwegen mit Sr. Corunna, und Corunna versicherte ihm, daß alles in Ordnung wäre und daß wir unsere Papiere nur deswegen nicht heute be-

kommen würden, weil sie noch einmal zur Migración geschickt worden seien, wo sie nun auf dem Schreibtisch eines Mannes lägen, der an eben diesem Tag nicht in seinem Büro wäre. Er sagte, wenn wir am Freitag wiederkämen, würde er die Papiere für uns haben, und es werde keine weiteren Fragen oder Verzögerungen geben. Wir verabredeten uns daher fest für Freitag vormittag um 11 Uhr 30; Mr. Hughes bot sich an, dann ebenfalls zu erscheinen. Des weiteren gab Mr. Hughes an, er selbst sei es gewesen, der für unsere Freilassung aus Acapulco am Morgen des 9. April (Freitag) von der Migración in Mexico City aus gesorgt und auch das Telegramm gesehen habe, das abgeschickt worden sei. Es kam uns ziemlich merkwürdig vor, daß am Donnerstag, dem 8. April, die Migración in Acapulco gesagt hatte, daß sie selbst uns freilassen würden, aber wir machten daraus kein großes Aufsehen. Mr. Hughes sagte ferner, daß sie, eine Woche nachdem meine Frau zum erstenmal zur Rückkehr nach Acapulco aufgefordert worden sei (auf das Versprechen hin, daß er oder der Generalkonsul an diesem Morgen zur Migración gehen würde), einen Laufburschen herübergeschickt hätten, der mit dem Bericht zurückgekehrt sei, daß ich abgeschoben werden sollte. Dieser Unglücksrabe hat, wie sich zeigen wird, wenigstens teilweise die Wahrheit gesagt.

Am Freitag, dem 26. April, fuhren wir daher noch einmal nach Mexico City zu unserer Verabredung mit Mr. Hughes und Sr. Corunna. Als wir nach einer Fahrt, die von überdurchschnittlichen Schwierigkeiten begleitet war – unsere Beförderung brach zweimal zusammen; insgesamt brauchten wir vier Autos, um hinzukommen –, doch noch rechtzeitig ankamen, war Mr. Hughes nicht da; meine Frau rief ihn an, während ich eine Gelegenheit suchte, noch einmal mit Sr. Corunna zu sprechen. Mr. Hughes erklärte meiner Frau, er sei im Konsulat zu beschäftigt gewesen, um die Verabredung mit Sr. Corunna einzuhalten, aber er habe Corunna angerufen und erfahren, daß unsere Papiere noch immer auf dem Schreibtisch in der Migración lägen und daß der

Sachbearbeiter wieder einmal nicht in seinem Büro wäre beziehungsweise zwar dagewesen wäre, sich aber schlicht dazu entschlossen hätte, an diesem Tag nichts mehr zu arbeiten. Mr. Hughes habe ihm unsere Misere mehrmals auseinandergesetzt: daß wir unsere Ausweise unbedingt brauchten usw., aber Sr. Corunna habe erwidert, er sei nicht in der Lage, uns irgend etwas zu geben. Meine Frau bat Mr. Hughes dringend, sich weiter darum zu bemühen, uns zu helfen oder herauszufinden, was denn nun überhaupt nicht stimme, aber er antwortete, daß er für uns gar nichts mehr tun könne.

Dann sprach ich Sr. Corunna, der mir sagte, ich solle am nächsten Tag wiederkommen. Also fuhren wir am nächsten Vormittag wieder nach Mexico City, und wieder sprach ich mit Sr. Corunna. Nach einer langen Diskussion, in deren Verlauf er mich mehrmals in seiner üblichen beleidigenden Weise anbrüllte – ich hielt meine Frau soweit es ging aus diesen Gesprächen heraus wegen der wüsten, hysterischen Art, mit der er sie führte –, ging er schließlich zur Migración und brachte mir meinen alten abgelaufenen Paß mit. Dann sagte er mir, ich solle noch einmal am folgenden Dienstag, dem 30. April, nach Mexico City kommen, der Mann, der unsere Papiere habe, werde dann ganz gewiß dasein, und wir würden sie dann auf jeden Fall zurückerhalten. Jedoch verlangte er noch einmal zu wissen, wann wir abzureisen gedächten, und ich erklärte wieder einmal, daß wir ohne unsere Papiere keine Flugreservierungen vornehmen könnten und erst dann Tickets kaufen könnten, wenn ich an mein Geld herankommen könnte.

Wir fuhren nach Cuernavaca zurück, und ich erhielt an diesem Samstagnachmittag gerade noch rechtzeitig mein Geld vom Telegrafenamt, denn dort war man gerade im Begriff, es nach New York zurückzuüberweisen. Am Montag ging ich zur Bank und holte das Geld ab, nachdem ich an meine kanadische Bank telegrafiert hatte.

Dienstag vormittag fuhren wir noch einmal nach Mexico City

und gingen zur Aufsichtsbehörde. Hier unterrichtete uns der Inspektor davon, daß wir mit ihm kommen und uns für unsere Einwanderungspapiere fotografieren lassen müßten. Daraufhin sagte wohl meine Frau ziemlich verständlich, daß sie keine Einwanderungspapiere haben, sondern nur Mexiko verlassen wolle; und wenn ich das nicht selbst gesagt habe, dann nur deshalb, weil ich mich darum bemühte, meine Ruhe zu bewahren, denn ich wußte, daß es deren Hauptziel war, mich aus der Ruhe zu bringen. Ich bat um Erlaubnis, mit Sr. Corunna sprechen zu dürfen und sagte, daß er uns versprochen habe, uns unsere Papiere auf jeden Fall an diesem Vormittag auszuhändigen. Dies wurde verweigert. Darauf wollte ich wissen, warum man plötzlich beschlossen habe, unsere Papiere zu ändern; und meine Frau bat um die Erlaubnis, zur Touristenbehörde zu gehen, um einen Dolmetscher zu holen, der das Ganze ausführlicher erklären könnte, denn wir sprachen nicht fließend Spanisch, und der Inspektor war schwer zu verstehen, wenn er wütend wurde. Auch dies wurde verweigert, und wir wurden über die Straße gebracht, wo man Fotos von uns machte, unter der Versicherung, daß diese Fotos für unsere Einwanderungspapiere bestimmt seien. Ich sehe darauf aus wie ein Krimineller und meine Frau (der Inspektor riß ihr im Moment der Aufnahme auf rüde Art den Hut herunter, und ihr Haar geriet in Unordnung) wie eine Irre. Niemand, der diese Bilder sähe, würde sich darüber wundern, daß wir abgeschoben werden sollten, höchstens darüber, daß man solche Leute überhaupt auf freiem Fuß herumlaufen läßt; und ich nehme an, einen solchen Eindruck sollen derartige Bilder auch machen. Andererseits begann sich nun die Anspannung auszuwirken. Inzwischen hatte man uns gesagt, diese Fotos würden um zwei Uhr fertig sein und wir müßten bis dahin im Büro der Einwanderungsbehörde warten. Wir erhielten keine Genehmigung, essen zu gehen oder auch nur eine Tasse Kaffee zu trinken – obwohl ich darlegte, daß wir wie gewöhnlich Cuernavaca sehr früh am Morgen hätten verlassen müßten und meine Frau erschöpft sei –, ja wir durften das Büro aus überhaupt keinem Grund verlassen; wurden jedoch fortwährend versichert, daß Sr. Corunna jeden Augenblick zu mir käme und alles völlig in Ordnung sei. Um zwei Uhr holte meine Frau die Bilder ab, die der Inspektor zum Schreien lächerlich fand und über die er laut und lange lachte. Um halb drei sagte der Inspektor auf einmal, nachdem Sr. Corunna das Büro verlassen habe und es gleich geschlossen werde, müßten wir am Vormittag des 2. Mai (der 1. Mai ist Feiertag) um zwölf Uhr noch einmal ins Büro kommen; und zwar mit unserem ganzen Gepäck.

Wir protestierten dagegen und sagten, daß wir den Grund dafür nicht einsehen könnten. Wir wollten in Cuernavaca bleiben, wo wir die Miete für unsere Wohnung schon bezahlt hätten, bis wir aus Mexico abreisten, und wir wollten uns nicht noch weitere Ausgaben aufladen und in Mexico City im Hotel wohnen. Außerdem verstünden wir nicht, wieso wir, nachdem uns, auch vom Konsul, versichert worden sei, daß unsere sämtlichen Papiere in Ordnung seien und ganz und gar nichts gegen uns vorliege, und nachdem wir die Bürgdschaft gestellt hätten usw. usw., wieso wir, wiederholten wir, jetzt so plötzlich aufgefordert würden, unser Gepäck nach Mexico City zu bringen. Der Inspektor geriet völlig außer sich und packte mich am Arm und sagte, wenn ich das nicht verstünde, sollte ich auf der Stelle mit ihm ins Gefängnis gehen. Außerdem beschimpfte er uns, daß wir nicht in Mexico City lebten. Als ich verzweifelt erklärte, daß wir Cuernavaca liebten und dort bis zu unserer Abreise so lange wie möglich wohnen wollten, verlangte er den Namen des Hotels zu erfahren, in dem wir in Mexico City wohnten. Außerdem sagte er, wenn wir nicht am 2. Mai um 12 Uhr mit unserem Gepäck im Büro erscheinen würden, könnte er nach Cuernavaca kommen und uns unter Arrest stellen. Dann wurde das Büro geschlossen; niemand war mehr da, und wir konnten an diesem Tag nichts mehr erreichen. Wieder einmal fuhren wir daher nach Cuernavaca zurück. Am Abend trafen wir Sr. Ford, der uns informierte, daß am Nachmit-

tag die Kreditanstalt Central de Fianzas, S.A., Motolinia 20, Mexico City, ihn per Ferngespräch angerufen und ihm gesagt habe, daß die Regierung unsere Bürgschaft einkassiert und ihn, Sr. Ford, aufgefordert habe, unverzüglich die 1000 Pesos zu bezahlen, oder er werde ins Gefängnis gesteckt und sein Geschäft konfisziert. Offensichtlich hatte man diese Bürgschaft einkassiert, während man uns im Büro hatte warten lassen und beharrlich versichert hatte, daß alles völlig in Ordnung sei. Am nächsten Tag, dem 1. Mai, erhielt Sr. Ford ein Telegramm von der Kreditanstalt, die die Tatsache bestätigte, daß die Regierung tags zuvor die Bürgschaft einkassiert hatte. Dieses Telegramm befindet sich in unserem Besitz und lautet:
Hoy hizo efectivas secretarias Gobernación fianzas esponsos Lowry. Suplicamosle remitirnos inmediatamente un mil pesos importe garantias objeto no perjudicar interés. Central de Fianzas, S.A. Wir gaben daher Sr. Ford die 1000 Pesos; die Quittung für dieses Geld besitzen wir noch.
Am Morgen des nächsten Tages, Donnerstag, dem 2. Mai, verließen wir Cuernavaca mit unserem Gepäck und in Begleitung von Sr. Ford, der zu der Kreditanstalt fuhr, um die 1000 Pesos zu bezahlen, und fuhren nach Mexico City. Wir kamen schon zwei Stunden vorher an, in der Hoffnung herauszufinden, worin die Schwierigkeiten bestünden, und uns ein letztes Mal zu bemühen, unseren Fall den Behörden im richtigen Licht darzustellen. Es hatte sich auch ein weiterer mexikanischer Bürger, dem unser Fall naheging und der einigen Einfluß besaß, angeboten, sich um 10 Uhr mit uns zu treffen und als Dolmetscher und Zeuge für uns zu fungieren. Wir warteten bis 10 Uhr 45 auf ihn, aber er kam nicht. Dann gingen wir zur Touristenbehörde, wo wir für die Zwischenzeit unser Gepäck gelassen hatten, und sprachen mit Sr. Buelna, dem Chef dieser Abteilung. Die Zeit war knapp, da wir um 12 Uhr mittags mit unserem Gepäck im Büro der Inspección zu erscheinen hatten, aber wir legten unseren Fall dar und baten um Hilfe. Zuerst erklärte er, daß er überhaupt nichts für uns tun könne, da es nicht in seine Abteilung falle. Jedoch befanden sich

zu dieser Zeit ein paar amerikanische Touristen in seinem Büro, die nicht umhin konnten zuzuhören, und schließlich rief er freundlicherweise jemandem im Büro des Sub-Secretario des Büros für innere Angelegenheiten an und vereinbarte für uns ein Treffen mit dem Sub-Secretario, Dr. Pérez-Martínez, in wenigen Minuten, wenn er seine Konferenz mit dem Secretario beendet habe. Er sagte, Dr. Martínez würde uns zumindest anhören. Wir gingen in das Büro des Sub-Secretario, wir wurden ihm gemeldet, sagten, die Angelegenheit sei äußerst dringend, und warteten über eine Dreiviertelstunde. Inzwischen war es kurz vor 12 Uhr; der Inspektor kam in das Büro und beorderte uns hinunter in das Büro der Inspección. Wir erklärten, daß wir darauf warteten, unseren Fall dem Sub-Secretario vortragen zu können, da man uns gesagt hätte, er wäre die letzte Autorität in derartigen Angelegenheiten. Der Inspektor befahl uns noch einmal, auf der Stelle in das andere Büro mitzukommen; aber da wir immer noch auf eine Anhörung unseres Falles hofften, warteten wir weiter.

Während ich in der Hoffnung dablieb, doch noch im letzten Moment meinen Fall vortragen zu können, ging meine Frau noch einmal zu Sr. Buelna, um ihn zu bitten, daß uns wenigstens ein Dolmetscher und Zeuge zur Verfügung gestellt würde. Sr. Buelna erwiderte zunächst, daß das unmöglich sei, war aber schließlich doch so freundlich, uns jemanden zu verschaffen. In Begleitung dieses Zeugen gingen wir zum Büro der Inspección. Hier warteten wir und baten darum, Sr. Corunna sehen zu können. Man sagte uns, Sr. Corunna habe vom Sub-Secretario seine uns betreffenden Anweisungen, und es wäre uns nicht möglich, ihn zu sehen. Noch einmal versuchten wir herauszufinden, warum wir auf so ungewöhnliche Weise behandelt wurden, worauf der Inspektor sehr wütend wurde und behauptete, wir hätten »schlecht von Mexico geredet«. Das stritten wir ab – zutreffend hätte es nur in dem Sinne genannt werden können, daß wir gegen unsere jetzige Behandlung protestierten – und erklärten, wie schon oftmals zuvor, daß wir Mexico und sein Volk liebten, was nicht nur früher, sondern auch jetzt noch, trotz dieser Erfahrungen, zuträfe, und daß wir noch immer herauszufinden wünschten, was denn nicht in Ordnung sei, daß wir immer noch eine faire Anhörung wünschten, da wir überzeugt davon seien, daß irgendwo ein fundamentales Mißverständnis vorliegen müsse, das schlimmer wäre als alle anderen in unserem Fall. Darauf sagte man uns, daß wir den Inspektor nach 113 Bucarelli begleiten müßten, wo wir unsere Papiere erhalten würden und dann gehen dürften. Da wir wußten, daß dies (sozusagen) ein Gefängnis war und keine Regierungsbehörde, protestierten wir. Wir fragten nach dem britischen Konsul. Meine Frau fragte nach dem amerikanischen Konsul. Beides wurde abgelehnt. Wiederum sagte man uns, daß wir zu diesem 113 Bucarelli lediglich deshalb gehen sollten, um unsere Papiere ausgehändigt zu bekommen, und wir wurden unter Protest dorthin gebracht. Nachdem wir drinnen waren, zwang man uns, unsere Namen in eine Liste einzutragen. Wir protestierten wieder und verlangten, unsere Konsuln sehen zu dürfen, und wir fragten, was man mit uns vorhabe und, wenn man uns abschieben wolle, warum? Der Inspektor stritt nachdrücklich ab, daß wir abgeschoben werden sollten. Darauf baten wir den Dolmetscher, der sichtlich den Mut verlor, um Himmels willen sofort unseren Konsul anzurufen, worauf er erwiderte, daß er Sr. Buelna von der Lage unterrichten werde.

Darauf wurden meine Frau und ich in einen kleinen abgeriegelten Raum gebracht, in dem sich bereits zwei Männer befanden; es gab keine Toiletteneinrichtung für meine Frau, sondern nur ein äußerst verdrecktes Klo für uns alle vier, und das hatte keine Tür und lag gleich neben dem Raum, in dem wir festgehalten wurden. Man sagte uns, daß wir incomunicado gehalten würden, und schloß uns ein. Der Chef dieser Anstalt war jedoch extrem höflich, und er war über den Mangel an Zurückgezogenheit für meine Frau bekümmert. Es ließ auch für uns nach gutem Essen schicken, natürlich auf unsere Kosten, und sagte, daß wir auf keinen Fall das Gefängnisessen zu uns nehmen könnten. Stimmt. Es gab überhaupt kein Gefängnisessen. Beziehungsweise, falls doch, kostenlos wollte man uns jedenfalls keins geben. Jedermann hier war freundlich und verständnisvoll, und schließlich machte der Chef einen anderen Raum hinter dem ersten für uns auf und brachte uns ein eigenes Laken, das, wie er erklärte, sauber sei. Es sollte aber dazugesagt werden, daß inzwischen unser Gepäck hierher gebracht und in einem Außenzimmer abgestellt worden war. Später entdeckten wir, daß man unsere Schrankkoffer aufgebrochen hatte und die Hälfte der Kleider meiner Frau sowie unsere Kamera fehlten. Dieser Diebstahl kann nur in der Touristenbehörde oder in 113 Bucarelli stattgefunden haben, da es ansonsten keine Gelegenheit dazu gab. Wir hatten den ganzen Tag noch nichts gegessen, und unser Essen traf erst nachmitags ein, zusammen mit dem Inspektor. Er gab uns lediglich fünf Minuten Zeit zum essen, dann kommandierte er uns in ein Taxi, in dem wir zum Bahnhof gebracht wurden; dort setzte man uns sofort in einen Zug. Alle weiteren Proteste oder Forderungen, unsere Konsuln sprechen zu dürfen, waren vergeblich. Flucht war unmöglich: der Inspektor war bewaffnet.

Unser Zug hatte nur Tageswaggons ohne Betten, und meine Frau und ich waren gezwungen, die ganze Nacht aufrecht zu sitzen und jederzeit in Sichtweite des Inspektors zu bleiben. Wir verlangten beide mehrmals, von ihm den Grund für diese Behandlung zu erfahren. Wie fragten, ob wir abgeschoben werden sollten, und er antwortete entschieden: nein. Er erklärte, seine Anweisungen gingen dahin, uns nach Nuevo Laredo zu bringen, und dort unsere Papiere auszuhändigen, und uns zu erlauben, allein und unbehelligt die amerikanische Grenze zu überschreiten. Wir fragten ihn, warum die Kaution einkassiert worden sei, und er beharrte darauf, daß sie nicht einkassiert worden sei. Darauf zeigten wir ihm das Telegramm, das bewies, daß sie sehr wohl einkassiert worden war, worauf er sagte, davon wisse er überhaupt nichts. Die Fahrkarten hatte natürlich er. Er saß so, daß er jede unserer Bewegungen sehen konnte, aber einmal abgesehen von dem be-

schämenden und peinlichen Gefühl, das er damit hervorrief, belästigte oder drangsalierte er uns nicht direkt; er erlaubte uns sogar, allein im Speisewagen unsere Mahlzeit zu uns zu nehmen. Die Bedienung, die Schaffner und Zugleute wurden allerdings über unseren Status nicht im Zweifel gelassen, und im großen und ganzen mußten wir uns wie Kriminelle vorkommen.
Es war nach Mitternacht der zweiten Nacht, als der Zug in Nuevo Laredo ankam: ein heftiges Gewitter tobte, und im Zug waren sämtliche Lichter ausgegangen. Wir baten ihn dann um die von ihm versprochenen Papiere, woraufhin er begann, unser Gepäck aus dem Zugefenster zu werfen, und da der Zug schon wieder losfuhr (er hatte nur sehr kurzen Aufenthalt), befahl er uns auszusteigen; und meine Frau, die an der falschen Seite des Zuges ausgestiegen war, mußte tatsächlich durch den schon fahrenden Zug hindurchsteigen und entging nur knapp einem schweren Unfall.
Wir fuhren dann mit unserem Gepäck mit einem Taxi zur amerikanischen Einwanderungsstelle weiter, die direkt vor der Brücke über den Rio Grande liegt. Dort warteten wir wieder und beobachteten die Lichter von Laredo auf der amerikanischen Seite der Brücke, während der Inspektor sich mit einem Schreiber beriet, dem er befohlen hatte, etwas auf einer Schreibmaschine zu schreiben. Es war jetzt 2 Uhr morgens. Bald darauf wurde dieses Dokument, das der Schreiber getippt hatte, meiner Frau zur Unterschrift vorgelegt. Sie las es und merkte, daß es ein Abschiebungsbefehl war: sie gebe zu, daß sie wegen des Bruchs der Einwanderungsgesetze von Mexiko abgeschoben werde. Meine Frau verweigerte die Unterschrift, da immer wieder abgestritten worden war, daß wir abgeschoben werden sollten, da wir niemals einen Grund zu einer solchen Maßnahme gegeben hatten – wenn man von der Bemerkung des Inspektors absieht, wir hätten »schlecht von Mexiko geredet« – und uns zu keiner Zeit eine faire Anhörung gewährt worden war, und es in ihrem Fall absolut unwahr war, daß sie irgendwelche Einwanderungsgesetze gebro-

chen hätte, und da mir überdies bekannt ist, daß man 24 Stunden vorher von einer solchen bevorstehenden Abschiebung unterrichtet werden muß. Der Schreiber wurde sehr unruhig und bat sie zu unterschreiben, und deutete an, daß sonst ernsthafte Gefahr drohe. Ich sagte ihr, sie solle nicht unterschreiben, und erklärte, daß auch ich nicht die Absicht hätte, irgendeinen derartigen Befehl zu unterschreiben. Der Inspektor geriet in heftige Rage und wurde unglaublich beleidigend, und da er eine Pistole hatte und meine Frau mit unzweideutigen Ausdrücken bedrohte, sagte ich ihr schließlich, sie solle unterschreiben: es gab keine andere Wahl, und um nicht Gefahr zu laufen, von ihr getrennt zu werden, unterschrieb ich ebenfalls; aber wir beide erklärten, daß wir die Anklage vollständig zurückweisen und das Dokument gezwungenermaßen unterschrieben. Dann wurde meiner Frau gesagt, da sie Amerikanerin sei, sei sie nun frei, sie könne über die Brücke gehen; da aber die amerikanische Einwanderungsstelle jetzt über Nacht geschlossen sei, könnte ich erst gehen, wenn sie am Morgen aufmache. Sie weigerte sich, ohne mich zu gehen, worauf man sie merkwürdigerweise geradezu bekniete zu gehen. Ich hatte zu diesem Zeitpunkt kein Vertrauen in ihren guten Willen bei der Sache – wenn schon das alles, warum nicht *ley fuga* –, und obwohl ich ihr zuerst gesagt hatte, sie solle gehen, hielt ich es nun doch für sicherer, wenn sie bei mir bliebe. Der Inspektor ging dann, nachdem er Anweisung gegeben hatte, uns beide bis zum Morgen im Büro festzuhalten. Nachdem der Inspektor einmal fort war, bekam der Schreiber Mitleid mit meiner Frau, die völlig erschöpft und in einem Zustand nervöser Gereiztheit war, und er sorgte dafür, daß wir – unter Aufsicht – für eine kurze Zeit in ein Hotel gehen konnten, damit wir wenigstens ein Bad nehmen und uns etwas ausruhen konnten. Morgens um halb sechs kam ein anderer Mann von der Einwanderungsstelle ins Hotel und brachte uns zurück ins Büro. Wieder einmal warteten wir in der Einwanderungsstelle. In der Nacht zuvor hatte man uns davon unterrichtet, daß das amerikanische Einwanderungsamt um 7 Uhr morgens aufmachen würde und daß wir dann gehen dürften. Kurz nach 7 fragten wir daher, ob wir jetzt gehen und nach Amerika überwechseln dürften. Man sagte uns, daß wir noch mit dem Chef dieser Einwanderungsstelle sprechen müßten und daß er zwischen 8 und 9 Uhr da sein würde. Um 9 Uhr traf der zweite Vorsteher dieses Amtes ein, und wir legten ihm, so gut wir konnten, unseren Fall dar. Wir versicherten ihm, daß wir absolut sicher seien, daß hier irgendwo ein gravierender Irrtum vorliegen müsse; immer und immer wieder sei uns gesagt worden, daß unsere Papiere in Ordnung seien, und wir hätten nichts getan, was diese seltsame Behandlung rechtfertigen könne; wir hätten dieses Papier vorige Nacht nur unter scharfem Protest unterschrieben und so weiter. Er war zwar höflich, sagte aber, daß wir auf den Chef warten müßten. Wieder warteten wir; ein bißchen später sprach meine Frau, während ich mit jemand anderem im Büro redete, wieder mit dem zweiten Vorsteher. Er sagte ihr, der Inspektor habe Anweisung hinterlassen, daß wir hier festgehalten werden sollten, bis er an diesem Morgen noch einmal mit uns gesprochen habe. Welche Entscheidung dann über uns getroffen werden sollte, ist uns nie genau gesagt worden; es wurde aber angedeutet, daß meine Frau von dem Inspektor über die Grenze gebracht und nach Amerika abgeschoben werden sollte, da sie sich vorige Nacht geweigert hatte, ohne mich zu gehen. Über das, was man mit mir vorhatte, kann ich keine eidliche Aussage abgeben, aber die Folgerungen waren nicht erfreulich. Wir erklärten nun noch einmal kurz unseren Fall diesem Unter-Chef, der gegenüber der ganzen Sache eine äußerst nachsichtige und christliche Haltung einnahm. Er erlaubte uns sehr freundlich zu gehen und eine Tasse Kaffee zu trinken, und sagte, er würde mit dem Chef über uns sprechen, wenn er käme. Es folgten Augenblicke der Ungewißheit. Als wir zurückkamen, hatte der Unter-Chef bereirts mit dem Chef gesprochen, und er sagte uns, wir dürften sofort gehen, wie wir es gewünscht hatten, noch vor der Attacke des Inspektors, der in-

zwischen – es war nach 10 Uhr morgens – natürlich längst überfällig war. Ich glaube, daß wir diesen Unter-Chef zumindest von unserer Rechtschaffenheit überzeugt hatten, denn er händigte uns jetzt unsere Papiere aus und gab sich alle Mühe, uns zu helfen, so schnell wie möglich von dort wegzukommen. Er beschaffte uns ein Taxi, wir wurden durch den mexikanischen Zoll gehetzt, ohne daß auch nur unser Gepäck geöffnet wurde (während der Unter-Chef sozusagen draußen Wache stand und nach dem Inspektor Ausschau hielt), und schnell fuhren wir über die Brücke nach Amerika.
Unsere Freude und Erleichterung beim Betreten der Vereinigten Statten waren grenzenlos.
Während ich im Büro des Einwanderungsamtes von Laredo, Texas, wartete – da ich britischer Staatsangehöriger war, mußten natürlich meine Papiere untersucht und eine Wiederzulassungskarte ausgefüllt werden –, sahen wir den Inspektor, der uns offenbar über die Grenze gefolgt war, in maßloser Wut vorbeigehen; und das war, wie ich freudig berichten kann, das letzte, was wir von diesem Mann gesehen haben. Was er getan oder gesagt hat, davon weiß ich nicht das geringste. Da meine Papiere in Ordnung waren, wurde ich an jenem Morgen, am Samstag, dem 4. Mai, in die Vereinigten Staaten hineingelassen.
Von Laredo aus flogen wir mit Braniff, Continental and American Airlines, nach Los Angeles weiter, wo wir die Familie meiner Frau besuchten; von dort flogen wir dann zurück zu unserem Haus in Kanada. Unmittelbar nach unserer Ankunft in Los Angeles konsultierten wir einen Anwalt, der uns riet, diese Erklärung zu verfassen und notariell beglaubigen zu lassen.
Eine zusammenfassende Formulierung unseres Falles würde auf etwa folgendes hinausgehen:
Daß gegen meine Frau überhaupt nichts vorlag, daß sie keine einzige Einwanderungsbestimmung verletzt hat und daß ihr einfach deswegen Leid zugefügt worden ist, weil sie meine Frau ist. Daß gegen mich, abgesehen von solchen beiläufigen Umständen wie

der 50-Peso-Geldbuße, im Grunde nur sprach, daß ich ein Land betreten hatte, das ich nur mit besonderer Genehmigung des Sekretärs der Gobernación hätte betreten dürfen; meine Verteidigung für diese Tat besteht darin, daß mir von der Existenz eines derartigen Erlasses gegen mich nichts bekannt war; und mein Beweis dafür, daß mir von diesem Erlaß nichts bekannt war, steht in ihren eigenen Akten, in denen erklärt wurde, daß man bis zum Jahre 1943 eine gegen mich verhängte, angeblich nicht bezahlte Geldbuße verfolgt habe, ohne auch nur meine Adresse feststellen zu können. Wenn man, da der fragliche Erlaß gegen mich im September 1938, zwei Monate nachdem ich das Land verlassen hatte, in die Akten kam, zu diesem frühen Zeitpunkt irgend etwas davon irgendeiner zweiten Partei, z.B. einem für meinen Vater in Mexiko oder Los Angeles arbeitenden Anwalt, der auch meine Adresse hätte wissen können, mitgeteilt hat, dann bin ich nach meinem besten Wissen und Gewissen nicht von dieser Tatsache benachrichtigt worden; und der Beweis dafür, daß keine derartige Mitteilung ohne Doppelzüngigkeit vonstatten hätte gehen können, lag in der Tatsache, daß die einzige weitere Mitteilung, die ich je betreffs meines früheren Besuchs in Mexiko erhalten habe, 1939 oder 1940 kam, als ich etwas erfuhr, was mit einem Erlaß, der meine Rückkehr untersagte, unvereinbar war: die Behörden behaupteten zu glauben, daß ich mich noch im Lande aufhielte. Wie ich schon erklärt habe, ging ich daraufhin zu dem amtierenden mexikanischen Konsul hier in Vancouver und bewies die Tatsache, daß ich im Juli 1938 ausgereist war. Mehr noch: das mexikanische Konsulat bewilligte mir mein Visum und die Touristenkarte, obwohl ich dort gesagt hatte, daß ich schon einmal in Mexiko gewesen war und, wie bereits gesagt, 24 Stunden gewartet hatte. Und schließich: Wenn Sr. Corunna nicht geglaubt hat, daß ich in bestem Glauben gehandelt habe, warum hat er dann einen Monat lang immer wieder behauptet, daß alles bestens sei und meine Papiere in Ordnung seien und wir unbehelligt abreisen könnten? Warum hat man uns erzählt, die Fotos würden lediglich für die Einwanderungspapiere angefertigt; oder warum beharrte man bis zur letzten Minute, bis um 2 Uhr morgens an der Grenze, darauf, daß man uns unsere Papiere zurückgeben und uns die Ausreise gestatten würde? Warum wurde es uns unmöglich gemacht, irgendeine Grundlage für eine korrekte Erklärung dafür zu erhalten, was mit unserer 1000-Peso-Bürgschaft geschehen war, indem man uns zum Verlassen unserer Wohnung in Cuernavaca eine so kurze Frist setzte und uns im letzten Moment konsularischen Beistand vorenthielt, indem man uns in 113 Bucarelli incomunicado hielt? Warum verlangte man, nachdem man dem britischen Konsulat mitgeteilt hatte, daß ich gebeten werden würde, das Land zu verlassen, die Hinterlegung einer Bürgschaft von uns und versprach feierlich, daß wir, wenn wir das täten, frei wären, bis zum Auslaufen unserer Touristenkarte im Juni im Land zu bleiben? Und vor allem: warum, wenn man uns aufrichtig loswerden wollte, ließ man uns dann nicht einfach gehen?

Während dieser ganzen sieben Wochen gaben wir uns jede Mühe, wo es auch ging, mit diesen Behörden zuammenzuarbeiten, um genau herauszufinden, worin die Schwierigkeiten bestünden, und zwar mit dem Ziel, die Sache falls möglich zu bereinigen. Aber der genaue Grund für jene Anordnung wurde mir nie gesagt, und mir wurde auch nie gestattet, meinen Fall irgendeinem Bevollmächtigten darzulegen, der mir zuhören würde. Soweit die Gobernación damit zu tun hatte, ist uns niemals eine faire Anhörung gewährt worden. Worin auch immer ihre Motive in meinem Fall bestanden haben mögen, für diese langwierige Verfolgung der Angehörigen zweier befreundeter Staaten scheint es weder eine Entschuldigung noch eine Berechtigung zu geben; und was meine Frau betrifft, eine unschuldige amerikanische Bürgerin, so läuft das, was man ihr angetan hat, auf ein Verbrechen hinaus.

Ich schwöre, daß diese Erklärung nach meinem besten Gewissen und Wissen absolut wahr ist.

ROLF DIETER BRINKMANN

Ein Weg nach Rom

Rom, den 18. Oktober 1972
Villa Massiomo
I 00161 ROMA
Largo di Villa Massimo 1-2
Tel. Rom/420394

Liebe Maleen,
ich habe Dir die genaue Adresse noch einmal oben angegeben, weil ich nicht weiß, ob Du sie dort in Köln hast – über das lange Zögern kann ich vielleicht total darüber hinweggekommen sein.

Ich befinde mich im Augenblick in einer gar nicht genau zu definierenden Verfassung, Mittagszeit, fünf nach zwölf, die Sonne kommt durch das grüne Fliegengitter, ein Flugzeug heult oben in der Luft. Die Reise nach Graz sitzt mir etwas irritierend im Nacken, morgen oder übermorgen fahre ich ja schon wieder endlose Kilometer. – Gerade sah eine kleine ältere Frau durch die Tür, redete etwas und zeigte auf die Toilette, die Putzfrau, die einmal in der Woche kommt.

Die Fahrt ohne Aufenthalt war recht anstrengend. Sechs Stunden durch Deutschland bis Basel, sechs Stunden durch die Schweiz, acht Stunden durch Italien, etwa eintausend Kilometer, und am Schluß kam es mir vor wie ein Delirium, denn die Landschaften vermengten sich andauernd, die einzelnen Eindrücke reihten sich in mir immer weiter auf – man selber bleibt ja praktisch immer auf derselben Stelle und die Außenwelt summiert sich.

Wenn Du mit Robert kommst, bedürfte es wohl zweier Unterbrechungen, oder aber eben eines Fluges, wobei dann gewiß viele neue Eindrücke wegfallen würden.

Der Schlafwagen ging bis Basel. Dort stieg ich in den Kurswagen um, wo ich bis Rom einem Inder gegenüber am Fenster ohne zu reden sitzen blieb. – Es gibt Schlafwagen bis Mailand, und vielleicht wären die für eine Reise praktischer. – Für alle drei wäre es sicher erträglicher gewesen, denn in einem Schlagwagenabteil sind jeweils drei Betten übereinander. Eine kleine Waschecke befindet sich darin und ein schmaler Gang. –Ich erhielt das obere Bett, kletterte mit einer schmalen steilen Leiter hinein. – Paß und Fahrkarte wurden an den Schlafwagenschaffner abgegeben wegen der Zugkontrolle. Zuerst saß ich noch kurze Zeit am Ende des Ganges im Schlafwagen, versuchte zu notieren, etwas zu lesen, was mir nicht recht gelang. Hätte noch gern ruhig in einem Abteil gesessen und so einen Teil der Nacht verbracht, wie auf den anderen Reisen. Dann lag ich also im Dunkeln, direkt unter der gewölbten Decke des Wagens, flach ausgestreckt, unter mir schliefen die zwei anderen Reisenden, und im Abteil war die Luft zu warm und trocken. Das Zittern und Rattern engte mich noch zusätzlich ein und war durch die geringe Bewegungsmöglichkeit unangenehm, so daß sich anfangs Platzangst einstellte, ein Empfinden des Ausgeliefertsein, vor allem wenn sich die Kurven durch schräge Körperlagen bemerkbar machten, ein ständiges Sich-Verschieben und Verschrägen. Hinzu kamen noch undeutliche Vorstellungen von Unfällen in mir, alles im Dunkeln, schließlich fiel ich immer wieder in einen leichten betäubten Schlaf.

– In Basel ein erstes Morgengrau, der Bahnhof eine Baustelle, der Zug wurde noch voller, die glatte Metallverkleidung der neuen Postaufzüge auf den Bahnsteigen wirkten wie Panzerschränke. – Um viertel vor sieben fuhr der Zug an. Ich sah überall junge

Schweizer mit Marschgepäck herumtraben, Stahlhelme und Rucksäcke und Maschinengewehre und Schnellfeuergewehre mit sich herumschleppen, alles in einem dünnen, blassen Morgenlicht, als die Reklamen rings um den Bahnhof verlöschten. – Italiener kauften wie verrückt stangenweise Zigaretten an den fahrbaren Kiosken, andere schleppten wild an Koffern und Pappkartons, die alle mit Band umwickelt waren, ramschten wohl bundesdeutschen Nippes nach Hause. – Ein junger Italiener im Abteil trug eine Plastiktüte aus einer deutschen Boutique mit sich, auf der ein nacktes Tittenweib abgebildet war. So stümmelten sich die Eindrücke bei mir zusammen.

Gegen halb acht hielt der Zug in Olten, Schweiz. Die Schweiz ist gar nicht so viel Schönes für das Auge, wie Freyend den Amerikaner zitierte. Für das Ohr ist bereits die schweizerdeutsche Sprache entsetzlich und lächerlich, als ob sie alle mit verschleimter Kehle in einem Sing-Sang sprechen würden. Wieder waren überall junge Soldaten, die an ihren Gewehren schleppten. – Draußen waren gelbe Herbstwälder, rotbraun, grüngelb, schwarzrot, die sich in blättrigen Wällen die Hügel hochzogen, dazwischen intensive grüne Wiesen, über die langsam schwarze Vögel, Krähen, flogen, mit ihren zerfransten Flügeln andere Vögel ebenfalls schwarz, über Ackerstücke. Etwa gegen acht Uhr war der Zug in Luzern. – Ich habe lange Zeit über im Gang am Fenster gestanden, das Fenster etwas runtergedrückt und nur hinausgesehen. – Im Gang hockten und standen sie gedrängt. Auf den Platz im Abteil neben mir hatte ich meine Taschen gestellt, um nicht zu beengt zu sein durch Leute, aber ich konnte die Stelle nicht halten. – Frühstückte um die Zeit langsam und ausgiebig, aß zwei Eier und die Brötchen, dazu einen Apfel und einige Pflaumen und trank eine Cola. – Im Abteil wurde es stickig, die Beine konnte man nirgendwohin ausstrecken, und die Italiener redeten wild und unermüdlich, die Laute verschlangen sich gegenseitig. Im Gepäcknetz über dem Inder eine Plastiktüte von Coop und der Spiegel. – Auf den Schweizer Bahnhöfen erklingen Signale bei

Einfahrten oder Ausfahrten des Zuges wie große, schwerfällige Kuhglocken, mehrere dumpfe Schläge. Dann kam Nebel auf, und darin verschwanden die Blätterfarben, die vorbeiziehenden Landstücke, auf die so lange ich auch nicht sehen kann. – Irgendwie verging dann die Zeit bis gegen zwölf, nein, bis gegen halb elf, wo der Bezirk um den Gotthard erreicht war, und da wurde draußen die Landschaft wieder aufregend – nämlich dieser weiße Nebel, und dazwischen gerissen dünne, tiefe, schmale Wasserrinnen, kalte, feuchte Gesteinsbrocken wild durcheinander, ab und zu eine glatte Asphaltstraße, die in einem Berg verschwand, auch im Zug wurde es hell und dunkel wegen der Tunnel, dann Bruchstücke von Straßenschleifen, einzelne Häuser an der Bahnstation, die gleich neben einem steilen Abhang standen, das Ganze in eine feuchte, diesige kalte Nebelstimmung eingepackt, – immer waren nur Fetzen der Landschaft draußen zu sehen, runde, ovale, übergroße Felsbrocken, Abhänge, steinige Rinnsale, die Farben wechselten oder gingen durcheinander von hellem, verwaschenem Grau in ein dunkles Grau – bis dann der Gotthard-Tunnel kam – ein feuchter, von kaltem Nebel beschlagener Bahnhof, lichtlos, nur die nassen Schienen und nassen stehenden Wagen und Züge – kein lebhaftes Rangieren – eine auffällige Stille, die einfach nur leer war – große rundbogige Löcher in einer Felswand und auf dem Nebengeleise ein stillstehender, wartender Güterzug, auf den Autos hinauffuhren – nur ein paar Pfiffe – unübersichtliche Konstruktionen aus Schienen und Wegen – draußen sah ich keinen einzigen sich bewegen – alles leer, bis der Zug sich weiter in Bewegung setzte nach einigen Minuten und in eines dieser schwarzen Löcher in den Berg reinfuhr, vielleicht eine Viertelstunde lang, nur in Abständen unterbrochen von einem Licht, irgendein Zugsignal oder Vermessungssignal an der Strekke. Und danach kam die wirklich total überraschende Umstimmung: glänzendes, wolkenloses Blau, Sonne, massive Felswände in einiger Entfernung, eine leichte Luft, – das totale Gegenteil der Landschaft eine Viertelstunde vorher – braune felsige Wände,

einige abfallende grauweiße Flächen weit an den zurückliegenden Bergspitzen, gelbes Laubgeflirre, kleine Bahnstationen – Aivolo und Castione-Arbedo – eine blendende weiße einzelne Wolke mitten in einem enormen glatten Blau über den Bergspitzen, und ich habe dagestanden und immerzu geschaut und Fotos gemacht. – Aber ich dachte nach einiger Zeit auch, daß das starre felsige aufgetürmte Land hier, diese nach einiger Zeit erschlagende Langeweile des Mächtigen, Betäubenden der Berge doch recht uninteressant ist, auch lebloser gegenüber einer Strandlandschaft oder dem Meer – immer nur zu staunen über gewaltige Felsbrocken, über diese Monströsität sagt mir nicht zu und macht auch leer. Oder denke ich an die Eindrücke aus einer flachen Heidelandschaft, so entbehrt dieses Gebirge doch einer Intensität, ist eben doch viel erschlagende Kulisse – den Bergzauber kann ich nicht verstehen, und so hat mich die Gegend auch nicht zum Aussteigen gereizt. Gewiß werde ich nicht in so eine Gegend fahren, um mich darin aufzuhalten – und Norwegen etwa würde mich viel stärker erregen können schon wegen der Kargheit, der ausgedehnten Leere, des leeren, menschenlosen Raumes, denn hier waren nun überall wieder Häuser, Menschen, vor einem Felsmassiv lag ein rostendes Schrottlager, gelbe Landbahnhöfe, die man als »lauschig« noch immer bezeichnen könnte.
Dennoch meine ich, und bei der Durchfahrt habe ich oft daran denken müssen, daß für Robert eigenartige Eindrücke und interessante Bilder herauskommen müßten, und daß sich die lange Fahrt nur wegen dieses harten Wechsels und dann wegen dieser Berge gelohnt hat. Er kennt doch gar nicht Berge und sollte sie sehen, und so müßtest Du einmal überlegen, wie das zu machen wäre auf einem Besuch nach hier. Vielleicht sogar einen Tag Station hier zu machen, mitten in dieser Postkartenkulisse. Sieh Dir das mal auf dem Atlas an. Du hast doch mit Reisen viel mehr Erfahrung trotz des Robert gewonnen als ich und kannst Dich doch viel besser darin bewegen. Das ist nicht nur ein Kompliment für Dich, sondern das habe ich ja gemerkt.

Gegen elf Uhr sah ich in Bellinzona auf dem Bahnhof die erste Fächerpalme stehen. An den Berghängen überall stehen Häuser. Das ganze Tal ist in diesen kleinen Kästen aufgeteilt. Die Luft war sehr lau und angenehm. – Dann kamen die Seen, die Hotels, der Luganer See, der Como-See, dicht hintereinander. Ein paar Enten am Ufer, verstaubte Rolläden, die stille Fläche des Wassers, gegen Mittag, kein Boot darauf, gelbe Lichtflecken und schwarze scharfe Schatten, bis gegen zwölf Uhr die Grenze erreicht war: Chiasso.
Von da an übernahm die italienische Eisenbahn den Betrieb. – Vorher, auf der einstündigen permanenten hinabgleitenden Fahrt aus den Bergen heraus, qualmten die Bremsen des Zuges, ein Geruch wie nach zerschmorendem Zelluloid wehte an den Wagen entlang. – Sofort, in Italien, wurde alles verwahrloster. Der Unterschied ist auffällig. Vor allem die Menge des rausgekippten Drecks, zerfallene Häuser und wirklich öde Mietskasernen, auf den Balkons hängt Wäsche. Staubige Büsche entlang der Bahn, die mit grauem fleckigen Papier behangen sind, und der Zug legte ein irrwitziges Tempo vor. Das Flitzen und Rumpeln war regelrecht wüst, und ich hatte den Eindruck, daß der Lokführer kräftig in die Pedale tritt, um rauszuholen, was an Geschwindigkeit möglich war. Zwischendurch wieder das Empfinden, daß der Zug vor lauter verrückter Geschwindigkeit aus den Schienen springen müßte. – Die Landschaft zerfetzt, öde, kaputt.
Um zwanzig vor eins kam Mailand. Inzwischen war draußen wieder das Licht fade geworden, ein ausgelaugtes Licht, mit grauem porösem Dunst vermischt. – Ich wunderte mich bei der Einfahrt in den Mailänder Bahnhof über das viele Papier und den Abfall, der über die breite Schienenfläche verstreut lag, auf dem Schotter und zwischen Geleisen, fast gleichmäßig verteilt, bis ich sah, als der Zug stand und nachdem zwei Männer mit Strohbesen und Kehrblech in schwarzen Trauerjacken durch die Gänge gefegt hatten, wie der lose zusammengefegte Müll einfach aus einer Wagentür vorne nach draußen gekippt wurde. Im Hintergrund eine lange Kette monotoner Mietskasernen mit vielen TV-Antennen,

offensichtlich will jeder einzelne Mieter hier seine eigene Antenne haben! Ein jüngerer Bahnarbeiter, irgendein Rangier-Mann, bewegte sich wie ein amerikanischer Reklame-Cowboy, wieder Rangier-Pfiffe in der hohen, total öden eisernen und zugigen Bahnhofshalle Mailands, so ein Monstrum an Häßlichkeit und Leere habe ich selten gesehen. Dann Dunst, Rauch, blasse Sonne. Zerfallene Höfe, bei der Ausfahrt sah ich einen Hochhausblock, um den herum unten buchstäblich ein Wall von ausgewrackten Kleinwagen sich gebildet hatte.
Gegen zwei Uhr nach Mailand aß ich zu Mittag, wieder Brötchen, kaufte mir einen winzigen Kaffee, denn ich hatte in der Schweiz morgens, als ich die Cola kaufte, als Wechselgeld einige italienische Münzen bekommen. – Erst jetzt wieder kam flaches Land und es waren weniger Leute im Abteil, so daß ich ein wenig aufatmen konnte.
Nebliger Dunst fünf nach zwei in Piacenza, ich konnte einfach nicht mehr sitzen, das Abteil war inzwischen wieder gefüllt. Aber stehen konnte ich auch nicht mehr recht. Kein hübsches Mädchen, das ich zu einem Anlaß für einen Tagtraum hätte nehmen können, der Nachmittag wurde düsterer und nasser. Neben mir sah ein älterer Mann sich eine Illustrierte durch, in der es von nackten Stellungen und Weibern nur so wimmelte, grau in grauem Druck streckte da eine Nuß ihren Höschen-Hintern dem Betrachter ins Gesicht, mitten in diesem vollen ausgelaugten Abteil und in diesem nasser, dunstiger und lichtloser werdenden Samstagnachmittag. – Ist Dir schon mal aufgefallen, wie irrsinig zerstückelt die Gegenwart ist, wenn man einen Augenblick auseinandernimmt in seine einzelnen Bestandteile und sie dann neu zusammenfügt? – Vor den haarigen Geschlechtsteilen der Mädchen in der Illustrierten waren immer schwarze Balken gesetzt, jedoch so daß immer noch ein dünner Rand der Schamhaare zu sehen war. Und draußen weiter die zerfetzte oder einfach nur liegengelassene Landschaft, wenig interessant. Über dem dösenden Inder gegenüber fiel mir nun das Foto eines alten

Klosterhofes mit Kreuzgang auf. – Um zwanzig vor vier hatte ein dichter, lichtloser Regen eingesetzt, und schmierige kleine Bahnhöfe zogen vorbei. Um diese Zeit wurde die Fahrt für mich langsam zu einer Art Delirium, nach der nervösen halbwachen Nachtfahrt, der putzigen Schweiz, dem verlodderten Norditalien, dazwischen ein paar Postkarteneindrücke der Seen, und ich habe gemerkt, daß diese Fahrt eine Ochsentour ist. – Der Eindruck einer allgemeinen Verkommenheit, die draußen unermüdlich sichtbar wurde, schien mir so sehr mit einer Gruppe junger Polizisten in Einklang zu stehen, die inzwischen im Gang standen und nach Rom fuhren, ihre weißen Hemden, die baumelnden Pistolen an den Haken der sauberen Uniformjacken, die glatt rasierten Gesichter, das Heft mit Kreuzworträtsel, das einer von ihnen hatte und mit dem er sich beschäftigte, dazu die glänzenden Uniformknöpfe.

Sechs Uhr abends wurde es kalt und dunkel. Da ist Arezzo vorbeigeflitzt. Ein Stück halber weißer zunehmender Mond tauchte auf. Grauweißes Regenwolkengetümmel. Ich nickte am Fenster eingepackt zwischen den Unterhaltungen der anderen Reisenden kraftlos immer wieder ein, muß auch wohl halbestundenweise richtig eingeschlafen sein, wie, in welcher Haltung ist mir rätselhaft, war einfach weg.

Halb neun kam dann Rom.

BRUCE CHATWIN

Ein Putsch

Der Putsch begann am Sonntag morgen um sieben Uhr. Die Dämmerung war grau und windstill, und die grauen Brandungswellen des Atlantiks brachen sich in langen, gleichmäßigen Reihen am Strand. Die Palmen jenseits der Flutgrenze zitterten in einem Hauch kühlerer Luft, die von den Brechern her landeinwärts strömte. Draußen auf dem Meer, hinter der Brandungslinie, waren ein paar schwarze Fischerboote. Bussarde kreisten über dem Markt und stießen dann und wann herab, um sich Fleischabfälle zu schnappen. Die Schlachter waren bei der Arbeit, auch am Sonntag.

Wir saßen in einem Taxi, als der Putsch begann, auf dem Weg in ein anderes Land. Wir waren im Hotel de la Plage und an der Sûreté Nationale vorbeigekommen, und dann fuhren wir unter einem schlaff herabhängenden Transparent hindurch, auf dem in roten Buchstaben verkündet wurde, der Marxismus-Leninismus sei der einzige Wegweiser. Vor dem Präsidentenpalast war eine Straßensperre. Ein Soldat bedeutete uns, anzuhalten, dann winkte er uns weiter.

»*Pourriture!* sagte mein Freund Domingo und grinste.

Domingo war ein junger honigfarbener Mulatte mit einem flachen, freundlichen Gesicht, einem krausen Schnurrbart und einem Mund voll schimmernder Zähne. Er war ein direkter Nachkomme von Francisco Felix de Souza, einem brasilianischen Sklavenhändler, über den ich damals ein Buch schrieb.

Domingo hatte zwei Frauen. Die erste Frau war alt, und die Haut hing ihr in losen Falten vom Rücken. Die zweite Frau war fast noch ein Kind. Wir waren unterwegs nach Togo, um uns ein Fußballspiel anzusehen und seinen Großonkel zu besuchen, der eine Menge alter Geschichten über den Sklavenhändler kannte.

Das Taxi war vollgestopft mit Fußballfans. Zu meiner Rechten saß ein sehr schwarzer alter Mann, in grünen und orangeroten Kattun gehüllt. Auch seine Zähne waren orangerot vom Kauen von Kolanüssen, und ab und zu spuckte er aus.

Draußen vor dem Präsidentenpalast hingen ein überdimensionales Plakat mit dem Staatsoberhaupt und zwei sehr viel kleinere mit Lenin und Kim Il Sung. Hinter der Straßensperre bogen wir nach rechts ab und fuhren durch das ehemalige Europäerviertel mit seinen Bungalows und Bougainvilleahecken neben dem Eingang. Zu beiden Seiten der asphaltierten Straße gingen Marktfrauen im Gänsemarsch, mit Schalen und Körben, die sie auf dem Kopf balancierten.

»Was ist da los?« fragte ich. Weiter vorn, in Richtung des Flughafens, herrschte ein Durcheinander.

»Unfall!« sagte Domingo achselzuckend.

Die Frauen kreischten, ließen ihre Yamswurzeln und Ananas fallen und flüchteten sich in den Schutz der Gärten. Ein weißer Peugeot schoß die Straße hinunter, schwenkte nach rechts und links, um den Frauen auszuweichen, und dann hörten wir den Donner von Geschützfeuer. »*C'est la guerre!*« rief unser Fahrer und wendete das Taxi. »Ich habe es gewußt.« Domingo packte mich am Arm. »Ich habe es kommen sehen.«

Die Sonne war aufgegangen, als wir im Zentrum Cotonous ankamen. Auf dem Taxiparkplatz war die Menge in Panik geraten und hatte eine Kohlenpfanne umgeworfen. Ein Stapel Kisten hatte Feuer gefangen. Ein Polizist pfiff auf seiner Pfeife und schrie nach Wasser. Über den Dächern stieg eine schwarze Rauchsäule immer höher.

»Sie brennen den Palast nieder«, sagte Domingo. »Schnell! Laufen Sie los!«

Wir rannten, stießen mit anderen rennenden Gestalten zusammen und rannten weiter. Ein Mann rief »Söldner!« und griff nach meiner Schulter. Ich duckte mich, und wir wichen in eine Seitenstraße aus. Ein Junge in einem roten Hemd winkte mich in eine Bar. Drinnen war es dunkel. Menschen standen dichtgedrängt um ein Radio. Dann schrie mich der Barkeeper an (wild, auf afrikanisch). Und plötzlich war ich wieder draußen auf der staubigen roten Straße, meinen Kopf mit den Armen schützend, während mich vier grimmige, beißenden Schweiß ausströmende Männer knufften und gegen die Wellblechhütte drängten, bis die Gendarmen in einem Jeep kamen und mich mitnahmen.

»Zu Ihrer eigenen Sicherheit«, sagte ihr Vorgesetzter, als die Handschellen an meinen Gelenken zuschnappten.

Das letzte, was ich von Domingo sah, war, wie er auf der Straße stand und weinte, als der Jeep davonfuhr; dann verschwand er in einem Wirbel bunter Kattuns.

In der Arrestzelle der Kaserne kauerte ein magerer Junge, nackt bis auf die purpurrote Unterhose, mit dem Rücken zur Wand. Seine Hände und Füße waren mit Stricken gefesselt, und er hatte die gräuliche Gesichtsfarbe, die Afrikaner bekommen, wenn sie wirklich Angst haben. Ein Gecko hing reglos an der weißgetünchten Wand. Draußen vor der Tür war ein Papayabaum mit einem hohen, schuppigen Stamm und gelblichen Früchten. Eine Lehmmauer lief am äußersten Ende des Gefängnishofes entlang. Hinter der Mauer ging das Artilleriefeuer weiter und auch das durchdringende Wehklagen von Frauen.

Ein Unteroffizier kam herein und durchsuchte mich. Er war klein, drahtig und hager, und seine Backenknochen glänzten. Er nahm mir Armbanduhr, Brieftasche, Paß und Notizbuch ab.

»Söldner!« sagte er und zeigte auf die aufgesetzte Tasche meiner Khakihose. Sein Zahnfleisch war schwammig, und er roch aus dem Mund.

»Nein«, sagte ich unterwürfig. »Ich bin Tourist.«

»Söldner!« kreischte er und schlug mir ins Gesicht – nicht fest, doch fest genug, daß es weh tat.

Er hielt meinen Füllfederhalter hoch. »Und das?«

»Ein Füller«, sagte ich.

»Wozu?«

»Zum Schreiben.«

»Eine Pistole?«

»Keine Pistole.«

»Doch Pistole!«

Ich saß auf einer Bank und starrte den mageren Jungen an, der immer noch auf seines Zehen starrte. Der Unteroffizier saß mit gekreuzten Beinen in der Tür, seine Maschinenpistole auf mich gerichtet. Draußen auf dem Hof teilten zwei Sergeanten Gewehre aus, und ein Lastwagen wurde mit Soldaten beladen. Die Soldaten setzten sich, die Gewehre zwischen den Oberschenkeln aufgepflanzt. Der Oberst kam aus seinem Dienstraum und verabschiedete sie. Als der Lastwagen davonschwankte, kam er schwerfällig zur Arrestzelle herüber.

Der Unteroffizier nahm Haltung an und zeigte auf mich. »Söldner, Genosse Oberst!«

»Ab heute«, sagte der Oberst, »gibt es keine Genossen mehr in unserem Land.«

»Jawohl, Genosse Oberst«, sagte der Mann und nickte; doch er besann sich und fügte hinzu: »Jawohl, mein Oberst.«

Der Oberst scheuchte ihn mit einer Handbewegung weg und musterte mich mit düsterem Blick. Er hatte eine tadellos gebügelte Fallschirmjägerhose an, einen roten Stern an seiner Mütze und einen weiteren roten Stern an seinem Aufschlag. Eine Fettwulst quoll an seinem Nacken hervor, seine dicken Lipppen hingen an den Mundwinkeln herab. Er sieht aus wie ein trauriges Flußpferd, dachte ich. Ich sagte mir, ich dürfe nicht denken, daß er wie ein trauriges Flußpferd aussehe. Was auch geschieht, er darf nicht denken, daß ich denke, er sieht wie ein trauriges Flußpferd aus.

»*Ah, Monsieur!*« sagte er in leisem, deprimiertem Ton. »Was tun Sie hier in unserem armen Land?«
»Ich bin als Tourist hergekommen.«
»Sie sind Engländer?«
»Ja.«
»Aber sie sprechen ausgezeichnet Französisch.«
»Passabel«, antwortete ich.
»Mit einem Pariser Akzent, würde ich sagen.«
»Ich habe in Paris gelebt.«
»Auch ich habe Paris besucht. Eine wunderbare Stadt!«
»Die wunderbarste Stadt überhaupt.«
»Aber Sie haben sich eine schlechte Zeit für Ihren Bexuch in Benin ausgesucht.«
»Ja«, stammelte ich. »Es sieht so aus, als sei ich in Schwierigkeiten geraten.«
»Sind Sie schon mal hiergewesen?«
»Einmal«, sagte ich. »Vor fünf Jahren.«
»Als Benin noch Dahomey war.«
»Ja«, sagte ich. »Ich hatte immer gedacht, Benin wäre in Nigeria.«
»Benin ist in Nigeria, und jetzt haben wir es hier bei uns.«
»Ich glaube, ich verstehe.«
»Beruhigen Sie sich, Monsieur.« Seine Finger machten sich daran, meine Handschellen zu öffnen. »Wir haben wieder einen kleinen Wechsel in der Politik. Nichts weiter! In solchen Situationen muß man die Ruhe bewahren. Verstehen Sie? Die Ruhe!«
Ein paar Kinder waren durch das Kasernentor gekommen und pirschten sich heran, um sich den Gefangenen anzusehen. Der Oberst erschien auf der Schwelle, und sie sprangen davon.
»Kommen Sie«, sagte er. »Sie sind sicherer, wenn Sie bei mir bleiben. Kommen Sie, hören wir uns das Staatsoberhaupt an.«
Wir gingen über den Exerzierplatz zu seinem Dienstraum, wo er mir einen Stuhl anbot und nach einem Kofferradio griff. Über seinem Schreibtisch hing ein Foto des Staatsoberhaupts, mit

einer Fidel-Castro-Mütze. Die Wangen waren ein Flechtwerk von Stammesnarben.

»Das Staatsoberhaupt«, sagte der Oberst, »spricht dauernd im Rundfunk. Wir nennen es das *journal parlé*. In diesem Land ist es ein Verbrechen, sich das *journal parlé nicht* anzuhören.«

Er drehte am Knopf. Die Militärmusik brach in abgehackten Stößen hervor.

Bürger von Benin...die Lage ist ernst. Heute morgen um sieben Uhr landete eine nicht identifizierte DC-8 auf unserem internationalen Flughafen in Cotonou mit einer betrunkenen Bande von Söldnern an Bord ... schwarzen und weißen ... finanziert von den Handlangern des internationalen Imperialismus ... Ein hinterhältiges Komplott, um unser demokratisches und einsatzfähiges Regime zu stürzen.

Der Oberst stützte sein Gesicht in die Hände und seufzte: »Die Somba! Die Somba!!«

Die Somba kamen aus dem entlegenen Nordwesten des Landes. Sie feilten sich die Zähne spitz und waren vor nicht allzu langer Zeit noch Kannibalen gewesen.

»...Haben einen hinterhältigen Angriff auf unseren Präsidentenpalast unternommen ...«

Ich sah wieder hoch zur Wand. Das Staatsoberhaupt war ein Somba – und der Oberst war ein Fon.

»...Die Bevölkerung wird aufgefordert, sich mit Steinen und Messern zu bewaffnen, umd diese betrunkene Bande zu töten ...«

»Eine aufgezeichnete Rede«, sagte der Oberst und drehte das Radio leister. »Sie wurde gestern auf Band aufgenommen.«

»Sie meinen ...«

»Nur Ruhe, Monsieur. Sie verstehen das nicht. In diesem Land versteht man gar nichts.«

Sicher war, daß der Oberst immer weniger verstand, je weiter der Morgen voranschritt. Zum Beispiel verstand er nicht, warum dem Kommuniqué von neun Uhr zufolge die Söldner in einer DC-8-Düsenmaschine gelandet waren, während sich um zehn das Flugzeug in eine Turboprop DC-7 verwandelt hatte. Gegen elf brach die Musik wieder ab, und das Staatsoberhaupt gab den Sieg der Regierungskräfte bekannt. Der Feind, sagte er, habe *en catastrophe* den Rückzug in die Sümpfe von Ouidah angetreten.

»Da ist etwas schiefgegangen«, sagte der Oberst, der stark erschüttert wirkte. »Entschuldigen Sie mich, Monsieur. Ich muß Sie verlassen.«

Auf der Schwelle zögerte er, dann trat er ins Sonnenlicht hinaus. Die Falken warfen flüchtige spiralförmige Schatten auf den Boden. Ich bediente mich aus seiner Feldflasche. Die Schüsse waren jetzt aus größerer Entfernung zu hören, und in der Stadt war es ruhiger. Zehn Minuten später marschierte der Unteroffizier in den Dienstraum. Ich hielt die Hände über den Kopf, und er geleitete mich zurück zur Arrestzelle.

Es war sehr heiß. Der magere Junge war weggebracht worden, und auf der Bank im Hintergrund saß ein Franzose.

Draußen, an den Papayabaum gebunden, keuchte ein Springerspaniel und zerrte an seiner Leine. Zwei Soldaten saßen in der Hocke und versuchten, die Schrotflinte des Franzosen auseinanderzunehmen. Ein dritter Soldat wühlte in seiner Jagdtasche und legte ein paar Rebhühner und ein Perlhuhn auf den Boden.

»Würden Sie dem Hund bitte etwas Wasser geben?« bat der Franzose.

»Hä?« Der Unteroffizier entblößte sein Zahnfleisch.

»Der Hund«, sagte er und zeigte auf ihn. »Wasser!«

»Nein.«

»Was ist los?« fragte ich.

»Die Affen machen mein Gewehr kaputt und bringen meinen Hund um.«

»Da draußen, meine ich.«

»*Coup monté*«

»Und das bedeutet?«

»Man heuert ein Flugzeug mit Söldnern an, die die Stadt terrorisieren sollen. Damit man sieht, wer die Freunde sind und wer die Feinde. Die Feinde erschießt man. So einfach ist das!«

»Schlau.«

»Sehr schlau.«

»Und wir?«

»Vielleicht brauchen sie ein paar Leichen. Als Beweis!«

»Vielen Dank«, sagte ich.

»War nur ein Scherz.«

»Trotzdem vielen Dank.«

Der Franzose war Wasserbauingenieur. Er baute im Landesinnern artesische Brunnen und war auf Urlaub in die Hauptstadt gekommen. Er war ein kleiner, kräftiger Mann mit einem Bauchansatz, kurzgeschorenem grauen Haar und einem Netz weißer Lachfältchen auf seinen ledrigen Wangen. Er war *en mercenaire* gekleidet, getarnt mit einem Anzug aus imitierter Pythonhaut, um im Wald vor der Stadt ein paar Vögel zu schießen.

»Was halten Sie von meinem Aufzug?« fragte er.

»Passend«, sagte ich.

»Vielen Dank.«

Die Sonne stand senkrecht. Die Farbe des Exerzierplatzes war zu einem rosigen Orange verblaßt, und die Soldaten stolzierten in ihren eigenen Schattenumrissen auf und ab. Auf der Mauer spreizten die Geier ihre Flügel.

»Sie warten«, scherzte der Franzose.

»Vielen Dank.«

»Keine Ursache.«

Unser Blick auf das morgendliche Unterhaltungsprogramm wurde durch die Breite des Türrahmens begrenzt. Wir konnten jedoch beobachten, wie eine Gruppe Soldaten ihren Exoberst auf schäbigste Art behandelte. Wir fragten uns, wie er noch am Leben sein konnte, als sie ihn wegschleppten und auf den Rücksitz eines Jeeps warfen. Der Unteroffizier hatte das Radio des Obersten an sich genommen und wiegte es auf den Knien. Das Staatsoberhaupt bellte blutrünstig: »*Mort aux mercenaires soit qu'ils sont noirs ou blancs* ...« Auch die Kinder waren in großer Zahl wieder da, sie hüpften auf und ab, fuhren sich mit dem Finger quer über die Kehle und riefen im Chor: »*Mort aux mercenaires! ... Mort aux mercenaires!*...«

Gegen Mittag kam der Jeep zurück. Eine geschmeidige junge Frau sprang heraus und begann, mit schriller Stimme Befehle an einen Infanteriezug auszugeben. Sie trug einen schlammbefleckten Kampfanzug. Wirre Zöpfe ringelten sich wie Schlangen unter ihrer Mütze hervor.

»So«, sagte mein Gefährte. »Der neue Oberst.«

»Ein Amazonen-Oberst«, sagte ich.

»Ich habe es immer gesagt«, meinte er. »Traue niemals einem halbwüchsigen Amazonen-Oberst.«

Er bot mir eine Zigarette an. In der Schachtel waren zwei, und ich nahm eine davon.

»Danke«, sagte ich. »Ich rauche nicht.«

Er zündete meine Zigarette an, dann seine und blies einen Rauchring an die Decke. Der Gecko an der Wand hatte sich nicht von der Stelle gerührt.

»Ich heiße Jacques«, sagte er.

Ich nannte ihm meinen Namen, und er sagte: »Mir gefällt das alles nicht.«

»Mir auch nicht«, sagte ich.

»Nein«, sagte er. »In diesem Land gibt es keine Regeln.«

Es gab auch keine Regeln, jedenfalls keine, die man sich vorstellen konnte, als der Unteroffizier von seiner Unterredung mit der Amazone zurückkam und uns befahl, uns bis auf die Unterhose auszuziehen. Ich zögerte. Ich war nicht sicher, ob ich überhaupt eine Unterhose anhatte. Doch ein Gewehrlauf in meinem Rücken überzeugte mich, daß meine Hose fallen mußte – ob Unterhose oder nicht –, doch dann stellte ich fest, daß ich rosa-weiße Boxershorts von Brooks Brothers trug.

Jacques trug einen grünen Slip. Wir müssen ein schönes Paar abgegeben haben – mein Rücken geschwollen von Moskitostichen, er mit seinem Bauch, der über dem elastischen Bund hervorquoll –, als der Unteroffizier uns nach draußen führte, uns barfuß über die heiße Erde gehen und uns mit erhobenen Händen an der Mauer stehen ließ, die die Geier mit ihren aschgrauen, nach Ammoniak riechenden Exkrementen verdreckt hatten.

»*Merde!*«sagte Jacques. »Was nun?«

Ja, was? Ich hatte keine Angst. Ich war müde und schwitzte. Meine Arme schmerzten, meine Knie gaben nach, meine Zunge fühlte sich an wie Leder, und meine Schläfen pochten. Aber all das machte mir keine Angst. Es war zu sehr wie in einem zweitklassigen Film, als daß es angst gemacht hätte. Ich begann die Tupfen von Hirsespreu zu zählen, die in die lehmverputzte Mauer eingebettet waren ...

Ich dachte an den Morgen vor fünf Jahren, meinen ersten Morgen in Dahomey, unter den hohen Bäumen in Parakou. Ich hatte eine anstrengende Nacht hinter mir, denn ich war auf der dicht besetzten Ladefläche eines Lastwagens aus der Wüste gekommen, und beim Frühstück in der Kneipe an der Landstraße fragte ich den Kellner, was es in der Stadt zu sehen gäbe.

»Patrice.«

»Patrice?«

»Das bin ich«, sagte er grinsend. »Und, Monsieur, es gibt noch Hunderte anderer hübscher Mädchen und Jungen, die die ganze Zeit die Straßen von Parakou auf und ab gehen.«

Ich dachte auch an das Mädchen, das am Bahnhof von Dassa-Zoumbé Ananas verkaufte. Es war ein drückend heißer Tag gewesen, der Zug fuhr langsam, das Land war verbrannt. Ich hatte Gides *Uns nährt die Erde* gelesen, und als wir nach Dassa hineinfuhren, war ich bei der Zeile angelangt »*O cafés –ou notre démence s'est continuée trés avant dans la nuit ...*« Nein, dachte ich, das bringt mich nicht weiter, und sah aus dem Abteilfenster. Ein Korb mit Ananas hatte draußen haltgemacht. Das Mädchen unter dem Korb lächelte, und als ich ihr den Gide gab, rang sie nach Luft, warf alle sechs Ananas ins Abteil und lief davon, um ihn ihren Freundinnen zu zeigen – die ihrerseits über die Gleise gesprungen kamen und riefen: »Ein Buch, bitte? Ein Buch? Ein Buch?« Und *hinaus* gingen ein Krimi mit Eselsohren und Saint-Exupérys *Nachtflug*, und *hinein* kamen die »Früchte der Erde« – die echten: Papayas, Guaven, noch mehr Ananas, eine gegrillte Sumpfratte und ein Hut aus Palmblättern.

»Diese Mädchen«, erinnere ich mich, in mein Notizbuch geschrieben zu haben, »sind die letzten Produkte des französischen Schulsystems.«

Und was nun?

Die Amazone schrie auf den Infanteriezug ein, und wir horchten angestrengt auf das Klicken von Gewehrsicherungen.

»Ich glaube, die treiben nur ihre Spielchen mit uns«, sagte Jacques mit einem schnellen Blick zur Seite.

»Das will ich hoffen«, murmelte ich. Ich mochte Jacques. Wenn man schon hiersein mußte, war es gut, mit ihm zusammen hierzusein. Er war ein alter Afrika-Hase und hatte schon andere Putsche erlebt.

»Das heißt«, fügte er verdrießlich hinzu, »wenn sie sich nicht betrinken.«

»Vielen Dank«, sagte ich und blickte über die Schulter auf den exerzierenden Trupp.

»Nicht umdrehen!« bellte der Unteroffizier. Er stand neben uns, das Hemd bis zum Nabel offen. Augenscheinlich war er bestrebt, eine gute Figur zu machen.

»Zieh deinen Bauchnabel ein«, murmelte ich auf englisch.

»Nicht sprechen!« sagte er drohend.

»Ich spreche ja gar nicht.« Ich ließ die Wörter nicht über meine Lippen. »Aber bleib da. Verlaß mich nicht. Ich brauche dich.«

Die vor Hitze und Erregung tobende Menge, die zum Gaffen gekommen war, schrie: »*Mort aux mercenaires! ... Mort aux mercenaires!*«, und meine Gedanken rasten zurück zu den Schrecken des alten

Dahomey, bevor die Franzosen kamen. Ich dachte an die Sklavenkriege, die Menschenopfer, die Haufen zertrümmerter Schädel. Ich dachte an Domingos anderen Onkel, »den Brasilianer«, der uns in seinem Schaukelstuhl empfing, mit weißen Segeltuchhosen und einem Tropenhelm bekleidet. »Ja«, seufzte er, »die Dahomeyer sind ein charmantes und intelligentes Volk. Ihre einzige Schwäche ist ein gewisser nostalgischer Hang, Köpfe abzuschneiden.«

Nein. Das war nicht mein Afrika. Nicht dieses verregnete Afrika voller verfaulender Früchte. Nicht dieses Afrika voller Blut und Gemetzel. Das Afrika, das ich liebte, war das weite, wellige Savannenland im Norden, das »wie Leopardenfell gesprenkelte Land«, wo windgestutzte Akazien sich erstreckten, so weit das Auge reichte, und wo es schwarzweiße Nashornvögel und hohe rote Termitenhügel gab. Denn sobald ich in dieses Afrika zurückkam und eine Kamelkarawane sah, weiße Zelte oder einen einzelnen blauen Turban weiß entfernt in der flimmernden Hitze, wußte ich, daß das Paradies – einerlei, was die Perser sagten – niemals ein Garten war, sondern eine Wüste voll weißer Dornen.

»Ich träume«, sagte Jacques plötzlich, »von *perdrix aux choux*.«

»Ich hätte gern ein Dutzend Belons und eine Flasche Krug.«

»Nicht sprechen!« Der Unteroffizier fuchtelte mit seinem Gewehr, und ich machte mich halbwegs darauf gefaßt, daß der Kolben auf meinem Schädel heruntersausen würde.

Und wenn schon? Was würde es ausmachen, wenn ich doch jetzt schon das Gefühl hatte, als wäre mein Schädel gespalten? War das ein Sonnenstich? fragte ich mich. Wie seltsam auch, daß bei dem Versuch, mich auf die Mauer zu konzentrieren, jedes Stückchen Spreu eine deutliche, besondere Erinnerung an Essen und Trinken auslöste!

Es gab einen See in Mittelschweden, und in dem See gab es eine Insel, auf der die Fischadler nisteten. Am ersten Tag der Krebssaison ruderten wir zu der Fischerhütte hinüber und ruderten zu-

rück mit zwölf Dutzend Krebsen, die wir in einem Fangnetz hinter uns herzogen. Am Abend des gleichen Tages kamen sie aus der Küche, ein scharlachroter, unter Dill begrabener Berg. Vom See reflektierte das nördliche Sonnenlicht in das helle weiße Zimmer hinein. Wir tranken Aquavit aus fingerhutgroßen Gläsern, und wir beendeten die Mahlzeit mit einem Kranichbeerkuchen. Ich hatte wieder den Geschmack der gegrillten Sardinen auf der Zunge, die wir auf dem Kai von Douarnenez gegessen hatten, und ich sah meinen Vater vormachen, wie sein Vater Sardinen *à la mordecai* aß: man faßte eine lebende Sardine beim Schwanz und schluckte sie hinunter. Oder die jungen Aale, die wir in Madrid gegessen hatten, mit Knoblauch und einer halben roten Pfefferschote in Öl gebraten. Es war ein kalter Frühlingsmorgen gewesen, und wir hatten zwei Stunden lang im Prado die Bilder von Velázquez betrachtet, eng umarmt, so schön war es, am Leben zu sein: Wir hatten unsere Reservierung für ein Flugzeug rückgängig gemacht, das abgestürzt war. Oder die Hummer, die wir in Cape Split Harbour in Maine gekauft hatten. In der Baracke auf der Mole war ein Anschlagbrett mit einer Kante gewesen, auf der eine Witwe den Freunden ihres Mannes für ihre Spenden dankte und inständig zum Herrn betete, sie möchten sich im Boot festschnallen, während sie die Körbe einholten.
Wie lange, o Gott, wie lange noch? Wie lange würde ich mich auf den Füßen halten können, während sich die ganze Welt drehte ...?

Wie lange, das werde ich nie wissen, denn als nächstes erinnere ich mich, daß ich auf unsicheren Beinen über den Exerzierplatz schwankte, einen Arm um die Schulter des Unteroffiziers, den anderen um Jacques' Schulter gelegt. Dann gab Jacques mir ein Glas Wasser, und danach war er mir beim Anziehen behilflich.
»Sie sind ohnmächtig geworden«, sagte er.
»Vielen Dank«, sagte ich.
»Keine Sorge«, sagte er. »Sie treiben *wirklich* nur ihr Spielchen.«
Es war inzwischen später Nachmittag. Der Unteroffizier war bes-

serer Laune und erlaubte uns, draußen vor der Arrestzelle zu sitzen. Die Sonne brannte noch immer. Mein Kopf schmerzte noch immer, aber die Menge hatte sich beruhigt, und zu unserem Glück war diese besondere Einheit der Proletarischen Armee Benins auf eine neue Quelle des Vergnügens gestoßen – in Gestalt dreier belgischer Ornithologen, die sie in einem Sumpfgebiet gefangengenommen hatten, zusammen mit einem Leica-Objektiv, das Form und Größe eines Mörsers hatte.

Der Expeditionsleiter war ein fleischiger, rotbärtiger Mann, der anscheinend glaubte, mit Afrikanern könne man nur schreiend verhandeln. Jacques riet ihm, den Mund zu halten; doch als einer der Subalternen mit der Leica herumzuspielen begann, drehte der Belgier durch. Wie konnten sie es wagen? Wie konnten sie es wagen, seine Kamera anzufassen? Wie konnten sie es wagen, sie für Söldner zu halten? Sahen sie etwa aus wie Söldner?

»Und ich vermute, die da sind auch Söldner?« Er fuchtelte mit den Armen und deutete auf uns.

»Ich habe Ihnen gesagt, Sie sollen den Mund halten«, wiederholte Jacques.

Der Belgier achtete nicht auf ihn und brüllte weiter, man solle ihn freilassen. *Auf der Stelle! Jetzt gleich! Sonst! Hatte er verstanden?*

Ja. Der Subalterne hatte verstanden und schmetterte dem Belgier die Faust ins Gesicht. Nie habe ich jemanden so schnell zusammenbrechen sehen. Blut strömte über seinen Bart, und er fiel. Der Subalterne gab ihm einen Fußtritt, als er am Boden lag. Er lag auf der gestampften Erde und wimmerte.

»Idiot«, knurrte Jacques.

»Armes Belgien«, sagte ich.

Die nächsten Stunden würde ich lieber vergessen. Ich erinnere mich jedoch daran, daß ich fluchte, als der Unteroffizier meine Sachen zurückbrachte: »Verdammt, sie haben meine Reiseschecks geklaut« – und daß Jacques, der mich fest am Arm packte, flüsterte: »Jetzt halten *Sie* aber den Mund.« Ich erinnere mich, daß »John Brown's Body« aus dem Radio dröhnte und das Staatsoberhaupt die Bevölkerung diesmal dazu aufforderte, die Leichen einzusammenln. *Ramasser les cadavres* waren seine Worte, und seiner heiseren, unheilvollen Stimme war anzuhören, daß es sehr viele Tote gegeben hatte oder geben würde. Und ich erinnere mich, daß wir bei Sonnenuntergang in einem Minibus zur Ghezo-Kaserne gebracht wurden, wo Hunderte von Soldaten, allesamt siegestrunken, einander umarmten und küßten.

Unsere neuen Wächter befahlen uns, wieder unsere Kleider auszuziehen, und mit weiteren als Söldner Verdächtigten wurden wir in einem leeren Munitionsschuppen eingeschlossen. »Nun ja«, dachte ich beim Anblick so vieler nackter Körper, »je mehr wir sind, um so sicherer dürften wir sein.«

Es war drückend heiß in dem Schuppen. Die anderen Weißen machten einen fröhlichen Eindruck, doch die Schwarzen ließen die Köpfe zwischen den Knien hängen und zitterten. Nach Einbruch der Dunkelheit erlitt ein Missionsarzt, ein alter Mann, einen Kollaps und erlag einem Herzschlag. Die Wachen trugen ihn auf einer Bahre hinaus, und wir wurden zum Verhör in die Sûreté gebracht.

Es war ein hagerer Mann mit eingefallenen Schläfen, der uns verhörte; er hatte eine Haube aus wolligem weißem Haar, und seine Augen waren blutunterlaufene Schlitze. Er rekelte sich hinter seinem Schreibtisch und strich mit den Fingerspitzen liebevoll über die Klinge seines Bowiemessers. Jacques sagte, ich solle mich einen Schritt hinter ihn stellen. Als er an die Reihe kam, sagte er mit lauter Stimme, er sei bei der und der französischen Ingenieurfirma angestellt, und ich, fügte er hinzu, sei ein alter Freund von ihm.

»Weitergehen!« fauchte der Offizier. »Der nächste.«

Der Offizier schnappte sich meinen Paß, blätterte in den Seiten und begann, mich persönlich für bestimmte Vorgänge in Südafrika verantwortlich zu machen.

»Was tun Sie in unserem Land?«

»Ich bin Tourist.«

»Ihr Fall ist komplizierter. Stellen Sie sich dorthin.«

Ich stand wie ein Schuljunge in der Ecke, bis ein weiblicher Feldwebel mich abholte, um mir Fingerabdrücke abzunehmen. Sie war ein sehr großer Feldwebel. Mein Kopf pochte, und als ich mir Mühe gab, meinen kleinen Finger auf das Farbkissen zu drücken, bog sie ihn zurück; ich schrie »Au!«, und ihr Stiefel krachte auf meinen Fuß, der in einer Sandale steckte.

Die Nacht verbrachten neun von uns, allesamt Weiße, zusammengepfercht in einem heruntergekommenen Büro. Das Bild des Präsidenten hing schief an einer hellblauen Wand, neben einer zerbrochenen Gitarre und einer ausgestopften Zibetkatze, der man, zur Verhöhnung der Kreuzigung Christi, Schwanz und Hinterpfoten zusammengenagelt und die Vorderpfoten seitwärts ausgestreckt hatte.

Zusätzlich zu den Moskitostichen war mein Rücken mit wäßrigen Bläschen überzogen. Mein Zeh war stark entzündet. Der Wächter trat mich mit dem Fuß wach, sobald ich einnickte. Seine Wangen waren mit Narben bedeckt, und ich weiß noch, daß ich dachte, wie fern seine Stimme sich anhörte, als er sagte: »*On va vous fusiller.*« Gegen zwei oder drei Uhr morgens war in der Nähe eine Maschinengewehrsalve zu hören, und wir alle dachten: Jetzt ist es soweit: Aber es war nur ein Soldat, der, betrunken oder schießwütig, sein Magazin auf die Sterne entleert hatte.

Wir alle waren nicht traurig, als wir das erste Licht des Tages erblickten.

Es war wieder ein schmuddeliges Dämmerlicht, ein heftiger Wind blies landeinwärts, brachte die Bussarde ins Schwanken und bog die Kokospalmen. Auf der anderen Seite des Gefängnishofes drängte sich eine dichte Menge am Tor. Dann erkannte Jacques seinen Hausboy, und als er winkte, winkte der Junge zurück. Um neun trat der französische Vizekonsul in Erscheinung, unter Bewachung. Es war ein dicker Mann mit einem teigigen Gesicht, der sich unentwegt den Schweiß von der Stirn wischte und über die Schulter auf die Bajonettspitzen in seinem Rücken blickte.

»Messieurs«, stammelte er, »diese Situation ist für mich wahrscheinlich nicht ganz so unangenehm wie für Sie. Obwohl wir Pläne für Ihre Freilassung haben, darf ich unglücklicherweise nicht mit Ihnen über Ihre Freiheit sprechen, sondern nur über die Frage der Ernährung.«

»*Eh bien!*« sagte Jacques und grinste. »Sehen Sie meinen Boy dort drüben? Schicken Sie ihn zur Boulangerie Gerbe d'Or und lassen Sie uns Sandwiches bringen, mit Schinken, Pastete und Dauerwurst, reichlich Croissants für alle und drei kleine *pains au chocolats* für mich.«

»*Oui*«, sagte der Vizekonsul mit schwacher Stimme.

Dann kritzelte ich meinen Namen und meine Paßnummer auf ein Stück Papier und bat ihn, der britischen Botschaft in Lagos ein Telex zu schicken.

»Das kann ich nicht«, sagte er. »Ich kann mich in diese Angelegenheit nicht einmischen.«

Er kehrte uns den Rücken zu und watschelte davon, wie er gekommen war, gefolgt von beiden Bajonetten.

»Charmant«, sagte ich zu Jacques.

»Denken Sie an Waterloo«, sagte Jacques. »Und außerdem sind Sie ja vielleicht ein Söldner!«

Eine halbe Stunde später kam Jacques' Boy mit strahlenden Augen und einem Korb voller Proviant zurück. Jacques gab der Wache ein Sandwich, breitete den Rest auf dem Bürotisch aus, grub seine Zähne in ein kleines *pain au chocolat* und murmelte: »*Byzance!*«

Der Anblick von Nahrung hatte eine erstaunlich belebende Wirkung auf die belgischen Ornithologen. Die ganze Nacht hindurch waren die drei weinerlich und hysterisch gewesen, und jetzt schlangen sie die Sandwiches herunter. Sie entsprachen nicht meiner Vorstellung von einer angenehmen Gesellschaft. Ich blieb allein mit ihnen zurück, als die französischen Staatsbürger gegen Mittag auf freien Fuß gesetzt wurden.

»Machen Sie sich keine Sorgen.« Jacques drückte mir fest die Hand. »Ich werde tun, was ich kann.«
Er war noch keine zehn Minuten fort, als ein großer Deutscher mit einem roten Gesicht und wehenden blonden Haaren über den Hof geschritten kam, die Soldaten anschnauzte und die Bajonette beiseite schob.
Er stellte sich als der deutsche Botschaftsrat vor.
»Ich bedaure außerordentlich, daß Sie in diese mißliche Lage geraten sind«, sagte er in fehlerlosem Englisch. »Unser Botschafter hat offiziellen Protest angemeldet. Soweit ich verstanden habe, müssen Sie vor irgendeinem Militärgericht erscheinen. Kein Grund zur Sorge! Der Kommandeur ist ein netter Kerl. Die ganze Geschichte ist ihm unangenehm. Aber wir werden dasein, wenn Sie in das Gebäude hineingehen und wir werden dasein, wenn Sie wieder herauskommen.«
»Danke«, sagte ich.
»Wie auch immer«, fügte er hinzu, »der Wagen der Botschaft steht draußen, und wir fahren nicht eher fort, bis alle freigelassen sind.«
»Können Sie mir sagen, was eigentlich los ist?«
Der Deutsche senkte die Stimme: »Sie halten sich da besser raus!«

Das Gericht nahm seine Arbeit um eins auf. Ich war unter den ersten Gefangenen, die aufgerufen wurden. Ein junger Fanatiker begann, antikapitalistische Phrasen zu proklamieren, bis der kommandierende Oberst ihn zum Schweigen brachte. Der Oberst stellte dann ein paar belanglose Fragen, entschuldigte sich müde für die Unannehmlichkeiten, setzte seine Unterschrift in meinen Paß und äußerte die Hoffnung, daß ich meinen Urlaub in der Volksrepublik weiterhin genießen würde.
»Das hoffe ich auch«, sagte ich.
Draußen vor dem Tor dankte ich dem Deutschen, der auf dem Rücksitz seines klimatisierten Mercedes saß. Er lächelte und setzte die Lektüre der *Frankfurter Allgemeinen* fort.
Es war grau und schwül, und auf der Straße waren nur wenige

Menschen. Ich kaufte die Regierungszeitung und las ihren Bericht über den glorreichen Sieg. Es gab Bilder von drei toten Söldnern – ein Weißer, der zu schlafen schien, und zwei übel zugerichtete Schwarze. Dann ging ich zu dem Hotel, wo ich meine Reisetasche zur Aufbewahrung abgegeben hatte.

Die Frau des Hotelmanagers sah angegriffen und nervös aus. Ich durchsuchte meine Tasche und fand die beiden Reiseschecks, die ich in einer Socke versteckt hatte. Ich löste hundert Dollar ein, nahm mir ein Zimmer und legte mich hin. Ich blieb den Straßen fern, um den Patrouillen zu entgehen, die durch die Stadt streiften und Bürger verhafteten. Mein Zehnagel färbte sich schwarz, und mein Kopf schmerzte noch immer. Ich aß in meinem Zimmer, las und versuchte zu schlafen. Alle anderen Gäste waren entweder Guineer oder Algerier.

Gegen elf am nächsten Morgen las ich die traurige Geschichte von Frau Marmeladow in *Schuld und Sühne* und hörte den dumpfen Kanonendonner, der von der Ghezo-Kaserne herüberdrang. Vom Fenster blickte ich auf die Palmen, die Falken, eine Frau, die Mangos verkaufte, und eine Nonne, die aus dem Kloster trat.

Sekunden später war der Obststand umgeworfen, die Nonne davongeeilt, und zwei Panzerwagen fuhren dröhnend die Straße hinunter.

Es klopfte an der Tür. Es war der Hotelmanager.

»Bitte, Monsieur. Sie dürfen nicht hinaussehen.«

»Was ist los?«

»Bitte«, sagte er flehentlich, »Sie müssen das Fenster schließen.«

Ich schloß die Fensterläden. Der Strom war ausgefallen. Ein paar Streifen Sonnenlicht drangen durch die Ritzen, aber es war zu dunkel zum Lesen, daher legte ich mich aufs Bett und horchte auf die Salven. Es mußten viele Menschen umgekommen sein.

Es klopfte wieder.

»Herein.«

Ein Soldat trat ins Zimmer. Es war sehr jung und sah flott aus. Auf seinen Drillichhosen kreuzten sich jede Menge Patronengurte,

und seine Zähne glänzten. Er wirkte schrecklich nervös. Sein Finger zuckte am Abzug. Ich hob die Hände und stand auf.
»Da rein!« Er zeigte mit dem Lauf auf die Badezimmertür. Die Wände des Badezimmers waren blau gekachelt, und auf dem blauen Plastik-Duchvorhang waren tropische Fische abgebildet.
»Geld«, sagte der Soldat.
»Klar!« sagte ich. »Wieviel?«
Er sagte nichts. Ich warf einen Blick in den Spiegel und sah das klaffende Weiß seiner Augen. Er atmete schwer.
Ich ließ die Hand in meine Hosentasche gleiten: mein Impuls war, ihm alles zu geben, was ich hatte. Dann fingerte ich eine einzelne Banknote heraus und legte sie ihm in die ausgestreckte Hand.
»*Merci, Monsieur!*« Seine Lippen dehnten sich zu einem erstaunten Lächeln. »*Merci*«, wiederholte er und schloß die Badezimmertür auf. »*Merci*«, sagte er immer wieder, während er sich verbeugte und sich in den Flur zurückzog.
Dieser junge Mann, dachte ich beeindruckt, hatte ausgesprochen gute Manieren.

Die Algerier und Guineer waren Männer in braunen Anzügen, die den ganzen Tag in der Bar saßen, alkoholfreie Getränke schlürften und mir böse Blicke zuwarfen, sooft ich die Bar betrat. Ich beschloß, ins Hotel de la Plage umzuziehen, wo es andere Europäer und einen Swimmingpool gab. Ich nahm ein Handtuch, um schwimmen zu gehen, und begab mich in den Garten. Das Wasser im Pool war abgelassen worden: am Morgen des Putsches war ein junger Kanadier, der gerade seine Bahnen schwamm, von der Kugel eines Heckenschützen getroffen woren.
Die Grenzen des Landes waren geschlossen, ebenso der Flughafen. An diesem Abend aß ich zusammen mit einem Norweger, der in der Ölbranche arbeitete. Er behauptete, der Putsch sei inszeniert gewesen. Er hatte gesehen, wie die Söldner den Palast unter Beschuß genommen hatten. Er hatte sie aus der Bar gegenüber im Hotel des Cocotiers beobachtet.

»Alles habe ich gesehen«, sagte er, und sein Hals lief rot an vor Entrüstung. Der Palast sei verlassen gewesen. Die Armee habe sich in den Kasernen aufgehalten. Die Söldner hätten Unschuldige erschossen. Dann seien alle zum Flughafen zurückgefahren und davongeflogen.

»All das«, sagte er, »war inszeniert.«

»Nun ja«, sagte ich, »wenn es inszeniert war, dann bin ich darauf hereingefallen.«

Es dauerte noch einen Tag, bis der Flughafen geöffnet wurde, und zwei weitere, bis ich einen Platz in der Maschine nach Abidjan bekam. Ich hatte eine leichte Bronchitis und brannte darauf, das Land zu verlassen.

An meinem letzten Morgen sah ich ins »Paris-Snack« hinein, das in der guten alten Zeit, als Dahomey noch Dahomey war, einem Korsen namens Guerini gehört hatte. Er war zurück nach Korsika gegangen, als die Dinge noch gut standen. Die Barhocker waren mit rotem Leder bezogen, und der Barkeeper trug ein schweres goldenes Armband am Handgelenk.

Zwei nigerianische Geschäftsleute saßen mit zwei Huren beim Essen. An einem Tisch in der Ecke erblickte ich Jacques.

»*Tiens?* sagte er und grinste. »Noch am Leben?«

»Das habe ich Ihnen und den Deutschen zu verdanken«, sagte ich.

»*Braves boches!*« Er winkte mich auf die Sitzbank. »Sehr intelligente Leute.«

»*Braves boches*«, pflichtete ich ihm bei.

»Trinken wir eine Flasche Champagner.«

»Ich habe nicht viel Geld.«

»Der Lunch geht auf meine Rechnung«, sagte er mit Nachdruck. »Pierrot!«

Der Barkeeper neigte kokett den Kopf zur Seite und kicherte.

»Ja, Monsieur Jacques.«

»Dies ist ein englischer Gentleman, und wir müssen eine ganz

besondere Flasche Champagner für ihn finden. Haben Sie Krug?«
»Nein, Monsieur Jacques. Wir haben Roederer. Wir haben Bollinger, und wir haben Mumm.«
»Bollinger«, sagte ich.
Jacques verzog das Gesicht. »Und zu Guerinis Zeiten konnte man seine Austern bekommen. Wurden zweimal in der Woche aus Paris eingeflogen ... Belons .... Claires .. Portugaises ...«
»Ich erinnere mich an ihn.«
»Er war ein Original.«
»Erzählen Sie.« Ich beugte mich vor. »Was war eigentlich los?«
»Psst!« Seine Lippen wurden schmal. »Es gibt zwei Theorien, und sobald ich den Eindruck habe, daß uns jemand zuhört, wechsle ich das Thema.«
Ich nickte und sah in die Speisekarte.
»Der offiziellen Version zufolge«, sagte Jacques, »wurden die Söldner von Emigranten aus Dahomey in Paris angeheuert. Das Flugzeug startete von einem Militärflugplatz in Marokko, hat in Abidjan aufgetankt ...«
Eine der Huren stand von ihrem Tisch auf und schwankte durch das Restaurant zur Damentoilette.
»66 war ein wunderbarer Jahrgang«, sagte Jacques mit Entschiedenheit.
»Mir ist er älter sogar lieber«, sagte ich, als die Hure vorbeirauschte. »Dunkel und kaum prickelnd ...«
»Das Flugzeug flog von Gabun, um den Kommandeur abzuholen ..., der angeblich ein Berater von Präsident Bongo ist ...« Dann erklärte der, der Pilot der gecharterten DC-8 habe sich in Libreville geweigert, weiterzufliegen, und die Söldner mußten auf eine DC-7 umsteigen.
»Mit ihrer Ankunft am Flughafen wurde also gerechnet ...«
»Genau«, stimmte Jacques zu. »Und jetzt die zweite Version ...«
Die Tür zur Damentoilette wurde aufgestoßen. Die Hure zwinkerte uns zu. Jacques steckte das Gesicht in die Speisekarte.
»Was möchten Sie essen?« fragte er.

»Gefüllten Krebs«, sagte ich.

»Für die zweite Version«, fuhr er leise fort, »sind tschechische und ostdeutsche Söldner erforderlich. Das Flugzeug, eine DC-7, startet von einem Flugplatz in Algerien, tankt in Conakry auf ... Verstehen Sie?«

»Ja«, sagte ich, als er geendet hatte.« Ich glaube, ich begreife. Und an welche Version glauben Sie?«

»An beide«, sagte er.

»Das«, sagte ich, »ist ein sehr kompliziertes Land.«

»Ich weiß.«

»Haben Sie die Schüsse in der Ghezo-Kaserne gehört?«

»Was war das?«

»Da wurde eine alte Rechnung beglichen«, sagte er mit einem Achselzucken. »Und jetzt haben die Guineer die Geheimpolizei übernommen.«

»Schlau.«

»Das ist Afrika.«

»Ich weiß, und ich reise ab.«

»Nach England?«

»Nein«, sagte ich. »Nach Brasilien. Ich muß ein Buch schreiben.«

»Schönes Land, Brasilien.«

»Das hoffe ich.«

»Schöne Frauen.«

»So sagt man.«

»Und was ist das für ein Buch?«

»Über den Sklavenhandel.«

»In Benin?«

»Und in Brasilien.«

»*Eh bien!* Der Champagner war gekommen, und er füllte mein Glas. »Material haben Sie ja!

»Ja«, stimmte ich zu. »Material habe ich.«

LEONIE OSSOWSKI

Schloß ohne Schlüssel

Als ich mein Geburtsdorf verließ, hieß es Röhrsdorf. Als ich es nun nach dreißig Jahren wieder besuchte, hieß es Osowa Sien. Damals war es deutsch, heute ist es polnisch. Es liegt im Landkreis Wschowa, in der Wojewodschaft Zielona Góra, früher Fraustadt, Niederschlesien. An die sechshundert Jahre war das Gut meines Vaters im Besitz der Familie.

Sicherlich wußte ich, daß meine Vorfahren polnischer Herkunft waren. Ich wußte auch, daß früher irgendwann einmal Dorf und Stadt zu Polen gehörten, aber wieviel Jahre oder Jahrhunderte, hatte ich weder in der Schule gelernt, noch hatten es mir meine Eltern erzählt. Urkunden weisen eine Besiedlung von dem »Fraustädter Ländchen«, heute Wschowa, im 12. Jahrhundert nach. Damals stritten sich die Herzöge von Schlesien ständig um Stadt und Land. Schließlich schenkte der polnische König Wladimir Lokietek (der Ellenlange) das Ländchen gar seinem Schwiegersohn, dem Fürsten von Glogau, zur Hochzeit.

Kaszimierz der Große eroberte es 1343 wieder zurück. Im 16. Jahrhundert wanderten deutsche Protestanten auf der Flucht vor religiöser Unterdrückung in das liberale Polen ein und siedelten sich auch in Wschowa an. Erst 1793, bei der zweiten der drei Teilungen Polens, wurden Wschowa und Umgebung deutsch. Osowa Sien hieß nun Röhrsdorf.

Nach dem Frieden von Tilsit im Jahre 1807 kam das »Fraustädter Ländchen« wiederum für acht Jahre zu Polen. Die längste Zugehörigkeit zu Deutschland begann 1815 und dauerte 130 Jahre.

Im Januar 1945 verließen die Deutschen ihren Heimatort Röhrsdorf. Zehn Tage später hieß Röhrsdorf abermals Osowa Sien und stand unter Kontrolle der sowjetischen Armee. Zur gleichen Zeit machten die sowjetischen Behörden den Polen aus den tausend Kilometer entfernten Ostgebieten hinter dem Bug weis, daß im Westen Milch und Honig fließen würden. Sie brauchten sich nur in die Betten der Deutschen zu legen und deren Teller leer zu essen. Was die Ostpolen dann vorfanden, waren ausgeräumte Häuser und von Mäusen leergefressene Scheunen. Was die sowjetische Armee nicht für sich beansprucht hatte, war organisierten Diebesbanden zum Opfer gefallen. Es mag wohl an unserem komfortfreudigen Lebensstil liegen, daß ich es für eine Leistung hielt, allein in ein fremdes Land zu fahren, dort längere Zeit in einem Dorf zu bleiben, ohne zu wissen, wo ich wohnen würde, dabei auf den gewohnten Alltagsluxus verzichtete und das Ganze als eine Art sozialistische Safari betrachtete. Aber das wurde nicht zu meinem Problem. Auch nicht Wehmutsgefühle um das verlorene Elternhaus.

Mein Problem wurde die Naivität und Gedankenlosigkeit, mit der ich in die frühere Heimat fuhr. Weil ich selbst keinen Anspruch mehr auf Heimat und Besitz erhebe, glaubte ich auch für mich von den heutigen Bewohnern des Dorfes Glaubwürdigkeit und Vertrauen erwarten zu können. Darin hatte ich mich allerdings geirrt. Die hielten ihre eigenen Angelegenheiten für wichtiger als meinen Besuch. Ich war in anderer Leute Heimat angekommen. Was ich vorfand, war der Stolz auf Neugeschaffenes, auf das Moderne, das eigene.

Bis zu meinem Besuch in Osowa Sien bedeutete für mich der Begriff »zu Hause« Vertrautheit der landschaftlichen Umgebung und die Erinnerung an den seit Jahrhunderten traditionellen Wohlstand meiner Familie und deren unantastbaren Status innerhalb der Dorfgemeinschaft. Wenn ich mir auch längst dieses fragwürdigen Statusbildes bewußt war, so ging ich doch davon aus, daß die landwirtschaftliche Nutzung des tausend Hektar großen Gutes heute kaum an die Produktivität von damals herankam. Wiederum irrte ich.

1946 begann der Kombinatsdirektor Apolinarski auf zweihundertfünfzig Hektar Land mit fünf alten Pferden und zwölf kaputten Maschinen zu wirtschaften. Mehr Inventar hatte er nach der Übernahme des Gutes von der sowjetischen Armee nicht vorgefunden. Heute sind unter der gleichen Leitung mit Sitz in Osowa Sien insgesamt acht ehemalige Güter mit einer Fläche von knapp viertausend Hektar zu einem hochspezialisierten Staatskombinat zusammengefaßt. Unter den dreitausendfünfhundert Stück Rindvieh stehen allein eintausenddreihundert Milchkühe in den Ställen, von denen wiederum zweihundert Tiere mit einer jährlichen Milchleistung von fünftausendzweihundertfünfzig Liter Milch aus den USA importiert wurden. Zirka zehntausend Schafe gehören heute zum Kombinat, darunter dreihundertfünfzig Muttertiere, und wo früher die Ernte mit Traktor, Pferden und Bindern eingebracht wurde, fahren heute achtundfünfzig hochmechanisierte Bizon-Mähdrescher über die Getreidefelder. Von fünfhundertzwanzig Mitarbeitern des Kombinats wohnen über fünfzig Familien in Eigenheimen, weitere Häuser stehen im Rohbau. Der jährliche Umsatz des Staatsgutes beträgt an die einhundertfünfzig Millionen Zloty, das Einkommen ungefähr fünfzig Millionen Zloty.

Bei meiner Ankunft in Osowa Sien regnete es. Ich hatte mich bis in den Abend verspätet. Das Dorf schien zu schlafen. Ich stand vor dem Portal meines Elternhauses, eines pompösen Jugendstilschlosses, und suchte vergeblich nach einer Klingel. Der Wind pfiff wie eh und je um die Hausecken. Ein Hund schlug an, die Dorfköter bellten zurück, ich begann mich zu fürchten. Schließlich setzte ich mich in meinen Wagen und fuhr nach Osowa Sien-Srodka, zu deutsch Mittelröhrsdorf, wo die Verwaltung des Kombinats ihren Sitz hat. Nach langem Klopfen öffnete mir eine Dame die Tür und gab mir zu verstehen, daß ich weitaus später gekommen sei als angekündigt. War es der leichte Vorwurf, die eisige

Höflichkeit oder die unmißverständliche Distanz, die mich verunsicherte? In der Dunkelheit konnte ich ihre Gesichtszüge nur mühsam erkennen. Nein, die Frau war mir unbekannt. Außerdem paßte ihre Damenhaftigkeit nicht zu den Polinnen, die ich von früher kannte.

Hingegen war ich der heute sechzigjährigen Hauptbuchhalterin sehr wohl bekannt. Vor 1945 war sie alle vierzehn Tage zehn Kilometer nach Röhrsdorf gelaufen, um den polnischen Gottesdienst zu besuchen. Die kläglichen Lebensbedingungen ihrer Landsleute sowie die durch Morde und Konzentrationslager ständig verursachte psychische Belastung standen im harten Gegensatz zu dem damals geordneten und geradezu feudal anmutenden Lebensstil meiner Familie. Das Elend ihres Landes hat sie hart gemacht. Während meines Aufenthaltes im Dorf wich sie mir aus, und es kam zu keinem einzigen persönlichen Gespräch.

Ich wurde im ehemaligen Verwalterhaus untergebracht. Es war ein mir aus der Kindheit vertrautes Zimmer, in das ich bei Krankheiten oder großen Festlichkeiten ausquartiert wurde. Ich sah aus dem Fenster und horchte in der Dunkelheit. Ein Nachtwächter schlurfte über den Hof. Im Kuhstall stöhnte eine trächtige Kuh. Ein Holztor knarrte, und hin und wieder hörte ich ein Aufschrecken der Ferkel im Schweinestall. Das alles war vertraut, und trotzdem fehlte irgend etwas. Plötzlich wußte ich es: Pferde. Es gab keine Geräusche aus dem Pferdestall. Kein Schnauben, kein Klopfen der Hufe gegen Holzwände, wie ich es von den rund einhundert Zuchtstuten, Reitpferden, Fohlen und jungen Hengsten meines Vaters gewohnt war.

»Wozu Pferde?« fragte der Nachtwächter und zeigte mir die Garagen mit mehr als einem Dutzend Traktoren.

»Sie müssen rüber nach Jedzychowice, da gibt es Reitpferde. Wer vom Kombinat will, kann dort umsonst reiten!«

Ich schwieg. Mir fiel ein, daß ich außer unserem Inspektor nie einen Angestellten meines Vaters auf einem Pferd gesehen hatte. Anderntags konnte ich mein Elternhaus besichtigen. Zu meiner

Zeit wurde das Parterre für die Repräsentation benutzt. Salon, Damenzimmer, Herrenzimmer, Saal, Eßzimmer, anschließend die Schlaf- und Ankleideräume meiner Eltern. Alles große, hohe Zimmer, in die nur bei Festen, Jagden und Diners wirkliches Leben kam. Im oberen Stock Kinder- und Gästezimmer, während im Untergeschoß die Dienstboten schliefen. Wo früher also eine sechsköpfige Familie mit ebensoviel Personal in fast dreißig Zimmern residierte, finden heute achtzig bis einhundert Jugendliche täglich für ihre Freizeit, Hobbys und Weiterbildung Platz. Da gibt es ein Photolabor, ein Musikzimmer, einen Fernsehraum, den Tanzsaal, eine Kaffeestube, Platz für Billardtische und eine stark benutzte Bibliothek mit dreitausend Büchern. In den oberen Stockwerken gibt es eine Zahnstation, eine Poliklinik und mehrere Wohnungen für die Kombinatsangestellten.

Plötzlich verhielt ich mich merkwürdig. Ich klinkte an jeder Tür. Bis auf die Toilette waren sie alle verschlossen. Je mehr verschlossene Türen ich vorfand, um so ungeduldiger wurde ich. Das Gefühl, etwas vorenthalten zu bekommen, machte mich ärgerlich. Erst eine fremde Stimme brachte mich wieder zur Vernunft. »Rütteln Sie immer so an den Türen anderer Leute?« Ich wurde rot. Einen Augenblick lang hatte ich dreißig Jahre Zeitgeschehen glattweg vergessen. Vergessen, daß diese Türen nichts mehr mit mir zu tun haben und es daran für mich wohl nichts mehr zu rütteln gab.

Ich ging ins Dorf, die Straße entlang, die nicht schmaler und nicht breiter als früher war. Gegenüber der Einfahrt zum Schloß steht ein Kiosk, an dem Frauen Brot kauften. »Dzien dobry!« Mein Gruß wurde höflich erwidert. Ich kam mit meiner Rolle nicht zurecht. Später erzählte mir der Nachtwächter, daß die Alten im Dorf hinter meinem Besuch allerhand vermuteten. Einige von ihnen kannten mich. Gerüchte kamen auf. Ich würde mein Gold und Silber ausgraben, sagten die einen. Ich wäre eine von den Vertriebenenverbänden, sagten die anderen, spioniere herum und sehe nach »dem Rechten«.

Das Dorf hatte sich kaum verändert. Die alte Lehmhütte des Fiebig ist weg, der Dorfteich umzäunt, beim Fliegnerbauer steht eine funkelnagelneue Scheune, und in der Bodenwirtschaft ist ein Kino untergebracht. Der Haarschnitt des kleinen Jungs ist immer noch wie unter dem Topf geschnitten. Ich schenkte ihnen Kaugummi.

»Dziekuje!«

Vor dem Haus, das zu meiner Zeit dem alten Chausseelorenz gehörte, stand Irena, die Tochter unseres polnischen Kutschers. Froh, endlich jemanden zu kennen, erkannt zu haben, ging ich auf sie zu, sie lief weg.

»Irena«, rief ich, »erkennst du mich nicht?« Sie blieb stehen, drehte sich um und sagte: »Doch, Sie sind die Jolanthe vom Schloß!« Ich wurde ins Haus gebeten, und Irena, die mich aufmerksam musterte, sagte schließlich: »Bei uns ist nichts aus dem Schloß!« Glaubte sie wirklich, daß ich deswegen gekommen war? Die Kinder wurden hereingeholt, mußten mir die Hand geben, Knicks und Diener machen. »Die Eltern sind tot«, sagte Irena, »die Schwestern Johanna und Mariechen wohnen hier im Dorf. Walli in Wschowa.« Mehr wollte sie nicht erzählen.

Ich ging wieder weg, dem Heulen näher als der Neugierde. Ich wollte abfahren, nach Hause. Das Alleinsein hing mir zum Hals heraus, am meisten aber mein Auftrag, in Osowa Sien Recherchen zu machen. In solchen Augenblicken hilft nur eins – Wodka. Endlich hatte ich ein Ziel, nämlich die nächste Gastwirtschaft. Zu deutschen Zeiten gab es vier davon, jetzt, so stellte ich fest, keine. Ein Dorf ohne Gasthaus war für mich unvorstellbar. Wodka, gab man mir am Kiosk Auskunft, den bekäme ich im Lebensmittelgeschäft, beim früheren Hartmannbäcker.

Hier war alles beim alten geblieben, die Stufen, die Klingel der Ladentür, die Ladentheke und die Regale. »Guten Tag«, sagte ich auf deutsch, immer noch mit meiner Wut im Bauch, »ich möchte einen Wodka.«

»No«, sagte der Kaufmann, gleichfalls auf deutsch, »werden Sie einen Wodka bekommen«, holte eine Flasche aus dem Regal, ein Glas unter der Theke hervor und goß mir ein. Danach bekam ich den zweiten Wodka, ohne daß ich darum gebeten hätte. Als eine Frau den Laden betrat, nahm er mir das Glas weg und stellte es hinter die Käseglocke. Die Frau kaufte Wurst, Butter und Kerzen, das weiß ich noch genau. Als sie den Laden wieder verließ, schob mir der Kaufmann mein Glas, nun zum drittenmal gefüllt, wieder zu. »Trinken ist hier verboten, nur kaufen«, erklärte er lächelnd. Ich lächelte zurück. Dann wollte er wissen, ob mir Osowa Sien gefiele, und ich sagte ja, es gefiele mir gut. Bezahlen durfte ich nichts.

Tage später besuchte ich Johanna. Als sie mich im Hoftor ihres Anwesens, das früher dem Bauern Schubert gehörte, stehen sah, ließ sie alles liegen, stürzte auf mich zu, umarmte und küßte mich, zerrte mich in die Küche und zeigte mir als erstes ihr neugeborenes Enkelkind. Soviel Wärme strahlte von ihr aus, daß ich ganz beschämt war. »Kommen Sie, essen Sie, trinken Sie, sehen Sie, wie es uns geht!« Sie rief ihren Mann, Kinder und Enkelkinder. Ich mußte mir das Haus ansehen, die Ställe, das Vieh und Pferde.

»Keinen Traktor?« fragte ich. »Wir sind Bauern«, antwortete Johanna, »kein Staatsgut.« Wir tranken Kaffee, aßen Kuchen. »Wird es Krieg geben?« fragte Johanna unvermittelt, »glauben Sie, daß wir dreißig Jahre umsonst hier gearbeitet und für unsere Kinder und Enkelkinder alles wieder aufgebaut haben?« Ich verneinte und erwähnte die deutsch-polnischen Verträge. Johanna gab sich damit nicht zufrieden. Ihrer Meinung nach war Politik das eine und die Menschen das andere. Und weil sich nichts sagte, wollte sie wissen, ob es mir nichts ausmachte, daß andere Leute im Schloß wohnten und ich in Osowa Sien nichts mehr zu sagen hätte. Ihre Fragen verblüfften mich in der Klarheit.

»Glauben Sie, ich habe dreißig Jahre lang nichts gemacht?« sagte ich schließlich. »Glauben Sie, ich habe in der Bundesrepublik kein Zuhause, keine Familie, keine Arbeit?«

Und sie: »Da haben Sie recht – das wird wohl so sein.«

Von diesem Tag an fand ich mich unter den Bewohnern von Osowa Sien besser zurecht. Der Sinn meines Aufenthaltes hing nicht mehr im luftleeren Raum. Ich wußte, warum ich hier war, und die Leute im Dorf wußten es auch. Ich lernte den Pfarrer kennen, das Lehrerehepaar, den Organisten, viele Bauern und Kombinatsangestellte. Das Mißtrauen gegen mich schwand, und plötzlich spürte ich Herzlichkeit. Ich wurde nun nicht mehr gefragt, was ich hier wolle, ich wurde gefragt, was ich schon alles gesehen hätte. Während der letzten Tage meines Aufenthaltes lud mich die Dorfjugendorganisation von Osowa Sien in ihren Club im Schloß zu einer Diskussion ein. Zufällig war der Raum, in dem wir uns trafen, mein früheres Mädchenzimmer. Ich rechnete mit Neugierde und Fragen, die meine Jugendzeit, meine Familie und die Zeit vor 1945 betrafen. Ich freute mich darauf, weil ich glaubte, hier objektive Antworten geb6n zu können, um das eine oder andere wieder ins rechte Licht zu rücken. Ich kam nicht dazu. Weder an mir, noch an meiner Familie, noch am ehemaligen Röhrsdorf zeigten die Jugendlichen Interesse. Das – so sagten sie freundlich – das sei mehr etwas für die Älteren.

Ihre Fragen lauteten anders: Welche polnischen Dichter werden in der Bundesrepublik gelesen? Sind die Clubhäuser der deutschen Dörfer besser eingerichtet? Was interessiert die Bundesrepublik am meisten an Polen? Was machen die Jugendlichen drüben in ihrer Freizeit? Ich überlegte mir, wieviel Jugendliche bei uns wohl wissen, was eine Wojewodschaft ist, geschweige denn, wo die Wojewodschaften Poznan oder Zielona Gora liegen, zu deutsch Posen und Grünberg. So blieb ich manche Antwort schuldig. Und ich dachte auch daran, daß nach statistischen Schätzungen seit dem Jahre 1945 bis zum Jahre 1980 in Westpolen 7 500 000 Menschen geboren sein werden. Das sind genausoviel Neugeborene wie die Gesamtbevölkerung dieses Gebietes im Jahre 1939.

CLAUDE LÉVI-STRAUSS

Das Wurmexperiment

Zeltfreunde, schlagt eure Zelte am Paraná auf. Oder besser nicht: haltet euch zurück. Hebt euer fettiges Papier, eure Plastikflaschen und eure aufgeschlitzten Konservenbüchsen für die letzten Landschaften Europas auf. Prahlt dort mit dem Rost eurer Zelte. Aber verschont die Gegenden hinter der Pionierzone wenigstens noch für die kurze Zeit, bis auch sie endgültig verwüstet sein werden, respektiert die schäumenden Wildbäche, die über die steilen Stufen der violetten Basaltwände ins Tal springen. Zertrampelt nicht die herbe Frische der vulkanischen Moose; möge euer Fuß an der Schwelle der unbewohnten Prärien und des großen feuchten Koniferenwaldes innehalten, der das Gewirr der Lianen und Farnkräuter durchstößt, um Formen in den Himmel zu recken, die keine Ähnlichkeit mit denen unserer Tannen haben: sie bilden keine Kegel, die nach oben spitz zulaufen, sondern breiten im Gegenteil – regelmäßiges Gewächs, an dem Baudelaire seine Freude hätte – rings um ihren Stamm in vielen Etagen die hexagonalen Flächen ihrer Zweige aus, deren letzte sich zu einer Riesendolde entfaltet. Eine unberührte, feierliche Landschaft, die während Millionen von Jahrhunderten das Gesicht des Karbons bewahrt zu haben scheint und der die Höhenlage sowie die Entfernung von den Tropen die amazonische Verwirrung ersparen, um ihr eine Majestät und Ordnung zu verleihen, die unerklärlich bliebe, sofern man darin nicht das fast schon vergessene Wirken einer Rasse erblickt, die weiser und mächtiger war als die unsrige und deren Verschwinden wir es verdanken, in diesen sublimen Park eindringen zu können, der heute stumm und verlassen ist.

In diesen Gebieten, die sich zu beiden Seiten des Rio Tibagy etwa tausend Meter über dem Meeresspiegel erstrecken, bin ich zum ersten Mal mit den Wilden in Berührung gekommen, als ich einen Beamten des Büros zum Schutz der Eingeborenen auf seiner Dienstreise begleitete.

Zur Zeit der Entdeckung Brasiliens war der gesamte Süden von Gruppen bewohnt, die in Sprache und Kultur verwandt waren und die man früher unter dem Namen Gé zusammenfaßte. Wahrscheinlich waren sie von anderen Indianern zurückgedrängt worden, die zur Tupí-Sprachgruppe gehörten und an der Küste lebten und mit denen sie in Streit lagen. Da sich die Gé in unzulängliche Gegenden geflüchtet hatten, haben sie im Süden Brasiliens die Tupí, die von den Kolonisatoren schnell ausgerottet wurden, um mehrere Jahrhunderte überlebt. In den Wäldern der südlichen Staaten, Paraná und Santa Catarina, haben sich kleine Horden von Eingeborenen bis ins 20. Jahrhundert retten können; vielleicht gab es auch im Jahre 1935 noch ein paar von ihnen, aber da sie während der letzten hundert Jahre so wütend verfolgt worden waren, hatten sie sich unsichtbar gemacht; die meisten von ihnen aber waren ungefähr um das Jahr 1914 von der brasilianischen Regierung erfaßt und auf verschiedene Zentren verteilt worden. Anfangs versuchte man, sie in das moderne Leben zu integrieren. In dem Dorf Sao Jeronymo, in dem ich mein Standquartier hatte, gab es eine Schlosserei, eine Sägerei, eine Schule und eine Apotheke. Der Posten erhielt regelmäßig Werkzeuge: Hacken, Messer, Nägel; es wurden auch Kleider und Decken verteilt. Zwanzig Jahre später hat man diese Versuche aufgegeben. Indem das Büro zum Schutz der Eingeborenen die Indianer sich selbst überließ, spiegelte es die Gleichgültigkeit wider, die es selbst von seiten der Behörden erfuhr (seither hat es erneut ein gewisses Ansehen erlangt); und so sah es sich unbeabsichtig gezwungen, eine andere Methode anzuwenden, welche die Eingeborenen ver-

anlaßte, wieder einige Initiativen zu ergreifen und ihre Angelegenheiten selbst in die Hand zu nehmen.
Von ihrer flüchtigen Begegnung mit der Zivilisation haben die Eingeborenen nichts anderes bewahrt als die brasilianischen Kleider, die Hacke, das Messer und die Nähnadel. Alle anderen Versuche waren fehlgeschlagen. Man hatte ihnen Häuser gebaut, aber sie lebten im Freien. Man hatte sich bemüht, sie in Dörfern zusammenzuschließen, aber sie blieben Nomaden. Die Betten hatten sie zerhackt, um damit Feuer zu machen, und sie schliefen auf der nackten Erde. Die von der Regierung geschickten Kühe liefen frei in der Gegend herum, denn die Eingeborenen empfanden Ekel vor ihrem Fleisch und ihrer Milch. Die hölzernen Stößer, die durch abwechselndes Füllen und Leeren eines an einem Hebelarm befestigten Behälters mechanisch bewegt werden können (eine in Brasilien häufig anzutreffende Vorrichtung, die hier *monjolo* heißt und vielleicht von den Portugiesen aus dem Orient eingeführt worden war), verfaulten ungenutzt, weil das Zerstoßen weiterhin mit der Hand vorgenommen wurde.
Zu meiner großen Enttäuschung waren die Indianer am Tibagy also keine »wirklichen Indianer« und noch viel weniger »Wilde«. Indem sie jedoch das naive Bild, das sich der junge Ethnograph von seinen zukünftigen Erfahrungen macht, seiner Poesie entkleideten, lehrten sie mich Vorsicht und Objektivität. Wiewohl ich sie weniger unberührt fand, als ich erhofft hatte, enthüllten sie mir Geheimnisse, die ihre äußere Erscheinung keineswegs vermuten ließ. Sie veranschaulichten deutlich jene soziologische Situation, die für den Beobachter aus der zweiten Hälfte des 20. Jahrhunderts bald die einzige sein wird, nämlich die Situation von »Primitiven«, denen die Zivilisation brutal aufgezwungen worden war und von denen das Interesse sich abwandte, als man die Gefahr, die sie angeblich darstellten, überwunden hatte. Ihre Kultur, eine Verbindung alter Traditionen, die dem Einfluß der Weißen widerstanden hatten (wie zum Beispiel die Technik des Feilens und Einlegens von Zähnen, die heute noch häufig anzu-

treffen ist), mit Entlehnungen bei der modernen Zivilisation, bildete ein originelles Ganzes, dessen Studium, so wenig pittoresk es sein mochte, für mich nicht weniger lehrreich war als das der reinen Indianer, mit denen ich später in Berührung kam.

Nachdem also diese Indianer sich selbst überlassen blieben, war vor allem eine merkwürdige Umkehrung des oberflächlichen Gleichgewichts zwischen moderner Kultur und primitiver Kultur zu beobachten. Alte Lebensweisen, traditionelle Techniken tauchten wieder auf, aus einer Vergangenheit, deren lebendige Nähe man nicht unterschätzen sollte. Woher stammen jene wunderbar polierten Stößer aus Stein, die ich in den Häusern der Indianer neben den emaillierten Blechtellern, den billigen Löffeln und zuweilen sogar den klapprigen Überresten einer Nähmaschine gefunden habe? Waren sie in der Stille des Waldes mit jenen Populationen ausgetauscht worden, die zwar derselben Rasse angehörten, aber wild geblieben waren und deren Kriegstätigkeit den Siedlern noch immer das Vordringen in gewisse Gegenden des Paraná verwehrte? Um diese Fragen zu beantworten, müßte man die Odyssee jenes alten *Indio bravo* kennen, der sich damals in die Kolonie der Regierung zurückzog.

Diese Gegenstände, die den Betrachter nachdenklich stimmen, überleben in den Stämmen als Zeugen einer Zeit, da die Indianer weder Häuser noch Kleider, noch Metallwerkzeuge kannten. Und halb bewußt leben in der Erinnerung der Menschen auch die alten Techniken weiter. Den Streichhölzern, die zwar bekannt, aber teuer und schwer zu beschaffen sind, zieht der Indianer noch heute das Aneinanderreiben von zwei weichen Stäben aus Palmitoholz vor. Und die veralteten Gewehre und Pistolen, welche die Regierung einst verteilen ließ, hängen meist unbenutzt in dem verlassenen Haus, während der Mann mit Bogen und Pfeilen im Wald jagt – eine Technik, die er so sicher beherrscht wie Völker, die noch nie eine Feuerwaffe gesehen haben. So bahnen sich die alten Lebensweisen, die von den offiziellen Bemühungen notdürftig verdeckt waren, erneut ihren Weg, so langsam und sicher wie jenen Kolonnen von Indianern, denen ich begegnet bin, wenn sie auf winzigen Pfaden durch den Wald streifen, während in den verlassenen Dörfern die Dächer einstürzen.

Etwa zwei Wochen lang sind wir auf kaum wahrnehmbaren Pisten durch den Wald geritten, manchmal gezwungen, so weite Strecken zurückzulegen, daß wir erst spät in der Nacht die Hütte erreichten, in der wir rasten konnten. Wie es den Pferden gelang, ihre Hufe in der Dunkelheit zu setzen, die ein dreißig Meter über unseren Klöpfen hängendes Pflanzendach undurchdringlich machte, weiß ich noch heute nicht. Ich erinnerte mich lediglich jener Stunden, während derer wir unablässig vom Paßgang unserer Pferde durchgerüttelt wurden. Ging es eine steile Böschung hinauf, dann stürzten wir nach vorn, und um nicht zu fallen, mußten wir uns an den hohen Bogen des bäuerlichen Sattels klammern; an der vom Boden aufsteigenden kühlen Luft und dem hellen Plätschern errieten wir, daß wir einen seichten Wasserlauf überquerten. Dann kippt das Gleichgewicht um, denn das Pferd klettert stolpernd den gegenüberliegenden Hang hinauf und scheint sich durch seine willkürlichen und in der Dunkelheit kaum begreiflichen Bewegungen des Sattels und seines Reiters entledigen zu wollen. Ist das Gleichgewicht wiederhergestellt, müssen wir nur noch wachbleiben, um jenes seltsame Vorgefühl nicht zu verlieren, das uns in fünfzig Prozent der Fälle erlaubt, den Kopf rechtzeitig einzuziehen, um nicht von einem tief hängenden Ast gepeitscht zu werden.

Bald hört man in der Ferne ein Geräusch, das immer deutlicher wird, nicht mehr das Röhren des Jaguars, das wir kurz vor Einbruch der Dunkelheit einen Augenblick vernommen hatten, sondern das Bellen eines Hundes: der Rastort ist nicht mehr fern. Einige Minuten später ändert unser Führer die Richtung; wir folgen ihm in eine kleine Lichtung, wo Gitter aus gespaltenen Baumstämmen einen Viehpark einzäunen; vor einer Hütte aus locker aneinandergefügten Palmstämmen, die von einem

Strohdach bedeckt waren, bewegen sich zwei in dünnen weißen Baumwollstoff gekleidete Gestalten: unsere Gastgeber – der Mann oft portugiesischer Abstimmung, die Frau meist Indianerin. Im Schein eines mit Petroleum getränkten Dochts mustere ich rasch das Inventar: Fußboden aus gestampfter Erde, ein Tisch, ein Bettgestell aus Brettern, ein paar Kisten zum Sitzen und über dem Herd aus gebranntem Ton Küchengerät, das aus aufgesammelten Blechkannen und Konservendosen besteht. Eilig spannen wir die Hängematten zwischen den Wänden der Hütte auf; oder wir schlafen draußen unter dem *paiol*, einem Vordach, unter dem die Maisernte gestapelt ist, um sie vor dem Regen zu schützen. So erstaunlich es klingen mag, aber ein Haufen getrockneter, noch von ihren Blättern umhüllter Maiskolben ist ein sehr bequemes Lager; all diese länglichen Ähren gleiten nebeneinander, und das ganze paßt sich der Form des Körpers an. Der zarte Geruch des getrockneten Maises, würzig und süß, ist wunderbar einschläfernd. Freilich wecken uns am frühen Morgen Kälte und Feuchtigkeit; ein milchiger Nebel steigt aus der Lichtung; eilig gehen wir in die Hütte, wo das Herdfeuer in dem ewigen Dämmerlicht dieser fensterlosen Wohnung glüht, deren Wände durchlöcherten Bretterzäunen ähneln. Die Gastgeberin kocht Kaffee, der in Zucker glänzend schwarz geröstet wird, sowie eine *pipoca*, flockig aufgeplatzte Maiskörner mit Speck; wir holen die Pferde, satteln sie und machen uns wieder auf den Weg. In wenigen Augenblicken hat sich der triefende Wald um die vergessene Hütte geschlossen.

Das Reservat von Sao Jeronymo ist etwa hunderttausend Hektar groß und wird von ungefähr vierhundertfünfzig Eingeborenen bewohnt, die sich auf fünf oder sechs Weiler verteilen. Vor meiner Abreise hatte ich einigen Statistiken des Büros entnehmen können, welche Verheerungen die Malaria, die Tuberkulose und der Alkoholismus angerichtet hatten. Seit zehn Jahren hatte die Zahl der Geburten nicht mehr als einhundertsiebzig betragen, während allein die Kindersterblichkeit die Zahl von einhundertvierzig erreichte.

Wir haben die Holzhäuser besichtigt, welche die Regierung hatte errichten lassen und die zu Dörfern von fünf bis zehn Herdstellen an den Wasserläufen zusammengefaßt waren; wir haben die etwas abseits gelegenen Häuser aufgesucht, welche die Indianer zuweilen selbst bauen: ein viereckiger Palisadenzaun aus mit Lianen verflochtenen Palitostämmen, bedeckt von einem Blätterdach, das lediglich an den vier Ecken der Wände befestigt ist. Schließlich haben wir uns unter jene Schutzdächer aus Zweigen begeben, unter denen manchmal eine ganze Familie lebt, unmittelbar neben dem unbewohnten Haus.

Die Bewohner sind um ein Feuer versammelt, das Tag und Nacht brennt. Die Männer tragen im allgemeinen ein zerlumptes Hemd und alte Hosen, die Frauen einen Baumwollrock oder manchmal auch eine einfache Decke, die sie unter den Achseln einrollen; die Kinder laufen völlig nackt herum. Alle tragen sie, wie auch wir während der Reise, große Strohhüte – ihr einziges Gewerbe und ihre einzige Einnahmequelle. Bei beiden Geschlechtern fällt in jedem Alter der mongolische Typus auf: kleiner Wuchs, breites flaches Gesicht, hervorstehende Backenknochen, Schlitzaugen, gelbe Haut, glattes schwarzes Haar – das die Frauen lang oder kurz tragen –, wenige, oft gar keine Körperhaare. Nur ein einziges Zimmer wird bewohnt. Hier ißt man zu jeder beliebigen Tageszeit die süßen Kartoffeln, die in der Asche schmoren und die man mit langen Bambuszangen herausholt; hier schlafen sie auf einer dünnen Schicht aus Farnkräutern oder auf einer Matte aus Maisstroh mit den Füßen zum Feuer. In der Nacht freilich bieten die schwache Glut und die lose zusammengefügten Stämme der Wände kaum Schutz vor der eisigen Kälte, die hier in tausend Meter Höhe herrscht.

Die von den Eingeborenen gebauten Häuser haben nur diesen einen Raum, aber auch in denen, welche die Regierung hat errichten lassen, wird nur ein einziges Zimmer benutzt. Hier breitet sich auf dem Fußboden der ganze Reichtum des Indianers aus, in einer Unordnung, die unsere Führer immer wieder schockierte

– *caboclos* aus dem benachbarten *sertao* – und in der man tatsächlich nur mit Mühe die Gegenstände brasilianischer Herkunft von den einheimischen unterscheiden kann. Zu den ersteren gehören im allgemeinen Hacken, Messer, Emailleteller und Metallgefäße, Lappen, Nähnadeln und Garn, manchmal ein paar Flaschen oder sogar Regenschirme. Auch das Mobiliar ist dürftig: ein paar niedrige Holzhocker, die von den Guaraní übernommen wurden und die auch die *caboclos* benutzen; Körbe in allen Größen und für jeden Zweck, Mehlsiebe, Holzmörser, Stößel aus Holz oder Stein, Töpferwaren; schließlich eine unendliche Zahl von Behältern der verschiedensten Formen, die aus *abobra*, getrockneten und ausgehölten Kürbissen, hergestellt werden. Doch wie schwierig ist es, diese armseligen Dinge zu erwerben! Nicht immer genügt es, unsere Ringe, Ketten und Broschen aus Glas unter die Mitglieder der Familie zu verteilen, um den unerläßlichen freundschaftlichen Kontakt herzustellen. Sogar das Angebot einer Summe Geldes, die in keinem Verhältnis zur Dürftigkeit der Utensilien steht, läßt den Besitzer kalt. »Er kann nicht.« – »Wenn er den Gegenstand selbst hergestellt hätte, würde er ihn gerne hergeben, aber er hat ihn vor langer Zeit von einer alten Frau erworben, die als einzige diese Dinge anfertigen kann. Wenn er sie uns überläßt, wie soll er sie dann ersetzten?« Die alte Frau ist natürlich nie anzutreffen. Wo ist sie? »Er weiß nicht« – eine unbestimmte Geste –, »irgendwo im Wald ...« Und was nützen im übrigen all unsere Milreis jenem alten Indianer, den das Fieber schüttelt und der hundert Kilometer vom nächsten Kaufladen der Weißen entfernt wohnt? Man schämt sich geradezu, diesen armen Menschen ein kleines Gerät zu entreißen, dessen Entäußerung einen nicht wiedergutzumachenden Verlust bedeutet ...

Aber oft erfinden sie eine ganz andere Geschichte. Will mir die Indianerin diesen Topf verkaufen? »Gewiß, gern. Leider gehört er ihr nicht.« – »Wem gehört er denn?« Schweigen. – »Ihrem Mann?« Nein. – »Ihrem Bruder?« Auch nicht. – »Ihrem Sohn?« Ebensowenig. – Er gehört der Enkelin. Die Enkelin besitzt unweigerlich alle Gegenstände, die wir erwerben wollen. Wir sehen sie – drei oder vier Jahre ist sie alt – am Feuer kauern, vertieft in die Betrachtung des Rings, den ich ihr soeben über den Finger gestreift habe. Dann beginnen mit dem Fräulein lange Verhandlungen, an denen die Eltern nicht den geringsten Anteil nehmen. Ein Ring und fünfhundert Milreis lassen es kalt. Eine Brosche und vierhundert Milreis überzeugen es endlich.

Zwar treiben die Kaingang etwas Ackerbau, aber der Fischfang, die Jagd und das Sammeln bilden ihre Hauptbeschäftigung. Ihre Techniken des Fischfangs sind allerdings den Weißen in so kläglicher Weise nachgeahmt, daß der Erfolg sehr gering sein dürfte: eine biegsame Rute, ein brasilianischer Angelhaken, der mit etwas Harz am Ende einer Schnur befestigt ist, manchmal ein einfacher Lappen als Netz. Jagd und Sammeln bestimmen dieses Nomadenleben im Wald, in dem die Familien oft wochenlang verschwinden und in den ihnen noch niemand auf ihren komplizierten Pfaden in ihre geheimen Schlupfwinkel gefolgt ist. Manchmal sind wir an einer Biegung des Wegs auf eine kleine Schar getroffen, die aus dem Wald trat, um sofort wieder darin zu verschwinden: die Männer an der Spitze, bewaffnet mit der *bodoque*, einem Bogen, mit dem kleine Kugeln auf Vögel abgeschossen werden, über der Schulter den Köcher aus Korbgeflecht, der die Geschosse aus gebranntem Ton enthält; dann die Frauen, die in einer Kiepe, die an einem an der Stirn befestigten Stofftuch oder breiten Band aus Baumrinde hängt, den ganzen Reichtum der Familie transportieren. Auf diese Weise reisen Kinder und Haushaltgeräte. Wir wechseln ein paar Worte, während wir die Pferde anhalten und sie ihren Schritt kaum verlangsamen, und der Wald versinkt wieder in Schweigen. Wir wissen nur, daß das nächste Haus – wie so viele andere – leer sein wird. Für wie lange?

Dieses Nomadenleben kann Tage oder Wochen dauern. Die Zeit der Jagd und der Ernte der Früchte – *jaboticaba* (Orangen) und *lima* (Zitronen) – veranlaßt die ganze Bevölkerung zu ausgedehnten

Wanderungen. In welchen Unterschlüpfen werden sie tief in den Wäldern leben? In welchen Verstecken finden sie ihre Bogen und Pfeile wieder, von denen man nur durch Zufall einige vergessene Exemplare in einem Winkel des Hauses zu sehen bekommt? An welche Traditionen, Riten, Überzeugungen knüpfen sie an?

In dieser primitiven Ökonomie nimmt der Gartenbau den letzten Platz ein. Mitten im Wald kommt man zuweilen durch Lichtungen, welche die Eingeborenen geschlagen haben. Zwischen den hohen Mauern der Bäume wachsen auf wenigen Quadratmetern einige kümmerliche Pflanzen: Bananen, süße Kartoffeln, Maniok, Mais. Die Körner werden zuerst auf dem Feuer getrocknet und dann von den Frauen mit dem Mörser zerkleinert, eine Arbeit, die sie allein oder zu zweit verrichten. Das Mehl wird entweder als solches gegessen oder mit Fett vermischt und zu einem festen Kuchen geformt; diese Nahrung ergänzen schwarze Bohnen, wilde und halbwilde Schweine. Das Fleisch wird stets, auf einen Ast gespießt, über dem Feuer gebraten.

Zu erwähnen sind noch die *koro*, weiße Maden, von denen es in bestimmten faulenden Baumstämmen wimmelt. Verletzt von den Spötteleien der Weißen, bestreiten die Indianer ihre Vorliebe für dieses Gewürm und beteuern energisch, es niemals zu essen. Aber man braucht nur durch den Wald zu streifen und auf der Erde die zwanzig bis dreißig Meter lange Spur eines großen *pinheiro* zu betrachten, den der Sturm gefällt und so zerfetzt hat, daß er nur noch der Schatten eines Baums ist. Hier sind *koro*-Sucher vorbeigezogen. Und wenn man unangemeldet ein indianisches Haus betritt, kann man, bevor eine flinke Hand sie versteckt, eine Schale voll dieses krabbelnden Leckerbissens sehen.

Es ist also nicht einfach, das Sammeln von *koro* zu beobachten. Wie Verschwörer hecken wir einen Plan aus. Ein fiebriger Indianer, der allein in einem verlassenen Dorf zurückgeblieben ist, scheint uns eine leichte Beute zu sein. Wir drücken ihm die Hacke in die Hand, schütteln und bedrängen ihn. Vergebliche Mühe, er scheint nicht zu verstehen, was wir von ihm wollen. Werden wir einen neuen Fehlschlag erleiden? Also sei's drum! Wir spielen unseren letzten Trumpf aus: Wir wollen selber *koro* essen. So gelingt es uns, das Opfer zu einem Baumstamm zu schleppen. Ein einziger Schlag mit der Hacke legt Tausende von Kanälen tief im Holz frei. In jedem sitzt ein dickes gelblichweißes Tier, einem Seidenwurm ziemlich ähnlich. Jetzt müssen wir in den sauren Apfel beißen! Unter dem gleichmütigen Blick des Indianers beiße ich meiner Beute den Kopf ab; aus dem Körper quillt ein weißliches Fett, das ich nicht ohne Zögern koste: es hat die Konsistenz und Feinheit von Butter und den Geschmack von Kokosmilch.

REINHOLD MESSNER

Entscheidung bei Gateway

Seit drei Tagen sahen wir Bergspitzen. In unserer Marschrichtung war zwischen niederen Haufenwolken eine Gebirgskette zu erkennen. Sie war unbestimmbar weit weg, erschien mir aber erhaben und ungewöhnlich schön. Nach so vielen Tagen auf dem flachen Eis war ich empfänglich geworden für Formen, für Höhe. Diese Berge erschienen mir imposanter als jede Himalaja-Landschaft.

Wie gerne hätte ich diese gewaltige Landschaft, das blaue Eis, in dem sich die Sonne spiegelte, die schwarzen Felsen links, meinen Kindern gezeigt: Layla, die in Kanada lebte, neun Jahre alt, und Magdalena daheim, die jetzt zwei Jahre alt war. Ich dachte darüber nach, was wir tun konnten, damit sich die Kinder von heute diese unberührte Weite wenigstens vorzustellen vermochten. Auch wenn sie niemals die Möglichkeit haben sollten, in diese »letzte Welt« zu kommen, sie mußten sie denken können.

Allerdings war es nur ein kleiner Schritt von dem überwältigenden Eindruck zur Lächerlichkeit unseres Dahinkriechens. Mein Ärger, wenn Arved nicht nachkam, machte mir deutlich, wie menschlich ich geblieben war. Daß auch ich nicht zwölf oder fünfzehn Stunden hätte laufen können, wußte ich. Was aber war eine Stunde mehr in dieser zeitlosen Welt? Die Lächerlichkeit unseres Wahns, durch den letzten Winkel der Erde zu laufen, stand jetzt im Gegensatz zu jenem Übermut bei der Planung: Und wir packen es doch! Ich ging. Ich wollte nichts beweisen. Meine »Botschaft« war zu einem verzagten Bitten geworden: »Arved, komm nach.« Wir gingen weiter. Sonst nichts. Auch wenn es die anderen für unmöglich hielten. Aber nicht mehr deshalb.

Hier war die Eiszeit lebendig. Die Alpen mochten einst so ausgesehen haben. Wie oft innerhalb der letzten Million Jahre sanken die Temperaturen derart, daß der Schnee in den Bergen auch über die Sommermonate liegenblieb?

Wann war die Antarktis zuletzt ohne Eis gewesen? Waren es astronomische Faktoren, zyklische Änderungen in der Exzentrität der Erdbahn oder die veränderte Neigung der Erdachse, die die Intensität der Jahreszeiten beeinflußten? Sicher werden die Vereisungen durch tiefgreifende Klimaänderungen verursacht. Jeder Wechsel, aber auch die Luftverschmutzung ändern die Meeresströmungen, den Wärmeaustausch, die Eigenschaften der Atmosphäre und schließlich das Klima, das bestimmt, ob die Vereisung zu- oder abnimmt.

Nirgendwo auf der Erde gibt es eine Landschaft, die so grandios ist wie der Weg aus dem Inneren der Antarktis zur Küste des Ross-Meeres. Zuerst das Polarplateau, eine gigantisch gewölbte Eiskappe. Dann die Transantarktische Gebirgskette, die sich 3500 Kilometer lang über den Eiskontinent erstreckt, nicht so hoch, aber größer als der Himalaja. Zuletzt das Ross-Eisschelf, ein schwimmendes, gefrorenes Meer von der Größe Frankreichs. Wie Gendarmen stehen die Felsmassive der Kordilleren in der Flut des Eises, das vom Polplateau herabfließt. Das kilometerhohe Eis im Zentrum der Antarktis bewegt sich mit einer Geschwindigkeit von zehn Metern im Jahr. Vielerorts schneller. Dieses Inlandeis schiebt sich gegen die Berge und an ihnen hoch. Es zwängt sich zwischen ihnen durch. So sind die größten Gletscher auf der Erde entstanden. Einer davon ist der Beardmore, 200 Kilometer lang und bis zu 50 Kilometer breit. Der Eisstrom windet sich durch die Berge, die links und rechts davon wie Festungen stehen. Shackleton, der diesen Gletscher 1908 als erster gesehen hatte, formulierte ehrfürchtig: »Es ist, als wären wir wirklich an der Welt Ende und

seien am Geburtsort der Wolken und am Horst der vier Winde angelangt. Und mir scheint, daß diese Kinder der Natur uns Sterbliche mit eifersüchtigen Augen betrachten.«
Shackleton und seine Polsucher, mit viel zu wenig Proviant viel zu tief in die Antarktis vorgedrungen, mußten auf dem Rückweg zur Küste hungern. Krank und auf frostverbeulten Füßen liefen sie um ihr Leben. »Shack« hatte rechtzeitig kehrtgemacht. Scott aber hatte sich und seine Männer bis zum Pol gezwungen. Ohne zu bedenken, daß der Rückweg viel schwieriger werden würde als der Hinweg. Am oberen Beardmore-Gletscher waren ihre Kräfte zu Ende – sie standen, wie wir jetzt, am Rand des Transantarktischen Gebirges.

»6. Februar. Ein schrecklicher Tag! Schon am Morgen war der Himmel bedeckt – eine furchtbare Gefahr, wenn man rings von Spalten umschlossen ist. Glücklicherweise klärte es sich noch auf, und wir zogen gerade auf den Darwinberg los, aber nach einer halben Stunde standen wir zwischen riesigen, offenen Schlünden. Wir gingen zwischen zweien nordwärts, aber zu unserem größten Verdruß liefen sie in ein Chaos unpassierbarer Eistrümmer zusammen. Es blieb uns nichts übrig: Wir mußten zwei Kilometer weit zurück! Dann wandten wir uns nach Westen und kamen auf ein wildes Meer von Schneefahnen, wo das Ziehen furchtbar anstrengte: Wir setzten das Segel auf; Evans' Nase litt sehr, Wilson fror, und alles war scheußlich. Zu Ende des Marsches hatten wir wenigstens die Gewißheit, daß wir gerade auf unser nächstes Depot lossteuerten. Die Lebensmittel sind knapp, das Wetter unsicher – die Stunden am Tag mehren sich, wo die quälende Sorge nicht weichen will! Evans' Wunden eitern, und manche Anzeichen verraten, daß seine Kraft zu Ende ist.«

Arved und ich hatten uns entschlossen, dem Rat des englischen Glaziologen Charles Swithinbank zu folgen und über den Mill-Gletscher zum mittleren Beardmore abzusteigen. Ob das wirklich leichter sein würde als die Shackleton-Scott-Route? Ab jetzt gab es kaum noch eine Möglichkeit der Rettung. Trotz unseres Argos-Systems, mit dem wir täglich unsere Position »senden« wollten. Der kleine Sender aber, den ich auf dem Schlitten hatte, hätte uns nichts genutzt. Die Botschaft erzählte unseren Betreuern via Satellit, daß wir zwischen Mill und Beardmore waren. Auf diesen spaltenüberzogenen Gletschern hätte ein Flugzeug kaum landen können.

In der folgenden Teilstrecke erwartete ich die größten Schwierigkeiten. Ab jetzt mußten katabatische Winde einsetzen und wie eine Lawine aus Luft von den Bergen herab über die Gletscher blasen. Dazu Blankeis.

Wir hatten Glück. Endlich fanden wir den Untergrund, der zusammen mit günstigem Wind für ideale Segelverhältnisse sorgte. Der Abstieg auf den Mill-Gletscher klappte reibungslos. Nach den Problemen auf dem Plateau war ich skeptisch geworden. Ich hatte mich getäuscht. Wir fuhren seichte Hänge hinab, rutschten über steilere Flanken. Mit und ohne Segel. Am späten Nachmittag überquerten wir einen Seitenarm des Mill-Gletschers im »fliegenden Galopp«. Am Abend kamen wir auf unseren ersten Felslagerplatz. Am Rande des Mill-Gletschers, zwischen einigen Felsbrocken, im Windschatten eines massiven Blocks, bauten wir das Zelt auf. Rundherum blaues Eis. Seit zweieinhalb Monaten lagerten wir erstmals wieder auf Stein. Es war wie im Gebirge, und ich fühlte mich geborgen. Der Sturm schüttelte das Zelt. Der Wind heulte. Am Morgen schien der Sturm das Zelt aus den Verankerungen reißen zu wollen. Er warf den Treibschnee mit solcher Wucht auf die Plane, daß es krachte.

Wir liefen auf Grödeln weiter. Es ging jetzt abwärts, und das Laufen war weniger anstrengend als in den Wochen vorher auf dem Hochplateau. Während ich über den Mill-Gletscher dahinstolperte, war ich sicher, daß wir die bessere Route als Scott liefen. Die Füße drehten sich zwar häufig auf dem holprigen Eis, und mir rutschte manchmal das linke Kniegelenk heraus, aber der Schlit-

ten glitt gut. Da ich seit Jahrzehnten ein Schlottergelenk habe, mußte ich aufpassen. Ich durfte in keine Spalte treten. Deshalb suchte ich die glitzernde Eisfläche schon weit vor mir nach Eisbrüchen ab. Nach hellen und dunklen Streifen.
Auf dieser Höhe des Abstiegs war Scotts Schicksal schon besiegelt. Nur eine Hilfskolonne hätte ihn noch retten können.

»Sonntag, 10. Februar. Der furchtbarste Tag, den wir auf der ganzen Reise erlebten. Und hauptsächlich durch eigene Schuld! Wir zogen auf scheußlicher Oberfläche mit leichtem Südwestwind, aufgesetztem Segel und Schneeschuhen ab – bei trostloser Beleuchtung, die alles verzerrt erscheinen ließ. Plötzlich sahen wir uns zwischen Eistrümmern und faßten den verhängnisvollen Entschluß, ostwärts zu gehen. Sechs Stunden marschierten wir in der Hoffnung, eine stattliche Entfernung zurückzulegen, was wir auch jedenfalls getan haben, aber die letzten Stunden führten uns in eine regelrechte Falle. Da wir schließlich doch noch auf gute Oberfläche kamen, dachten wir, es werde so bleiben, und schränkten unser zweites Frühstück nicht ein. Eine halbe Stunde später staken wir in dem größten Eistrümmergebiet, das mir je vorgekommen ist. Drei Stunden lang suchten wir abends an der allerschlimmsten Stelle. Da sitzen wir nun nach kärglichem Abendbrot mit nur noch einer Mahlzeit im Proviantsack! Die Lage des Depots ist uns völlig unklar. Einstweilen betäuben wir uns durch krampfhafte Lustigkeit.«

Auch Arved und ich hatten eine Art Galgenhumor entwickelt, der uns zu Komplizen machte. Wir stolperten über den Gletscher. Viele Löcher, Blankeis. Die Abwechslungen beim Laufen ergaben sich jetzt nicht mehr aus der Landschaft. Weniger aus den Träumen. Obwohl ich mit dem Extrembergsteigen aufhören wollte, betrachtete ich alle Wände, Kanten und Pfeiler am Gletscherrand mit der Neugierde des Erstbegehers. Als ob sie in den Dolomiten stünden. Spalten gab es noch wenige, und so ließ ich meine Augen schweifen. Wir querten etwa ein Dutzend.

Häufig flogen jetzt Herkules-Maschinen, einen weißen Strich hinterlassend, über unsere Route. Sie gaben uns vage die Richtung an, in die wir zu gehen hatten. Ansonsten waren sie weit, weit weg. Für uns ein Zeichen aus einer anderen Welt.

Im Gegenlicht schimmerte das Eis wie ein See. Kleine und größere Wellen lagen hintereinander, als ob der Wind darüber fahren würde. An den Graten der Berge hingen Schneefahnen. Das Gewölk verschob sich schnell

Wir gingen unter »Safety Spur« vorbei. Ein guter Name für die steile, brüchige Eiskante und ein gutes Gefühl für uns, da wir erstmals nach dem Pol einem Punkt auf der Karte eine reale Orientierungsmarke zuordnen konnten.

Eine Moräne am Rand des Gletschers wirkte flach. Da mußte ein brauchbarer Lagerplatz zu finden sein. Ich stieg über steiles Eis zu ihr ab. Feiner Sand und leichtes, poröses Gestein lagen auf dem Eis. Dazwischen einige Brocken Braunkohle! Ich wühlte mit den Füßen im Schutt. Große Freude, über trockenes Land laufen zu können. Nach bald drei Monaten, die wir auf dem Eis lebten, taten Felsen gut: dem Auge, den Füßen. Der Himmel war milchweiß. Seit Tagen. Die Sonne stand jetzt tiefer als an Neujahr, als wir am Pol gewesen waren. Aber sie ging nicht unter. Sie verschwand nicht einmal für einen Augenblick hinter den hohen Bergen.

Arved und ich erholten uns gut. Obwohl viel Sand im Schmelzwasser war, wuschen wir Hände und Gesicht. Unsere Bärte waren ausgebleicht. Die Gesichter verquollen. Hände und Füße schmerzten.

Anderntags ging es weiter. Immer noch wenige Spalten, und wenn, waren sie schmal. Wir konnten sie ohne größere Probleme überqueren. Das war gut so. Denn mit Steigeisen und Schlitten war das Spaltenlaufen gefährlich. Man bricht ohne Ski besonders leicht ein. Wieder ein Flugzeug, das über uns hinwegschwebte. Zweimal am Tag dieselbe Szenerie. Die Maschinen tauchten am Nordrand unseres Gesichtsfeldes auf, zogen ihre weiße Spur in den Himmel und verschwanden eine halbe Stunde später am Südrand des Horizonts. Sie brauchten lange. Vier bis fünf Stunden später kamen sie zurück.

Weit unter uns konnte ich den glitzernden Eisstrom des Beardmore-Gletschers erkennen. Ich dachte an Scott. Dann vergaß ich ihn wieder.

Während ich über das Eis wanderte, konnte ich meine Phantasie nicht zügellos streifen lassen. Ich mußte mich auf den Boden konzentrieren. Das Gehen auf blankem Eis war auf Dauer weniger anstrengend als das Gehen auf Schnee mit den Skiern. Aber es bedeutete die größere Strapaze für die Gelenke. Wenn ich müde war, mußte ich vorsichtig laufen, wollte ich nicht hinfallen, wenn mein linkes Kniegelenk knackte.

Nach wie vor begutachtete ich die Felskanten links und rechts nach ihrer Ersteigbarkeit. Immer wieder fragte ich mich, ob dieser Gipfel erreichbar, jene Wand durchkletterbar war. War die Eisrinne dort machbar? Leider hatten wir nicht die Zeit, auf diese Berge zu steigen. Lust dazu hätte ich gehabt.

Wieviel Energie hatte ich wiedergewonnen auf diesen erfolgreichen Marschtagen! Seit wir den Mill-Gletscher erreicht hatten, ging es prächtig vorwärts. Als ob wir nur an das Durchkommen glauben müßten, um auch durchzukommen. Plötzlich dachte ich über den Wahlspruch meines Schlosses nach: »vinciturus vincero«. Er steht im »Saal der 1000 Freuden« über der Haupttür. Eine lateinische Weisheit, die soviel besagte wie: Weil ich zum Sieg bestimmt bin, werde ich siegen.

Ja, ich wußte jetzt, daß dieser Satz richtig war. Richtig auch deshalb, weil der Erfolgreiche von jedem Erfolg einen Energieschub mitnimmt zum nächsten Erfolg.

Am unteren Rande des Mill-Gletschers, dort, wo er in den Beardmore-Gletscher hineinfließt, sollten wir auf eine »Eislandepiste« treffen, die Charles Swithinbank ein Jahr vorher ausgemessen hatte. Wir suchten und fanden sie: Vermessungsstäbe, leere Benzinfässer, Bambusstangen mit grünen Fähnchen. Einige Stäbe waren umgeknickt, andere standen schief. Ich maß nach, wie weit sie inzwischen noch aus dem Eis herausragten. Einen der gebrochenen Stäbe nahm ich mit. Als Souvenir. Es war die einzige Spur von Lebewesen, die wir außerhalb unserer beiden Depots – Thiel-Berge und Südpol – auf dem Festland vorgefunden haben. Sonst nichts. Auch kein Tier, kein Gras, nicht einmal einen Gletscherfloh.

Als wir den Fuß des Mill-Gletschers erreicht hatten und in den Beardmore-Gletscher einbogen, liefen wir lange Zeit an einer Moräne entlang, die die beiden aneinanderstoßenden Gletscher aufgeworfen hatten. Es gab dort ein kurzes Stück harten Schnees, auf dem wir zu segeln versuchten. Auf einem schmalen Hartschneestreifen zwischen Blankeis ging es bei starkem Wind schnell dahin. Es war gefährlich und anstrengend. Unsere aufregendste Segelstunde bisher. Das Blankeis links und rechts der »Segelpiste« war rauh wie Wüstenboden. Auf jeder Erhöhung Kreuzspalten. Ich verdrehte mir beim Bremsen zweimal die Knie. Der Wind war an der oberen Grenze der akzeptablen Stärke. Es war schwierig, das Segel zu halten. Ich gab mir alle Mühe, ohne Blessuren durchzukommen.

Ich war an diesem Tag weit voraus, wartete öfters. Arved war langsam. Er kam und kam nicht! Ich wartete eine halbe Stunde lang. Er kam auch nach einer Stunde nicht nach. Ich konnte nicht glauben, daß Arved so weit zurückgeblieben war. Als hätte ich eine böse Ahnung, sagte ich zu mir selbst: »Jetzt nur kein Spaltensturz oder ein gebrochener Fuß.« Ein kleiner Fehler, und wir wären verloren gewesen. Die Lächerlichkeit dieser Reise wurde mir wieder klar. Ich stand da, ging ein Stück weit zurück, blieb stehen und schaute angestrengt nach Süden. Ich befürchtete das Schlimmste. Da sah ich Arved als winzigen Punkt am Horizont auftauchen. Er kam ohne Segel, zu Fuß. Ich lief zurück zu meinem Wartepunkt. Er war vom Segel hochgehoben und in die Luft geschleudert worden. Beim Fallen hatte sich ein Ski in einer Spalte verklemmt. Beinahe hätte er sich das Bein gebrochen. Ich wußte das nicht und stapfte ihm entgegen. Ohne Schlitten, in Sorge, verzagt.

Er hätte sich wirklich beinahe das Bein gebrochen. Diese Böen waren gefährlich. Sie fassen den Schirm, der bei starkem Wind möglichst senkrecht überm Kopf stehen soll, und schleudern dich in die Luft. Sollten wir weiterhin auf dem Gletscher segeln? Besser nicht. Wir lagerten zwischen Schneeresten auf einem Eisbruch.

Am nächsten Morgen hatten wir höllische Mühe, einen steil abfallenden Eisbruch zu überqueren. Es war der erste der beiden Eisbrüche, die wir auf der von Charles Swithinbank beschriebenen Route überwinden mußten, um auf die andere Seite des Beardmore-Gletschers zu kommen. Nach dem Start glaubte ich, bald aus der Spaltenzone heraus zu sein, aber das Gelände wurde mit jeder Stunde schlimmer. Arved und ich fügten uns in die Situation. Verbissen suchten wir einen Weg! Ein gefährliches Balancieren mit dem Schlitten auf dem schmalen Rücken zwischen den Gletscherspalten, die Hunderte von Metern lang und oft zwanzig Meter breit waren. Mein Schlitten war Schrott. Nicht mehr zu reparieren.

Der zentrale Beardmore-Gletscher links von uns war dunkel. Das Eis zerklüftet wie das Skelett eines viele Meilen langen Riesensauriers. Du blickst um dich und siehst nur Spalten. Auf einer Fläche von mehreren Quadratkilometern nichts wie aufgeworfenes Gletschereis. Und du bist mitten drin und siehst keinen Ausweg. Sicher, wir hatten mit Spalten und entsprechenden Problemen auf dem Beardmore-Gletscher gerechnet. Diese Wirklichkeit überraschte uns trotzdem. Der Mill-Gletscher war problemlos gewesen, wir hatten dort Selbstvertrauen geschöpft. Um so größer war jetzt die Enttäuschung. Wieder wurden wir zurückgeworfen. Wie hatten wir gehofft, am Beardmore segeln zu können. Undenkbar! Nicht nur, weil kein Wind oder nur wenig Wind war, vor allem wegen der Geländegegebenheiten. Chaotische Eisbrüche! Mit den zunehmenden Problemen aber wurde unser persönliches Verhältnis wieder besser. Es hatte sich nach dem Polplateau überhaupt verbessert. Das ständige Warten untertags ging mir nicht mehr so auf die Nerven. Natürlich erwartete ich von Arved immer noch eine Reaktion beim Wecken. Ich kam mir einfach als Sklaventreiber vor, wenn immer nur ich das notwendige »Weiter!« sagen mußte. Arved sah inzwischen ein, daß wir laufen mußten. Laufen, laufen, laufen. Ich mußte untertags nicht mehr drängen. Das Antreiben beschränkte sich jetzt auf eine Aufmunterung am Morgen beim Start. Arved lief so gut er konnte.

Wir gingen zwischen haushohen »Kamelhöckern« durch. Die Ausblicke waren gigantisch. Ebenfalls die Eindrücke. Einzelne Schneekristalle lagen so auf den Schneekuppen, daß sie die Sonne reflektierten. Sie erschienen dadurch viel größer. Wie tausend kleine Sonnen.

Wieviele Berge hier noch unbestiegen waren? Fast alle. Aber auch wenn schon jemand oben gewesen war, es nahm ihnen nichts von ihrer Ruhe und Erhabenheit. Beim Laufen suchte ich die Wände weiter nach gangbaren Routen ab.

An diesem Abend tranken wir zwei Schluck »Whisky on the rocks«. Zur Feier des Tages. Das Schlimmste lag hinter uns. So glaubten wir.

Auf der gegenüberliegenden Seite des Beardmore-Gletschers stand der »Cloudmaker«, der »Wolkenmacher«, jener Berg, dem Shackleton den einzig richtigen Namen gegeben hatte. Immer blieben die ersten Nebel an ihm hängen. Die Wolken bildeten sich dort. Der »Cloudmaker« machte nicht nur die Wolken, er machte auch das schlechte Wetter. Und Nebel wären auf einem Spaltengletscher verhängnisvoll gewesen. Im Gletscherbruch und »White out«: Unvorstellbar!

Schlimm war auch das Gehen im Zwielicht. Es war anstrengend und nervenaufreibend. Oft lief ich ohne Brille, um Schnee von Eis unterscheiden zu können. Beim Vorauslaufen konnte ich nur so die versteckten Spalten umgehen und rechtzeitig ausweichen. Spalten, immer noch Spalten. Hörte dieser Tanz auf den Schnee-

brücken nie auf? Einige Tausend – zwischen 20 Zentimeter und 20 Meter breit – hatten wir schon gequert.
Wenn ich am »Abend« ins Zelt kam, machte ich sofort den Kocher an, den ich in meinen Schlitten übernommen hatte. Das Zelt hatte ich zuvor allein aufgebaut. Dann zog ich die Mütze aus, die Schuhe und Socken. Anschließend wurden die Füße mit Puder gepflegt und in die Daunenschuhe gesteckt. Ich pflegte sie wie unverzichtbares Werkzeug. Wenn Arved ankam, war ich schon »daheim«.
Hatte ich mich wochenlang geärgert über Arveds Langsamkeit, jetzt staunte ich über seine Geschicklichkeit. Auch über seine Laufgeschwindigkeit. In den Gletscherbrüchen lief er sogar ohne großen Abstand hinter mir her. Nur seine Reaktionen änderten sich nicht. Am »Morgen«, wenn ich ihn weckte, stand er auf. Aber es kam nie ein aufmunterndes Wort: »Heute machen wir mehr Strecke! Wir müssen keine Stunde länger gehen als sonst.« Wie angenehm wäre eine solche Aufmunterung für mich gewesen! Am liebsten wäre auch ich morgens liegengeblieben. Das Warten bei den Rastpausen dauerte jetzt nicht mehr so lang. Nach zehn bis fünfzehn Minuten, wenn ich auskühlte, gingen wir weiter. Das einzige was mich noch störte, war eben, daß ich am Morgen drängen mußte. So ungern ich es tat, ich war gezwungen zu sagen: »Wir müssen mehr gehen. Wir müssen heute ein Stück anhängen.« Wenn Arved doch einmal diese Treiberrolle übernommen hätte. Nur einmal. Einmal in der Woche. Einmal im Monat. Einmal auf der ganzen Reise.

Das Leben war aufs Notwendigste reduziert. Ich hatte untertags oft Hunger und freute mich aufs Essen. Im Zelt legte ich mich hin, weil ich müde war und mir alle Knochen weh taten. Im Zelt war es immer noch warm und trocken. Aber Verschleißerscheinungen machten sich bemerkbar: Mein linkes Knie, das Schlottergelenk, sprang immer öfter aus, wenn ich mir mit den Grödeln den Fuß verdrehte. Die Sehnen an den Füßen waren geschwollen. Auch die Fingergelenke schmerzten. Wunschvorstellung: Nie mehr hinausgehen zu müssen in den Wind, die Kälte, das Eis. Leider nicht ausdenkbar.

Wir lebten in einer festen Routine und hofften doch alle Tage auf Überraschungen: Vielleicht kam Südwind auf. Vielleicht war das Spaltengebiet zu Ende. Vielleicht lagen alle Schwierigkeiten schon hinter uns. Wir hofften immerzu.

Der Abstieg über den Beardmore-Gletscher wurde immer schwieriger. Immer noch blankes Eis. Wir waren 150 Kilometer über blankes Eis gegangen. Unsere Grödeln gingen kaputt. Die Knie litten, denn dieses Eis war voller Unebenheiten. Wir waren jetzt in der Mitte des Gletschers. Manchmal gingen wir über eine gigantische Schneestraße, dann wieder über Spalten. Ungezählte Spalten. Und wieder verstiegen wir uns in einem steil abfallenden Eisbruch.

Ich war ein Stück voraus und sah mich plötzlich zwischen unzählbar vielen Spalten. Zum Verzweifeln. Breite, offene Spalten überall: vor mir, links, rechts. Ich hatte nicht mehr den Mut weiterzugehen, vor allem nicht mit dem Schlitten. Also schirrte ich mich aus, lief ohne Last weiter. Nach zehn Minuten gab ich auf. Um mich herum waren zu viele Spalten. Einige so groß wie eine Kirche. Ich sah keine Chance weiterzugehen. Also lief ich zurück, packte meinen Schlitten und mühte mich über die kaum erkennbare Spur zurück zu Arved, der stehengeblieben war. Was tun? Wir deponierten beide Schlitten. Ärger über eine falsche Wegbeschreibung von Charles Swithinbank kam auf. Einer lief nach links, einer nach rechts. Nach 500 Metern glaubte ich eine einigermaßen sichere Route gefunden zu haben. Also mühten wir uns nach links. Immer weiter nach links. Wir mußten endlich die orographisch linke Seite des Beardmore-Gletschers erreichen, die einst Shackleton und Scott entlanggekommen waren. Wir fanden einen Ausweg. Dieser Tag hatte uns viel Anstrengung gekostet und trotzdem kaum weitergebracht. Am Fuße des gewaltigen Eisbruchs lagerten wir. Mitten im blauen Eis auf einem kleinen

Schneeflecken stand das Zelt. Von unten kommend hätten wir diesen Eisbruch ohne große Schwierigkeiten umgehen können. Von oben aber hatten wir nicht genügend Einblick gehabt. Wie blind waren wir mitten in die Schlünde und Löcher hineingelaufen, in ein Labyrinth von Eistürmen und Spalten, die mehr als 200 Meter tief waren.

War Scott bei seinem Todesmarsch vom Pol nach McMurdo über ähnliche Eisbrüche gegangen? Mit einem Schlitten, der mit Steinen, mit geologischen Funden beladen war. Kaum vorstellbar. Was nützten Scott seine Depots? Depots, in denen zu wenig Brennstoff und Nahrungsmittel lagerten. Depots, die er immer erst suchen mußte. So schleppten sie sich dahin. Erholen konnten sie sich nicht mehr. Evans hatte sich beim Sturz in eine Gletscherspalte verletzt. Dazu immer diese fürchterliche Gewißheit: Es ist zu spät. Sie marschierten in den antarktischen Winter hinein, in den Tod. Edgar Evans, anfangs der Stärkste, brach als erster zusammen. Durch Skorbut, Hunger und Verletzungen war er so geschwächt, daß er den Schlitten nicht mehr mitziehen konnte.

»16. Februar. Wir sind in entsetzlicher Aufregung: Evans scheint geistesgestört! Der sonst so selbstbewußte Mann ist ganz verändert: Heute ließ er zweimal unter lächerlichen Vorwänden haltmachen! Wir leben von knappsten Rationen, und bis morgen abend müssen unsere Lebensmittel reichen!...

17. Februar. Ein grauenvoller Tag!... Die Oberfläche war scheußlich, der kürzlich gefallene weiche Schnee blieb in großen Klumpen an Schuhen und Schlittenkufen hängen, der Himmel war bedeckt und das Land verschwommen. Nach etwa einer Stunde machten wir halt, und Evans holte uns ein, aber sehr, sehr langsam. Nach einer halben Stunde blieb er wieder zurück und bat Bowers noch, ihm ein Ende Bindfaden zu leihen. Ich rief ihm, uns möglichst schnell nachzukommen, und er versprach es in einem, wie mir schien, heiteren Ton. Als wir dem Monumentfel-

sen gegenüber waren, sahen wir Evans noch sehr weit zurück; ich ließ deshalb das Lager aufschlagen.
Anfangs waren wir gar nicht unruhig, kochten Tee und setzten uns zum Essen. Als sich dann aber Evans immer noch nicht einstellte, packte uns die Aufregung, und wir liefen alle vier auf Schneeschuhen zu ihm hin. Ich langte zuerst bei ihm an und war entsetzt über sein Aussehen: Mit aufgerissenem Anzug lag er auf den Knien, die Hände nackt und erfroren, und in seinen Augen war ein wilder Blick! Als ich ihn fragte, was ihm fehle, antwortete er in schleppendem Ton, er wisse nicht, was ihm sei, aber er habe wohl einen Ohnmachtsanfall gehabt. Wir richteten ihn auf, aber nach zwei oder drei Schritten sank er wieder in den Schnee und zeigte alle Symptome vollständigen Zusammenbruchs. Wilson, Bowers und ich liefen zurück, um den Schlitten zu holen, während Oates bei ihm blieb. Als wir zurückkehrten, war er ohne Bewußtsein, und als wir ihn ins Zelt gebracht hatten, schien er vollkommen schlafsüchtig.
Er erwachte nicht wieder: Um halb ein Uhr in der Nacht ist er gestorben. Furchtbar, einen Kameraden so verlieren zu müssen! Aber bei ruhigem Nachdenken mußten wir uns sagen: Immer noch ein Glück, daß die entsetzlichen Aufregungen der letzten Woche so endeten. Mit einem Schwerkranken reisen zu müssen, hätte für uns alle den Tod bedeutet.«

Wir folgten weiter unserem selbstgewählten Weg. Uns saß der Hungertod nicht so offenkundig im Nacken, und der Winter lag noch einen Monat voraus. Trotzdem, gut ging es uns nicht. Noch war der Tod keine Alternative in unseren Gedanken. Er kam nicht einmal in meinen Tagträumen vor. Weder als Wunschbild noch als Schreckfigur. Ausgeschlossen aber war das Scheitern noch lange nicht.
Am »Vormittag« gab es oft einmalige Lichtstimmungen. Die Hökker und Mulden im Gletscher waren dann gelblich, bläulich, grünlich – alles in Pastellfarben. Ein Land wie Tibet.

Unsere Ausrüstung litt fürchterlich bei dem Gezerre und Gereiße zwischen den Spalten. Einmal hoben wir unsere Schlitten einzeln über schmale Eisbrücken. Einer half dem anderen. Immer dabei in Gefahr, vom schweren Schlitten rücklings in eine Spalte gerissen zu werden. Ein anderes Mal zogen wir die Schlitten in stundenlanger Arbeit um Eisbrüche herum. Knapp vor Gateway kam noch einmal starker Wind auf. Trotz der eisigen Piste segelten wir. Zwischen steilen Felsflanken und dem Gletscher fuhren wir nach Norden. Ich steuerte jenen kleinen Sattel an, der zwischen dem Mount Hope und einer Reihe kleinerer Granitfelsen eingelagert ist: Gateway. Arved kam gut nach. Wir waren zwei strauchelnde, müde Männer, die vor Gateway ums Zelt gingen Gemeinsam hatten wir es aufgebaut. Wir packten die Schlitten aus. Jeder den seinen. Wir lagerten in einer Mulde an einem windstillen Ort. An der Südseite von Gateway.

Als wir am nächsten Tag losmarschierten, war es wieder grau. Die Landschaft war grau, weil der Himmel grau war. Kein Nebel. Man konnte trotzdem nicht weit sehen. Arved lief ein Stück weit voraus. Endlich! Er brauchte dazu keinen Kompaß. Gateway, eine Paßhöhe, lag vor uns. Nachdem ich meinen Schlitten gepackt hatte, ging ich ihm nach. Ich versuchte nicht, ihn einzuholen. Ich genoß die Nachläuferrolle. Wie angenehm es doch war, hinter einem schwarzen Strich herzulaufen. Eine Spur vor sich zu sehen! Nicht ständig die Route suchen zu müssen. Arved folgte dem bestmöglichen Weg zwischen Spalten und Sastrugis. Und ich folgte ihm. Bei diesem Aufstieg nach Gateway, beim Nachgehen, hatte ich wieder mehr Zeit zum Nachdenken. Daher mein Wunsch, daß wir uns auf der Strecke bis nach McMurdo, auf den letzten 700 Kilometern, beim Spuren abwechseln sollten. Wir hatten immer noch Rückstand auf unser Soll. Trotzdem das Gefühl, daß wir es schaffen würden. Mit Wilhelm Bittorf hatte ich vereinbart, daß wir bis McMurdo laufen würden, wenn wir vor dem 30. Januar Gateway überquerten. Es war der 26. Januar, als wir den Paß überschritten. Die Würfel waren gefallen.

Während dieser Expedition hatte es ständig Zweifel gegeben. Zuerst: Schaffen wir es über den Pol hinaus? Dann: Kommen wir bis Gateway? Jetzt: Ist der Weg über das ganze Ross-Schelf noch möglich? Zugegeben, beim Start wäre ich zufrieden gewesen, wenn ich gewußt hätte, daß wir den Pol erreichen. Trotzdem war ich immer auch mit der Hoffnung marschiert, wir würden vielleicht doch die ganze Strecke schaffen. Jetzt war ich getrieben von dem Zwang, bis nach McMurdo zu laufen. Und ich war neugierig. Neugierig auf unsere Ausdauer, neugierig auf Scotts Grabstelle, neugierig auf dieses flache Schneeland, das alle unsere Vorläufer als »fürchterlich« beschrieben hatten. Ich wußte, daß es keine andere Wahl gab als durchzuhalten. Uns blieben nicht viel mehr als zwei Wochen Zeit, um das riesige Ross-Eisschelf zu durchqueren.

REDMOND O'HANLON

In Trouble Again

Der Baria ist nicht die bequeme Wasserstraße, für die Spruce ihn hielt. Nach vier Tagen in seinem verzweigten Delta erschien er mir als der unwirtlichste Ort auf Erden. Die kläffenden Tukane, die großen Amazonas-Papageien, die in Paaren fliegenden Aras, der klirrende Schrei des geringten Eisvogels, die Riesenreiher, die Schlangenhalsvögel, die Schwalbenweihe – alle Vögel des offenen Flusses waren längst verschwunden. Selbst die großen blauen Morphoschmetterlinge und die Fledermäuse, die winzigen grauen Fledermäuse, die wie hochgeblasener Holzrauch in Schwärmen von einem abgestorbenen Ast zum nächsten flatterten, wenn wir uns näherten – selbst sie waren nicht mehr da. Die Bäume in diesem Labyrinth trafen sich über unseren Köpfen, durch Lianen verknüpft, das Blattwerk verdichtet durch schmarotzende Orchideen und regenschirmblättrige Bromeliazeen. Die Sonne erreichte die schwarzen Wasserkanäle des Baria nur, wenn Sturm, Alter oder ein zusammenbrechendes Ufer einen Baum gefällt und eine Lücke in das Blätterdach gerissen hatte.

Um vier Uhr dreißig morgens von der einzigen noch funktionierenden Uhr geweckt, einem billigen Classa-Wecker, den ich in einem Plastikbeutel aufbewahrte, ließ ich meine Taschenlampe über das tote Laub wandern und merkte mir sorgfältig die Positionen zweier Skorpione. Klein, gemein und schwarz, mit einem bedrohlich aussehenden, peitschenartig eingesetzten Stachel – ich hatte mir ausgerechnet, daß unter jedem elften Blatt ein Skorpion zu erwarten war. Auch sie, gefangen vom steigenden Wasser, mußten mit uns zusammen auf Inseln lagern, die selten größer waren als zehn mal zwanzig Meter. Wir teilten diese kleinen Rettungsinseln mit allen Flüchtlingen aus dem Dschungel. Ich zog schnell meine trockenen Kleider aus, überprüfte beim Schein der Taschenlampe meine Stiche, zog meine nassen Kleider an und stellte mich dem ersten persönlichen Trauma des Tages. Wäre es nach mir gegangen, hätte ich nur in einer Bleikammer eine halbe Meile unter dem Erdboden geschissen, geschützt vor jedem feindlichen Zugriff. Zwei Meter von Simon entfernt, fünf von Chimo – das war nicht einfach. Ich hielt mich mit einer Hand an einem jungen Baum fest, knipste meine Lampe aus, ließ die Hosen herunter und kauerte mich über das schwarze, wirbelnde Wasser.

»Schaut nicht her«, sagte ich.

»Wen interessiert das schon?« sagte Simon, lehnte sich aus seiner Hängematte und richtete seine Taschenlampe direkt auf mich.

»Feste drücken!« schrie Chimo.

»Ziemlich sämig heute«, sagte Simon.

Die Dämmerung brach herein. Frösche und Zikaden begannen zu rufen. Die Moskitos versammelten sich, und als wir die nassen Zeltbahnen zusammenfalteten, hörten wir vier laute Töne aus einer Pfeife, gefolgt von einem saugenden Geräusch, dann einem Schnalzen der Mißbilligung.

»Viudita carablanca«, sagte Chimo, legte die Finger an die Backen, hielt den Atem an und machte seinerseits saugende und schnalzende Geräusche. Es kam keine Antwort. Irgendwo da oben in dem grünen Gewirr beobachtete uns ein Trupp weißgesichtiger Sakis.

Chimo, Culimacaré und Pablo schnitten frische Stangen, und wir brachen auf, indem wir die schweren Kanus langsam vorwärtsstakten. Es war nicht leicht, einen Halt für die drei Meter langen Stangen zu finden – die Kanäle, obwohl nie breiter als zwei bis fünf Meter, waren viel zu tief, als daß wir den Boden hätten erreichen können; so stießen wir uns von überfluteten Ästen oder Wurzeln am weichen Ufer ab. Die meiste Zeit konnten wir nicht staken, sondern zogen die Boote vorwärts, bis zur Hüfte oder zum Hals in Wasser; wir standen auf überfluteten Ästen, zerrten den Rumpf des Bootes über umgestürzte Bäume, hackten einen Weg durch ihre dichten, aufrecht stehenden Triebe.

Bei diesen Gelegenheiten, wenn wir aus dem Wasser herausschauten, waren die größte Unannehmlichkeit die Ameisen – nicht die gefährlichen Veintecuatro und Catanare, die sich auf klar umgrenzte Gebiete auf festem Boden zu beschränken schienen, und auch nicht die Wanderameisen, sondern einfach Tausende ganz ordinärer beißender Ameisen (ich zählte vierzehn verschiedene Arten), die sich über Kopf und Hals hermachten und sich unter dem Hemd in den Rücken krallten. »Hormiga! Hormiga!« schrie Culimacaré, wenn er auf einen besonders ameisenreichen Busch gestoßen war, aber man konnte nicht viel dagegen tun. Dann wieder kauerten wir uns nieder und zogen die Einbäume unter größeren umgestürzten Bäumen durch, die von ihren gebrochenen Ästen noch immer über Erdboden und Fluß gehalten wurden; sie bildeten Brücken für die Blattschneiderameisen. Ich fand Gefallen an diesen Insekten, die Menschenfleisch verschmähen, weil sie ständig vollauf mit ihrer Ernte beschäftigt sind: sauber ausgeschnittene Blattstücke wurden, aufrecht gehalten, wackelnd über unseren Köpfen fortgetragen.

Eine Gattung Wespen und eine Gattung Hornissen in kleinen getrennten Kolonien hängten ihre Nester an Zweige oder klebten sie auf über dem Wasser hängende Blätter. Wenn wir uns mit unseren Macheten einen Weg freischlugen, war es unmöglich, ihre gelbbraunen, aufrecht stehenden Tütennester zu entdecken. Das Zittern eines Astes, ein Schlag in ihrer Nähe, und schon schossen sie aus dem Nest und stürzten sich mit unglaublicher Geschwindigkeit und Konzentration auf uns. Der Schrei »Avispa!« ließ dir die Glieder buchstäblich erstarren: wo du auch warst, du sprangst ins Wasser und hieltest deinen Hut über das Gesicht, um die Augen zu schützen. Ein Wespenstich auf dem Rücken war erträglich, einer im Nacken sehr schmerzhaft; fünf Wespenstiche auf dem Rücken kamen einem Hornissenstich auf dem Rücken gleich. Simon, der das kalte schwarze Wasser verabscheute und versuchte, seine Kleider jeden Tag so lange wie möglich trocken zu halten, bewegte sich einen Bruchteil langsamer als wir übrigen, und als letztes verfügbares Ziel wurde er häufig in den Hinterkopf gestochen.

Auf dem Wasser gab es eine überraschende Zahl von Jagdspinnen, im ganzen nicht größer als eine Handfläche, die über die Oberfläche sprangen. Winzige Baumfrösche von einem glänzenden, durchsichtigen Grün, als wären sie aus Glas, einige mit kleinen roten Augen und Füßen, lösten sich aus dem Blattwerk, wenn wir vorüberkamen, fielen in das Boot oder in die Strömung, und nach einer kleinen Pause, wenn sie sich besonnen hatten, hüpften oder schwammen sie ans Ufer; und etwa zwanzigmal am Tag sahen wir die Cazadora, die Jägerin, die lange, dünne, grüne Rankenschlange, den schlanken Kopf über dem Wasser, ein V aus kleinen Wellen hinter sich.

In Augenhöhe quälten wir uns an einer anscheinend endlosen Vielfalt von Baumarten vorbei; die Stämme waren in Lianen gehüllt und mit Flechten bepelzt, die Rinde glatt oder zerfurcht oder gerippt, und auf dem Erdboden wurden sie gestützt von Wurzelmatten oder Stelzwurzeln oder Pfahlwurzeln wie Wigwamrahmen oder Vogelkäfige; gelegentlich waren sie abgestorben oder im Griff eines hohlen, parasitischen Feigenbaums gefangen, der aus einem Samen wächst, den ein Vogelschnabel an irgendeinen hochliegenden Zweig abgewischt hat; er läßt seine Wurzeln langsam herab wie Riesenfinger und erwürgt seinen Gastgeber.

Etwa zweihundert Meter flußwärts von unserem Lager, nach einer Reise von eineinhalb Stunden, trafen wir auf unser erstes ernsthaftes Hindernis: ein Baumstamm quer über dem Flußarm – so groß, daß seine Masse etwa sechzig Zentimeter unter die

Wasseroberfläche reichte und sich über einen Meter darüber erhob. Der Baum war erst vor kurzer Zeit umgestürzt, so daß im Blätterdach noch eine Öffnung klaffte. In der plötzlichen Wärme begannen unsere Kleider leicht zu dampfen. Unsichtbar rief ein Kreischender Piha – wie er es den ganzen Tag tat, jeden Tag.

»Und das ist auch so was«, sagte Simon, der auf unserer gemeinsamen Ruderbank lag, unter der Zeltplane gegen das Gepäck gelehnt, in der Sonne ausgestreckt und die Hände auf die Ohren gepreßt, »wenn dieser Idiotenvogel endlich mal aufhört, die ganze Nacht *hum-hum-hum* zu machen, dann fängt dieser Trottel mit dem Pfeifen an.«

»Das ist der Sex«, sagte ich, »sie sagen den Mädchen, daß sie ihnen auf der Spur sind.«

»Laß mich in Ruhe«, sagte Simon, »du wirst ja weich in der Birne.«

Pablo brachte den zweiten Einbaum heran, und Culimacaré begann die Triebe und Zweige an einem Ende des Baumstammes abzuschlagen, während sich Chimo und Pablo am anderen Ende zu schaffen machten.

Ein winziger blauschwarzer Kolibri, vielleicht eine Gabel-Thalurania, erschien plötzlich über uns; er flirrte hin und her wie Löwenzahnsamen im Aufwind und ließ sich dann, offenbar neugierig, vor uns nieder.

»Schnell, Simon, wo hast du deine Kamera?« sagte ich.

Simon zog die Kamera mit dem langen Objektiv aus einem Plastikbeutel unter der Zeltplane, und der Vogel flog davon wie eine Hummel.

»Mira!« schrie Chimo und deutete auf die Blätter vor uns. »Mira! Mira!«

Pablo und Culimacaré hielten ein. Es war ein erregendes Bild: eine kurze, gefährliche, wütende Korallenschlange, hellrot und schwarz bebändert, um ihre Jäger zu warnen, ein Muster, das sogar nachts jedem verrät, wie tödlich sie ist. Sie hing herab an ihrem um einen Ast gewickelten Schwanz, den Kopf erhoben, den weißen Rachen offen, zischend.

»Um Gottes willen, nimm das auf!« sagte ich.
Simon warf sich förmlich zurück gegen die Zeltplane, die Kamera zum Schutz an die Brust gepreßt.
»Ich mach keine Scheißbilder von Scheißschlangen!« schrie er. »Die jagen mir Angst ein.«
Valentine rannte vor und stieß die Schlange mit einer Stakstange in den Fluß.
Culimacaré, Pablo und Chimo wechselten sich bei ihrer Arbeit am Baumstamm ab. Ich ging mit meiner Machete voraus und hackte auf die dünnere Vegetation ein. Innerlich fühlte ich mich zerfressen von kleinen weißen Maden der Wut.

Zwei Stunden später, als wir auf einer relativ freien und geraden Strecke zusammensaßen, langte Simon in einen anderen Plastikbeutel und zog seinen Kassettenrecorder hervor. Er drückte auf den Knopf und hob das Gerät vor den Mund:
»Datum: 14. Mai. Ort Baria-Fluß. Was ist neu? frage ich mich. Kein Regen heute, das ist neu, sage ich mir. Hör dir das an« –er hielt den Recorder über Bord–»stimmt's? Keine endlos herabdonnernden Eimer voll Pisse, die mir den ganzen Tag auf den Kopf platschen. Du kannst es mir glauben, Schnuckel, morgen fängt die ganze gespenstische Scheiße von vorne an. Bilanz bis zu dieser Minute: heute morgen nur drei Wespenstiche. Lächerliche zehntausend Ameisen. Keine Hornissen. Gott sei's getrommelt, könnte man sagen. Und eins noch, bevor ich mich in meine Lieblingskneipe verziehe: Der Dicke ist sauer auf mich, weil ich irgendeine scheußliche Schlange nicht fotografieren wollte. Und woher weiß ich, daß der Dicke sauer auf mich ist? Ich weiß, daß der Dicke sauer auf mich ist, weil er zwei ganze Stunden kein Wort mit mir gesprochen hat.«
Die Wut ließ nach. Ich lachte. Ich muß gegen diesen Zorn ankämpfen, dachte ich; solche Gefühle waren hier ebenso gefährlich, wie sie es in einer Gefängniszelle wären. Dieses Aufzeichnungsgerät war eine wirksame Waffe. Lieber wäre es mir gewesen,

der Schimmel hätte sich darin ebenso gründlich breitgemacht wie in seinen Kameras. Es war nicht nur amüsant, an die letzte Nacht zu denken, als er in das Gerät diktiert hatte und ich zu schlafen vorgab: »Ehrlich gesagt, Engelchen«, hörte ich ihn leise sagen, »um ganz ehrlich zu sein, Redmond ist ein egoistischer Sauhund. Er tut so, als gefiele es ihm hier. Die Indianer, die armen Schweine, wissen es natürlich nicht besser. Und dieser Juan ist einfach ein ekelhafter kleiner Spanier, der mich wie einen Trottel behandelt. Gute Nacht. Ich beiße dir in den Hintern. Du fehlst mir. Simon.«

Der normale dumpfe, faulige Geruch des Flußufers – oder eher der endlosen Reihe kleiner Inseln und dazwischen fließender Bäche – wurde ersetzt durch den kräftigen Moschusgeruch von Ottern und ihrem Kot und Urin. Wir passierten ein schlammiges Stück festen Grundes, groß genug, um darauf zu lagern; es war vollständig von Trieben und den üblichen Pflanzen mit dicken, wie zugespitzte Schaufeln geformten Blättern gesäubert – solchen Hinweisen auf Riesenotter begegneten wir drei-, viermal am Tag.

»Der Gestank von diesen Burschen«, sagte Simon, »ist so ungefähr das einzige, was Behaglichkeit auch nur ein bißchen nahe kommt. Viel mehr ist hier wirklich nicht im Angebot.«

Wir fuhren um eine Biegung in einen kleinen Teich hinein, wo sich vier kleine Bäche trafen, und dort versperrten uns die Otter selbst den Weg. Fünf große, dunkelbraune, dichtbepelzte Köpfe, oben abgeflacht, standen in einer Reihe aus dem Wasser. »*Ha! Ha! Uh! Uh! Oof!*« sagten sie.

Chimo imitierte ihr Geschnatter; sie wurden ganz aufgeregt, sahen erst einander und dann die Boote an, tauchten unter und direkt neben uns wieder auf.

»Jesus«, sagte Simon, »hör auf damit, ja, Chimo? Die sind ja riesig. Hier ist nicht genug Platz. Ich will mir nicht die Eier abbeißen lassen.«

Sie hatten kleine, zurückgelegte Ohren, große braune Augen, weiße Flecken auf ihrer gewaltigen Brust und sehr bedrohlich wirkende Zähne. Wassertropfen hingen von ihren langen Schnurrbarthaaren.

»Weg mit euch, Jungs«, sagte Simon und wedelte mit den Armen, »verpißt euch und fangt einen Fisch.«

Die Otter tauchten und erschienen wieder in einem Bach zur Linken.

»Christus«, sagte Simon und holte seine Zigaretten aus dem Plastikbeutel.

»Sie werden bis zu zwei Meter lang«, sagte ich.

»Das soll mich nicht überraschen«, sagte Simon und inhalierte.

»Sie sind einfach nur neugierig«, sagte Juan lachend. »Sie haben niemals zuvor Menschen gesehen.«

»Deshalb haben sie uns für Fische gehalten«, sagte Simon.

Wir aßen unseren Maniok mit Wasser auf einem Streifen sandigen Schlamm unter einer weiteren plötzlich aufgetretenen Lücke im Blätterdach, wo ein Legumenbaum über dem Fluß lag; er mußte in den Stürmen der letzten Tage gefallen sein, weil seine überaus großen, saubohnenähnlichen Samenbehälter noch frisch waren. Jeder außer Simon sammelte Händevoll davon, wischte die Ameisen ab und öffnete mit dem Daumen die langen, grünen, knubbeligen Behälter; wir saugten den süßen, weißen, schützenden Pelz von jeder Bohne und spuckten die Bohne selbst aus.

»Kein Wunder, daß ihr die Scheißerei habt«, sagte Simon und wandte sich ab, um in den Sand zu pinkeln.

Mehrere gelbe Schmetterlinge mit runden Flügeln ließen sich auf seinem leicht dampfenden Urin nieder; und gleich darauf schloß sich ihnen ein einzelner Schwalbenschwanz an, der sich zur Mitte des Flecks vorarbeitete. Seine dreieckigen Flügel waren von einem durchscheinenden Weiß und schwarz an den Rändern; über die Adern zogen sich schwarze Linien von unterschiedlicher Länge, einige scharlachrot gesäumt, einige hellgrün, einige von der Vorderkante bis hin zu dem bogenförmig gezackten hinteren Teil verlaufend und weiter die langen Klingen seiner beiden schwertähnlichen Schwänze hinab.

»Ein bißchen wie du«, sagte Simon und setzte sich auf einen abgebrochenen Ast, rieb die Stiche in seinem Nacken und beobachtete den Schmetterling mit Mißfallen. »Auf den ersten Blick sieht er ganz nett aus – du würdest nie glauben, daß er so widerliche Gewohnheiten hat. Das würdest du ihm nie zutrauen, daß er Vogeldarmsuppe mit Schaum drauf frißt, oder Pisse oder so was.«

Der Schwalbenschwanz saugte die warme Flüssigkeit mit seinem Rüssel auf und preßte sie dann in kleinen Spritzern aus einem After wieder heraus. Er war so schutzlos, eine so leichte Beute für jeden vorbeikommenden Ameisenvogel oder Mückenzaunkönig oder Tangar, daß ich mich fragte, ob seine Warnfarben irgendeine giftige, pflanzenfressende Art kopierten; vielleicht übte er sich im Bluffen – in der Batesschen Mimikry, die Bates auf seinen Reisen in das südliche Amazonasgebiet entdeckt hatte.

Culimacaré, Pablo und Chimo, die sich abwechselten, brauchten eine Stunde, um sich mit der Axt durch den Legumenbaum zu hacken und den Weg in den schwarzen Tunnel vor uns freizuräumen. Drei Bäume später, am frühen Abend, als Chimo vergeblich nach einer Insel in dem schwarzen Stromgewirr suchte, auf der wir lagern könnten, kamen wir ohne Vorwarnung auf einen offenen Fluß.

»Hab ich's doch gesagt!« log Chimo und war so zufrieden mit sich selbst, daß er seinen rituellen Gruß vergaß. »Der Maguarinuma!«

Wieder im Freien, beim Anblick von Himmel, Wolken und einem Land mit richtigem Horizont, wurden wir still und erlaubten unseren Augen zu schweifen. Ein Paar Schwalbenweihen glitt niedrig über die Palmen auf dem linken Ufer; acht schwarze Geier kreisten über uns, der höchste kaum noch sichtbar. Wir legten unsere Stangen auf die Zeltbahnen; Chimo und Pablo ließen die hochgeklappten Motoren wieder ins Wasser, zogen am Anlasser und gaben Gas. Wir kamen um eine Reihe von Biegungen – und dann, genau vor uns, sahen wir die schwarzen, abfallenden Canon-Flanken des Berges, zu drei Vierteln in Wolken gehüllt.

Das Licht begann zu schwinden; die Büsche und dann auch die Bäume am Ufer verdunkelten sich. Die Wolken, die wie langsame Dampf-Eruptionen an den gewaltigen Gipfeln zu unserer Rechten klebten, färbten sich an den Unterseiten rosa und breiteten ihre Spiegelbilder über das Wasser. Zur Linken wurden die hohen Klippen und die durchfurchten Abhänge purpurrot, schienen sich zu vergrößern und bewegten sich, als die Nacht hereinbrach, auf uns zu, bis ihr Schatten schließlich den Dschungel und den Fluß in dichter Schwärze verschlang.

QUELLENVERZEICHNIS:

Die kursiv gedruckten Titel stammen von der Herausgeberin.
Der Abdruck der Beiträge erfolgt mit freundlicher Genehmigung der Lizenzgeber.

Umberto Eco, Der verlorene Führerschein. Aus: Italienische Reise. Hrsg. von Alice Vollenweyder. Ü: Burkhard Kroeber. © 1985 Verlag Klaus Wagenbach Berlin.

Roda Roda, Le Sud-Express, aus: Das große Roda-Roda-Buch, © 1988 by Zsolnay Verlag Wien.

Thomas Rosenlöcher, *Der Vereinigungstag*. Aus: Die Wiederentdeckung des Gehens beim Wandern. es 1685, © Suhrkamp Verlag Frankfurt am Main 1991. Kapitel 6.

Sabine Brandt, Frühstück unter der Linde. Originalbeitrag. © Sabine Brandt.

Martha Gellhorn, *Auf Safari in Afrika*. Aus: Reisen mit mir und ihm. Berichte. Ü: Herwart Rosemann. © 1990 by Rowohlt Verlag Reinbek.

Paul Theroux, Der Internationale Express nach Harbin. Aus: Das chinesische Abenteuer.Reise durch das Reich der Mitte. Ü: Hans M. Herzog. © 1989 by Claassen Verlag Düsseldorf.

Malcolm Lowry, *Mexikanischer Alptraum*. Aus: Briefe. (Brief an Ronald A. Button). Gesamtwerk in Einzelausgaben. Ü: Werner Schmitz. © 1985 by Rowohlt Verlag Reinbek.

Rolf Dieter Brinkmann, *Ein Weg nach Rom*. Aus: Rom, Blicke. © 1979 by Rowohlt Verlag Reinbek.

Bruce Chatwin, Ein Putsch. Aus: Was mache ich hier? Ü: Anna Kamp. © 1991 by Hanser Verlag München/Wien.

Leonie Ossowski, Schloß ohne Schlüssel. Erstdruck in ZEIT-Magazin, 15/1977, Hamburg. © by Leonie Ossowski.

Claude Lévi-Strauss, *Das Wurmexperiment*. Aus: Traurige Tropen. Ü: Eva Moldenhauer. © Suhrkamp Verlag Frankfurt am Main 1978 Caduveu. XVII. Paraná. S. 143-150.

Reinhold Messner, Entscheidung bei Gateway. Aus: Antarktis. Himmel und Hölle zugleich. © 1990 by Piper Verlag München und Zürich.

Redmond O'Hanlon, In Trouble Again. Aus: Redmonds Dschungelbuch. Ü: Meinhard Büning. © Byblos Verlag GmbH, Berlin 1992.